Cornelia Fuchs · Dieter Herrmann

WANDERN
in und um
FREISING, ERDING & MOOSBURG / ISAR

Genuss-Touren
im Münchner Umland

BAYERLAND

Vorwort

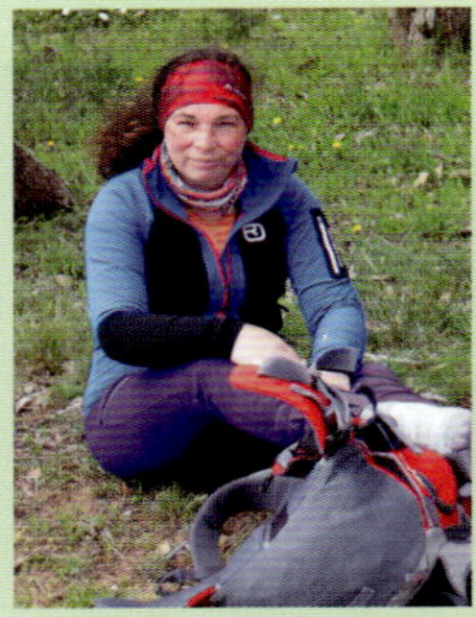

Cornelia „Cony" Fuchs

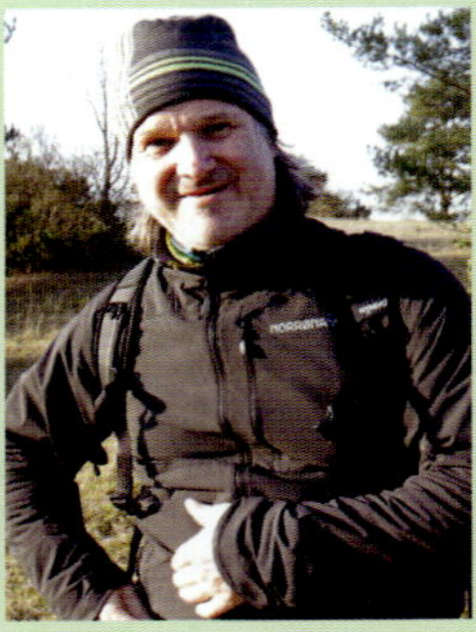

Dieter „Jonny" Herrmann

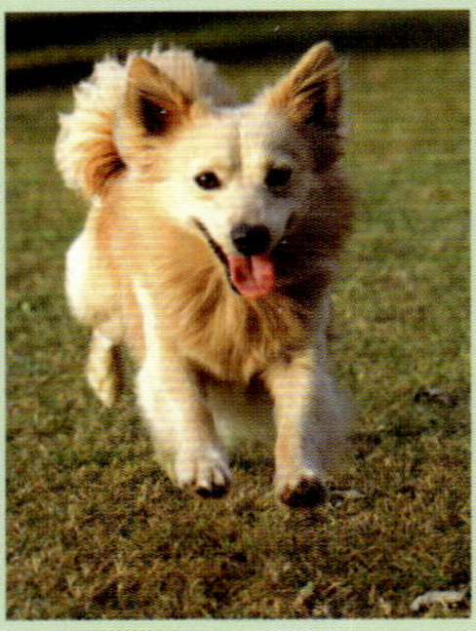

Jondy

Im Februar 2013 lernten wir uns kennen, Jonny (Dieter Herrmann), der sportliche, abenteuerlustige Outdoorsportler, Radfahrer, Kletterer, und ich, Cony (Cornelia Fuchs), die gemütliche, naturverbundene Genießerin der kleinen Wunder, der Blümlein und Tierlein.

Es gab also gleich eine Gemeinsamkeit, die Liebe zur Natur, wobei die von Jonny geliebten abenteuerlichen Wege auf die hohen felsigen Gipfel mir oft zu anstrengend sind. So habe ich versucht, ihn mit Hilfe von Wanderbüchern für schöne, eher gemütliche, sinnliche Naturwanderungen zu begeistern, unter anderem mit den Wanderbüchern des SüdOst-Verlages, die so richtig meine Kragenweite sind: meist Distanzen von 7–14 km, erträgliche Höhenmeter, eher ruhige, nicht überlaufene natürliche Gegenden und schöne Einkehrmöglichkeiten.

In den Corona-Zeiten begannen wir dann unser direktes Umfeld zu erkunden und streiften mit Begeisterung durchs wunderschöne Ampertal mit seinen wilden Naturecken. Wir entdeckten viel Neues. Ich blätterte in Bestimmungsbüchern, und so erweiterten wir unsere Kenntnisse über Pflanzen- und Tierarten, und Jonny begann zu fotografieren und hielt die Schönheit unserer Umgebung auf Fotos fest. Inzwischen haben wir uns dadurch neues Wissen und eine große Sammlung an herrlichen Fotos angeeignet. Vor allem die Tierfotografie hat es Jonny angetan. Nachdem wir bei uns im Ampertal jetzt fast jeden Pfad kannten, suchten wir nach einem Wanderbuch mit für uns neuen Touren im Umkreis von Freising und Moosburg. Leider wurden wir nicht fündig, es gibt dazu bisher keinerlei Material. So entstand die Idee, selbst einen Wanderführer für diese Region zu schreiben und unsere schönsten Touren mit anderen Naturbegeisterten – hoffentlich rücksichtsvollen Menschen, mit dem nötigen Respekt vor der heimischen Pflanzen- und Tierwelt – zu teilen. Da unsere netten Wanderungen bzw. ausgiebigen Spaziergänge so richtig zum Stil der von mir geliebten Wanderbücher passen, nahmen wir Kontakt zum Battenberg Gietl Verlag auf und trafen dort auf offene Türen. Der Heimatverlag, der

bisher regionale Bücher der Oberpfalz und Niederbayerns verlegte, war gleich bereit, auch einen Wanderführer für den Bereich Freising – Erding – Moosburg (Oberbayern) herauszugeben.
So erkunden wir nun, nachdem uns das Ampertal ja schon vertraut ist, auch eifrig das Umfeld von Freising, Erding und Moosburg an der Isar, um Ihnen hoffentlich wunderschöne Touren bieten zu können.

Wir lernen gerade, was es alles braucht, so einen Wanderführer zu konzipieren. Ganz schön viel Arbeit, aber auch ganz viel Spaß und ... man lernt so einiges dazu, da man sich intensiver als sonst über sein Umfeld informieren muss. Man erweitert sein geschichtliches Wissen, das Naturverständnis nimmt zu und man nimmt die Natur und Tour viel bewusster wahr und lernt durch die vielen Recherchen auch interessante Menschen kennen.

Wandern mit GPS

Dieses Buch ist so aufgebaut, dass Sie die Wege mithilfe der Tourbeschreibungen und der abgebildeten Karten auch ohne moderne Technik finden können. Es kann aber sicher nicht schaden, wenn man im Zweifelsfall auf technische Hilfsmittel zurückgreifen kann; besonders nützlich ist die elektronische Unterstützung auf unmarkierten Streckenabschnitten. Deshalb bieten wir unseren Lesern auf der Webseite des Verlags die GPS-Daten zu diesem Wanderführer kostenlos zum Download an. Die Adresse der Webseite lautet: **https://gps.battenberg-gietl.de/**. Geben Sie zuerst das Passwort **7u6X21Ma** in das entsprechende Feld ein und klicken Sie dann bei der Tour Ihrer Wahl auf den Download-Button.
Die GPS-Daten wurden sorgfältig vom Autor erstellt. Es kann aber vorkommen, dass Ihre Position aus technischen Gründen nicht exakt angezeigt werden kann. Mithilfe der Wegbeschreibungen und einer Wanderkarte sollten Sie sich aber stets orientieren können.

Die Touren sind im gängigen GPX-Format gespeichert. Sie können einzelne Touren direkt herunterladen oder gleich alle auf einmal; in dem Fall erhalten Sie eine ZIP-Datei, die Sie erst einmal „entpacken“ müssen.
Um die GPS-Daten benutzen zu können, benötigen Sie ein Smartphone (iPhone oder Android) mit GPS-Empfänger und eine App, die GPX-Dateien darstellen kann (z. B. Komoot, Bergfex, Outdooractive o.ä.). Sie sollten nach Möglichkeit die Dateien so speichern, dass Sie sie offline nutzen können, da häufig Wälder und Berge beim Netzausbau nicht vorrangig behandelt werden und es im Online-Betrieb bei schlechtem Netz zu lästigen Verzögerungen kommen kann.
Navigationsaufgaben verursachen meist einen höheren Energieverbrauch auf dem Smartphone. Achten Sie daher besonders bei längeren Touren darauf, dass der Akku ausreichend aufgeladen ist.

Dankesworte

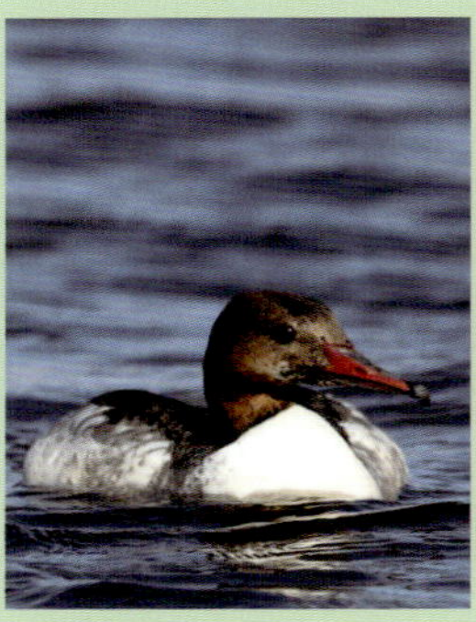
Gänsesäger

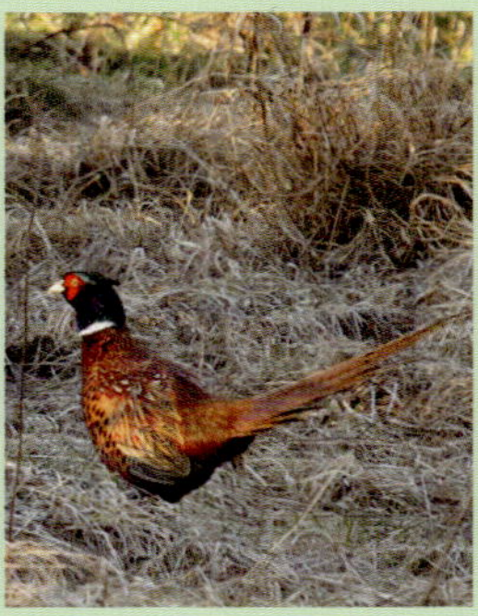
Fasan

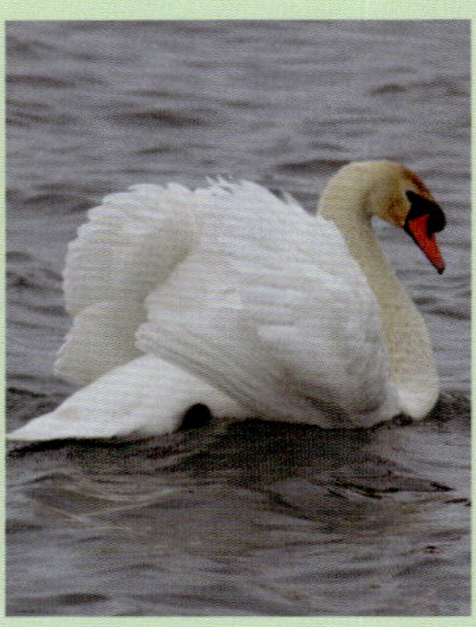
Schwan

Hier möchte ich mich bei allen bedanken, die mir freundlicherweise Informationen, Fakten und Daten zur Verfügung gestellt haben, was mir viel Zeit für Recherche erspart hat. Ich habe dadurch viel Spannendes erfahren und konnte dies dank der Unterstützung und Genehmigung folgender Personen/Institutionen an Sie, liebe Leser, weitergeben.

Dank an Herrn Friedrich Keydel, er hat 2008 ein Büchlein mit dem Titel „Kirchen und Kapellen entlang von Amper und Glonn“ verfasst, welches vom Bauer-Verlag Thalhofen veröffentlicht wurde.
Wer sich für sakrale Bauwerke interessiert, der findet im Ampertal viel Sehenswertes und dem sei dieses kleine, reich bebilderte Büchlein, das 141 Kirchen und Kapellen aus 108 Orten kurz, aber kurzweilig beschreibt, wärmstens empfohlen.
ISBN 978-3-934509-85-6

Ein Dankeschön auch an Hr. Joachim Schäfer, der mir gestattete, mich auf seiner Homepage „heiligenlexikon.de“ über Heilige zu informieren und diese Inhalte in meinem Buch zu verwenden (z. B. über Jakobus den Älteren; Hl. Sebaldus ...).

Ein herzliches „Vergelt’s Gott“ den Pfarreien, die mir erlaubten, Informationen (aus den Kirchenführern und ihrer Internetseite) über ihre Kirchen und Kapellen zu verwenden, sowie genehmigten, dass Jonny Fotos ihrer Kirchen macht und hier veröffentlicht.

Ein großer Dank für die Unterstützung mit Texten (und teilweise Fotos) und Inhalten geht auch an
- Tourismus- und Landratsamt Freising
- Tourismus- und Landratsamt Erding
- Hr. Herbert Rudolf – Leiter des Landesarboretums (Weltwald)
- Bayerische Staatsforsten
- den Flughafen München
- das Heizkraftwerk Zolling

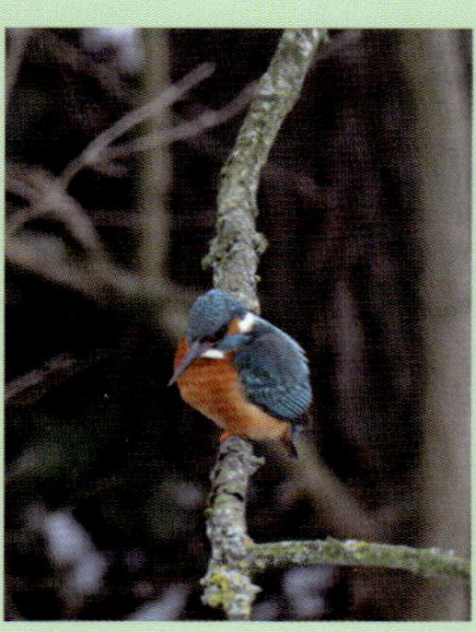

Eisvogel

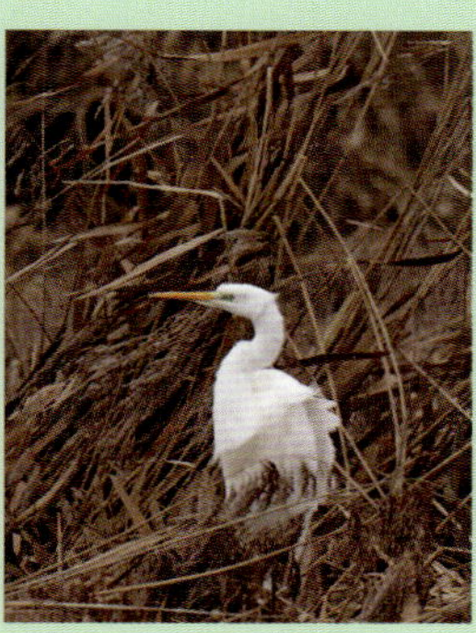

Silberreiher

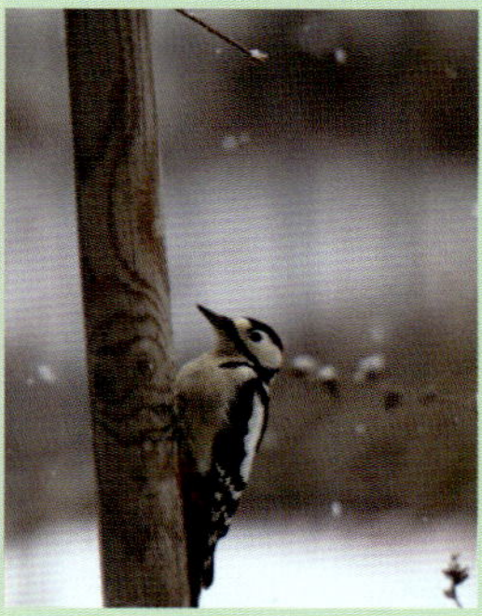

Buntspecht

„Vielen lieben Dank" möchte ich auch den Gemeinden und im Besonderen den Bauämtern sagen, die sich die Mühe gemacht haben, die von mir geplanten Touren daraufhin zu überprüfen, ob sie über öffentlich begehbare Wege führen oder auch über Privatgrund.

Daraufhin habe ich im Kontakt mit den Eigentümern entweder die Erlaubnis erhalten, den Weg über ihr Gelände führen zu dürfen, oder aber die Wanderrunde so umgestaltet, dass sie nur über öffentlich begehbare Wege führt.

Für die Erlaubnis, den Privatweg begehen zu dürfen, möchte ich mich ganz besonders bei Hr. Maier für seine Großzügigkeit bedanken, was uns einen unschönen Umweg auf der Straße erspart.

Ebenso möchte ich mich bei den Eigentümern der Keckmühle bedanken, den Weg an ihrem Hof, sowie die von ihnen privat erbaute Brücke zu nutzen.

Vor allem möchte ich mich bei unseren Freunden und Familien bedanken, die uns bei der Vorbereitung sehr unterstützt haben und bereit waren, jede von uns geplante und beschriebene Tour mit uns Probe zu gehen, um zu überprüfen, ob die Wegbeschreibung unmissverständlich geschildert ist.

Herzlichen Dank an:
Timo & Emeline
Kenny
Martin & Astrid
Detlev & Kristin
Anja & Beate
Tim & Carla

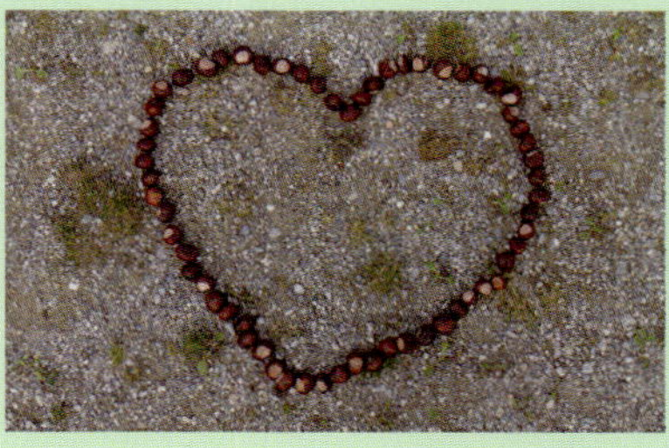

Inhaltsverzeichnis

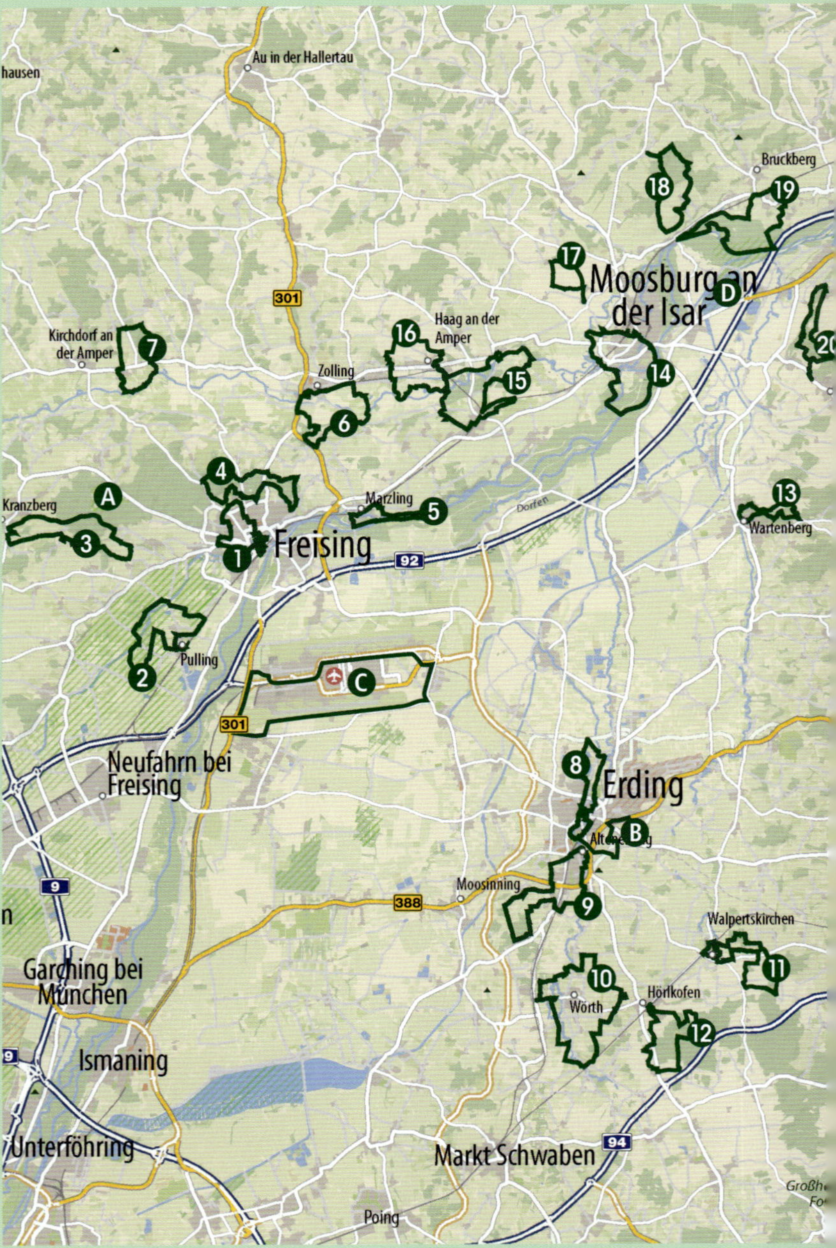

Au in der Hallertau
hausen
Bruckberg
18
19
17
Moosburg an der Isar
D
301
16
Haag an der Amper
Kirchdorf an der Amper
7
Zolling
15
14
20
6
4
A
Kranzberg
Marzling
5
13
Wartenberg
3
1
Freising
92
Dorfen
2
Pulling
C
301
Neufahrn bei Freising
8
Erding
B
9
Moosinning
388
Walpertskirchen
Garching bei München
10
Wörth
Hörlkofen
11
12
Ismaning
Unterföhring
94
Markt Schwaben
Poing

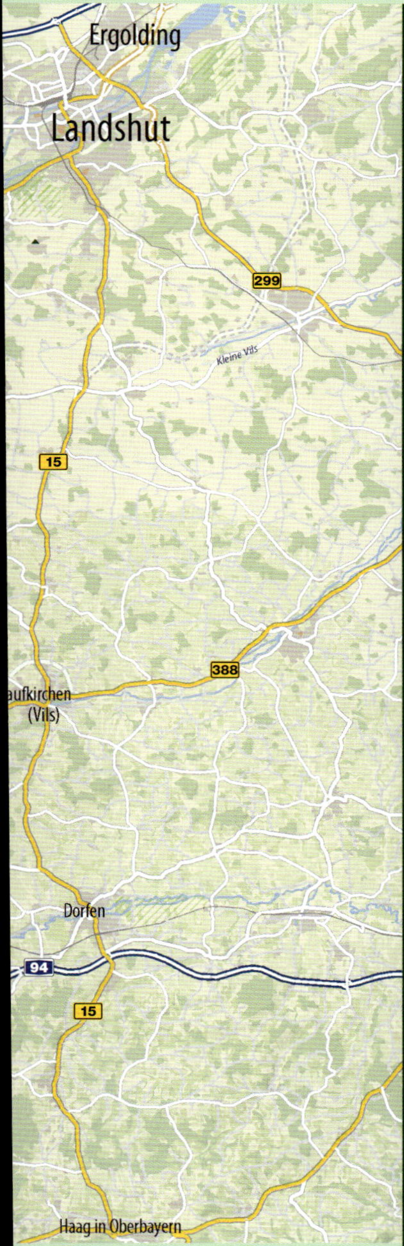

1. Freising – Stadtspaziergang
2. Pulling – Durchs Freisinger Moos
3. Kranzberg – Ein Stück Jakobsweg
4. Wieskirche – Eine himmlische Runde
5. Marzling – Am Steilufer und am Ufer der Isar
6. Zolling – Durchs Ampermoos
7. Helfenbrunn – Einsamer Rundweg an der Amper

A Tipp für Baumfans

8. Erding – Durch die Altstadt zum See
9. Altenerding – Zur Therme Erding
10. St. Koloman – Entlang der Sempt
11. Walpertskirchen – Zur Keltenschanze
12. Hörlkofen – Durchs Harrainer Holz
13. Grünbach – Auf und ab im Hügelland

B Tipp für Nostalgiker

C Tipp für Technikbegeisterte

14. Moosburg – Von der Stadt aufs Land
15. Langenbach – Durchs Ampertal zur Wallfahrtskapelle
16. Haag a.d. Amper – Abwechlungsreiche Runde
17. Feldkirchen – Ruhiger Spaziergang nach Inzkofen
18. Reichersdorf – Durch Wald und Feld bei Thulbach
19. Bruckberg – Entlang der Isar, durch geschützte Auwälder
20. Buch am Erlbach – Vom Stommer Weiher nach Berghofen

D Tipp für Vogelliebhaber

Einleitung

Anfahrt:
Öffentlich: Mehr als die Hälfte der hier vorgeschlagenen Runden lässt sich mit dem Zug oder der S-Bahn erreichen. Nehmen Sie sich Zeit, probieren Sie es aus, dann können Sie nach der Wanderung einkehren und mit gutem Gewissen das verdiente Bier genießen.

Parkplätze: Wanderparkplätze gibt es hier nicht, dies ist keine klassische Wanderregion, dennoch gibt es wunderschöne Wege durch die Natur. Wo es möglich war, beginnen die Touren an Parkplätzen von Bahnhöfen, vor Rathäusern, Kirchen, oder an Badeweihern (bei den Seen gibt es leider keine Adresse fürs Navi). Bei einigen Runden muss man an der Straße entlang im Ort einen Parkplatz suchen (bitte um Rücksicht auf die Anwohner und ihre Ausfahrten). Aber stets haben wir darauf geachtet, dass es erlaubte, gute Möglichkeiten zum Parken gibt.

Das Gelände um Freising, Erding und Moosburg an der Isar ist ein relativ stark besiedeltes Gebiet und zählt zum nordöstlichen Speckgürtel von München. Die Gegend ist nur leicht hügelig, die Wege sind überwiegend bequem zu gehen und somit stellen die hier vorgestellten Touren die Wanderer nicht vor große Herausforderungen. Die Schwierigkeitseingruppierungen sind daher relativ. Wirklich körperlich schwer zu bewältigen ist keine der Touren.
Dennoch kann man die Wandervorschläge unterschiedlich bewerten.

Wegqualität (Schwierigkeit): Die Wege hier im Umland sind alle gut zu gehen, dennoch gibt es Unterschiede, aber wirklich schwer zu bewältigende Wege oder Absturzgelände wie im Gebirge gibt es hier nicht.

★★★ Sterne: Asphaltwege und gute Feldwege, die man auch „leicht" begehen kann.

★★ Sterne: Runden, die überwiegend einfach zu gehen sind, aber kurze anspruchsvollere Teilstücke beinhalten.

★ Stern: Tour mitunter auf Waldpfaden und Schleichwegen, mit wurzeligem, unebenem oder schlammigem Weg, die für manche Menschen „schwer" zu gehen sein könnte.

Da die Gegend landwirtschaftlich genutzt wird, können sich Feld- und vor allem Waldwege in ihrer Beschaffenheit schnell ändern. An einem Wochenende sind sie gut zu gehen, am nächsten kaum begehbar, da die Wege durch den Harvester tief geschädigt sind, und bereits eine Woche später können sie schon wieder gut präpariert sein. Es ist deshalb immer angeraten, nicht mit Sonntagskleidung und vor allem mit gutem Schuhwerk zu wandern.

Bei einigen Touren finden Sie Informationen zu Sehenswürdigkeiten oder anderes Wissenswertes und Interessantes. Zusätzlich finden Sie Tipps zu Einkehrmöglichkeiten.

So bleibt uns nur noch, Ihnen viel Spaß beim Wandern zu wünschen.

Cony (Recherche und Text)
und Jonny (Fotos und GPS-Daten)

Tipps und Verhaltensregeln

Wir vertrauen Ihnen hier schöne Ecken und Strecken an und gehen davon aus, dass Menschen, die sich für dieses Buch interessieren, auch eine Liebe zur Natur in sich tragen und sorgsam damit umgehen. Wir verraten ihnen einige kleine romantische Wegstrecken. Sie wandern durch das Wohnzimmer unserer heimischen Tiere und erhalten Einblicke. Bitte verhalten Sie sich wie Gäste.

Dies ist ein Wanderbuch – kein Buch für Radfahrer. Die Touren sind so gewählt, dass sie für Wanderer, die gemütlich durch die Natur spazieren wollen, geeignet sind. Es wurden extra idyllische Wege durch die Natur gesucht, die nicht für Radfahrer geeignet sind, so dass die Wanderer ihren Natureinblick genießen können. Für Radler gibt es eigene Fahrradwege und Fahrradbücher.

Bitte bleiben Sie auf den Wegen. Wir wandern ungefragt durch das Zuhause unserer Wildtiere, sind bei ihnen zu Gast und danken es ihnen mit respektvollem Verhalten. DANKE!

Legen Sie sich ein gutes Fernglas zu, es vervielfacht den Genuss in der Natur, wenn man die Tierwelt aus respektvoller Entfernung beobachten kann, ohne sie zu erschrecken, so kann man in Ruhe interessante Beobachtungen machen.

Machen Sie mit einer Kamera Fotos der Tiere und Pflanzen und schlagen Sie zu Hause nach, was Sie alles gesehen haben. Sie werden erleben, dass sich der Blick auf die Natur ändert, und Sie werden staunen, was es so alles zu entdecken gibt.

Müll bitte wieder mit nach Hause nehmen. Die Brotzeit wiegt auf dem Hinweg um ein Vielfaches mehr und wird ohne Murren getragen. Es ist mir ein Rätsel, wieso die leeren Verpackungen, Dosen und Getränkeflaschen, die nach der Pause nur noch einen Bruchteil dessen wiegen, was man in die Natur getragen hat, beim Rückweg häufig keinen Platz mehr im Rucksack finden und von manchen achtlos liegen gelassen werden.

Bitte keine Toilettenecken neben den Wanderwegen anlegen! Was das sogenannte kleine oder auch große „Geschäft“ betrifft: Die Hundebesitzer haben inzwischen gelernt, die Häufchen mitzunehmen. Den Wanderern würde ich raten, wenn es sein muss, ihr Häufchen abseits zu vergraben und das berühmte, inzwischen fast überall die Natur verschandelnde Papiertaschentuch, das nur sehr langsam verrottet, in einem kleinen Beutel mit nach Hause zu nehmen.

Machen Sie kein offenes Feuer in der Natur und werfen Sie auch keine Zigaretten weg. Zigaretten sind für Tiere giftig, haben eine extrem lange Verrottungsdauer und sind häufigste Ursache von Waldbränden (auch im Winter oder nach einem leichten Regen, der häufig nicht ausreicht, um die Natur wirklich zu befeuchten).

Hunde gehören auf den von uns beschriebenen Wanderrunden an die Leine! Wir haben darauf geachtet, durch noch ursprüngliche Natur mit Wildtierbestand zu gehen, um den Wanderer Naturfeeling erleben zu lassen. Den meisten Hunden fällt es schwer, freiwillig nah bei Herrchen oder Frauchen zu bleiben und den Verlockungen des Jagens zu widerstehen. Dies aber ist für Wiesenbrüter und auch für unser heimisches Wild lebensgefährlich. Der Hund sollte also, wie der Wanderer, auf dem Weg bleiben.

TOUR 01

FREISING

Stadtspaziergang

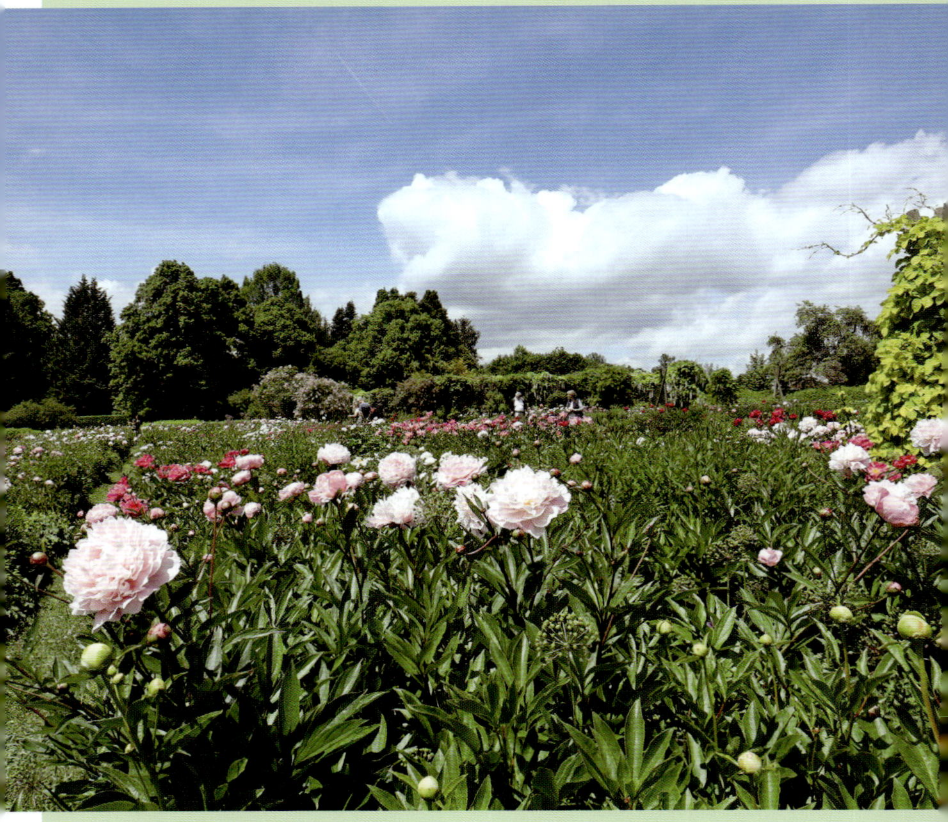

Blühender Staudengarten

Mittel

10 km

↓↑ 150 m

2½ Std.

Auf grünen Wegen entdecken wir Freising und wandern, vorbei an Kultur und durch kleine Gassen, zurück in die Altstadt.

Wegqualität: ★★★

Öffentlich: S1 und Zug – Freising

Parken: P+R Luitpoldstr.; 85356 Freising (Parkplatz am Bahnhof Freising)

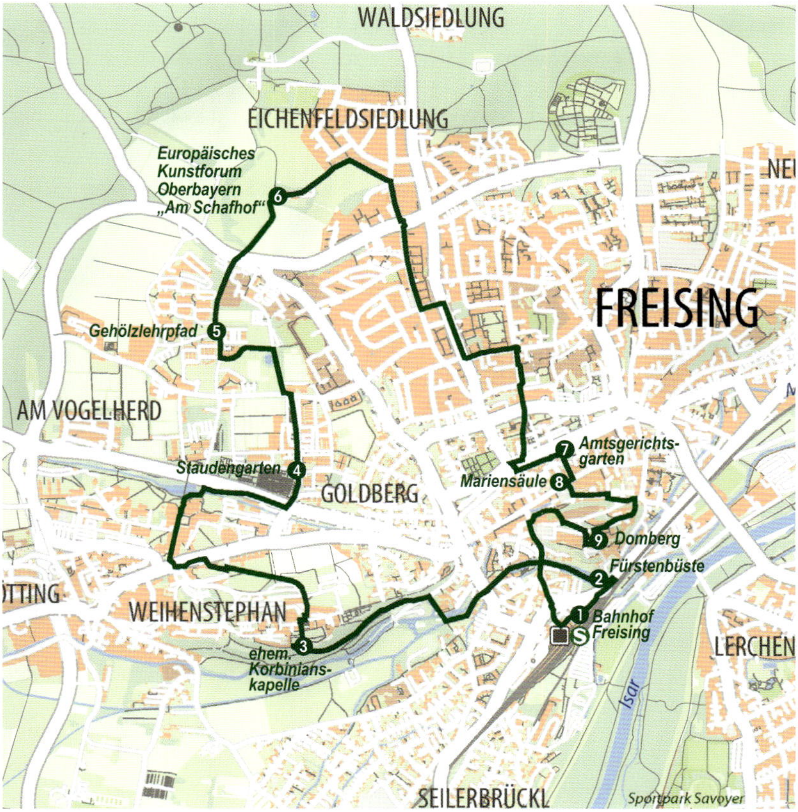

1. Bahnhof Freising
2. Fürstenbüste
3. ehem. Korbinianskapelle
4. Staudengarten
5. Gehölzlehrpfad
6. Europäisches Kunstforum Oberbayern „Am Schafhof"
7. Amtsgerichtsgarten
8. Mariensäule
9. Domberg

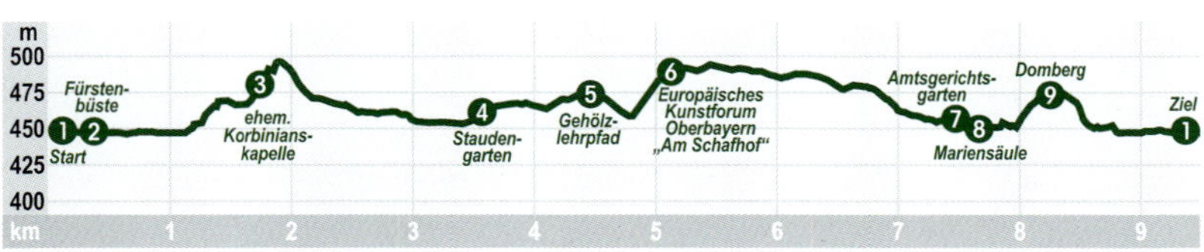

Stadt Freising: Im frühen 8. Jahrhundert residierte Bayernherzog Theodo auf dem nachmaligen Domberg. Zur selben Zeit wirkte hier der heilige Korbinian, der heutige Stadt- und Diözesanpatron. Es gab bereits eine Marienkirche; als der heilige Bonifatius im Auftrag des Papstes 739 die vier bayerischen Bistümer errichtete, wurde diese eine Bistumskirche. Der Domberg war über tausend Jahre lang Sitz der Freisinger Bischöfe und Fürstbischöfe.

Zu Füßen des Dombergs entwickelte sich eine Handels- und Kaufmannsstadt. Noch heute findet man in der Freisinger Altstadt repräsentative Bürgerhäuser, ehemalige Brauereien, Handwerkerhäuser und verwunschene Gärten.

Start: Vor dem Bahnhofsgebäude des Freisinger Bahnhofs ❶. Wir starten, aus dem Bahnhofsgebäude kommend, nach rechts und gehen auf dem Gehweg geradeaus, an den Gleisen entlang und den Bussen vorbei, bis wir auf die Ottostraße stoßen. Dieser folgen wir ein Stück nach rechts, überqueren so den Bach, die Schleifermoosach, und unmittelbar danach überqueren wir die Ottostraße und folgen dem Fußweg (Schild: „Stadtmitte 0,5 km"). Der letzte Fürstbischof von Freising, Josef Conrad von Schroffenberg ❷, begrüßt uns auf unserer Freisinger Stadtrunde. An seiner Büste vorbei, auf dem Fürstendamm, wandern wir immer am Bach entlang, überqueren erst die Bahnhofsstraße, später dann die Johannisstraße und gehen Richtung Weihenstephan geradeaus weiter, bis der Weg sich gabelt, biegen hier nach rechts ab und gehen am Maximilian-Gedenkstein vorbei und über Brücken, bis wir auf den Veitsmüllerweg kommen. Hier wenden wir uns nach links und gehen auf dem Fußgängerweg, immer die Richtung beibehaltend, den Weihenstephaner Berg hinauf, bis wir zum „Korbinians-

Am Schlangenweg auf dem Weihenstephaner Berg

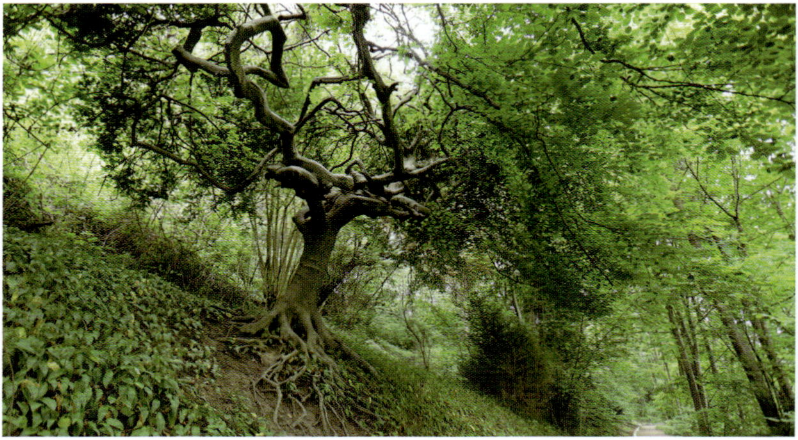

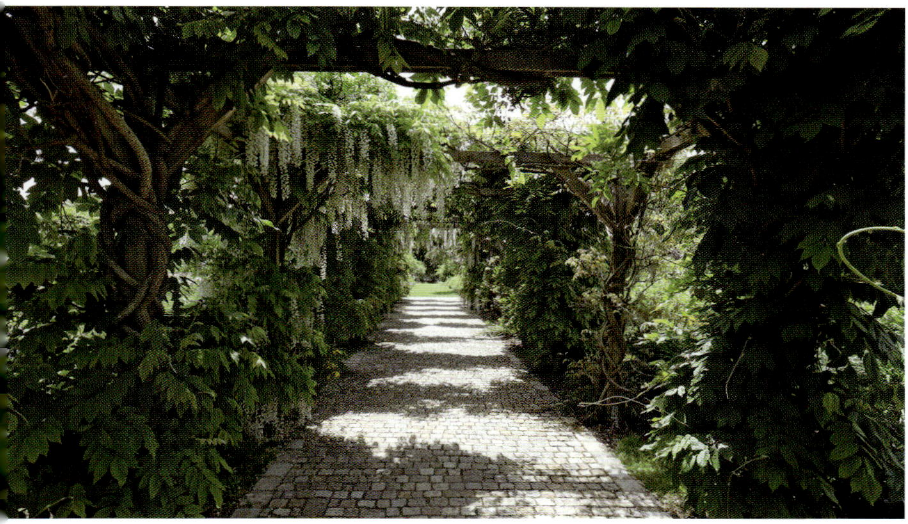

Laubengang im Staudengarten

brünnlein" kommen und zu den Fragmenten der ehemaligen „Korbinianskapelle" ❸. Von hier aus weiter über die Stufen hoch bis zum Hof der alten Akademie, mit herrlichem Weitblick. Den Hof durchqueren wir und gehen gegenüber durch einen Laubengang in einen kleinen Garten und hinab. Danach biegen wir nach rechts ab in die Straße „Am Hofgarten" und kurz danach, bei der nächsten Möglichkeit, gehen wir scharf links und sozusagen zurück und an einem Gebäude mit Metallinstallationen mit dem Titel „Stehende sind wie Gärten" von Hans-Jürgen Breuste vorbei. Nach dem Gebäude geht es rechts auf Stufen hinunter, an weiteren Metallstelen vorbei. Nun immer der Nase nach weiter auf dem Fußweg, der in einem großen Bogen nach links führt (vorbei an einem naturgeschaffenen großen Findling, der kunstvoll platziert wurde). Dann, bei der nächsten Möglichkeit, nehmen wir den kleinen asphaltierten Weg nach links, der uns vor zur Straße bringt. Hier biegen wir nach rechts ab, überqueren die Straße und gelangen über den Zebrastreifen auf das Unigelände, wo wir dem Wegweiser „Kultur und Natur" durch das Campusgelände, vorbei an weiteren Kunstwerken, folgen.

Vor der Brücke gehen wir rechts die Stufen hinunter und erblicken 2 lange Stahlstäbe im Wasser. Am See gehen wir nach rechts weiter, wechseln über eine kleine Brücke auf die andere Seite des Thalhauser Grabens und gehen auf dem Weg nach rechts weiter zur Thalhauser Straße. Ein kurzes Stück auf dem Gehsteig weiter und an der nächsten Kreuzung nach links in „Am Staudengarten" einbiegen. Nun den Hügel hinaufgehen (vorbei am Staudengarten ❹ und am Schaugarten für Obst u. Gemüse – geöffnet 1.4.–31.10. von 10–18 Uhr). So kommen wir auf die Lange Point, gehen dort wenige Meter nach links und gleich wieder rechts auf den Feldweg. Am (im Sommer eingewachsenen und daher kaum sichtbaren) kleinen Weiher zu unserer Linken vorbei, gehen wir unmittelbar danach auf einem kleinen Fußweg nach links auf eine Siedlung zu

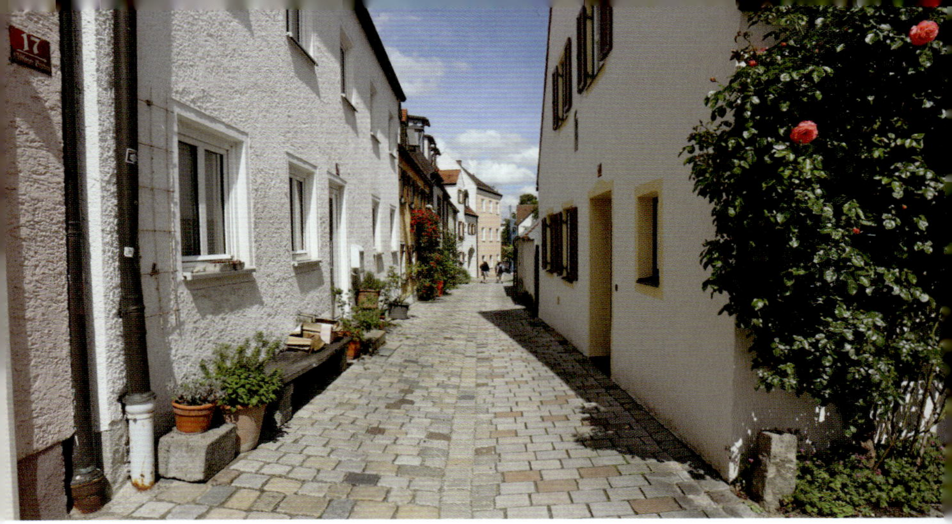

Altstadtgässchen

und umrunden diese auf dem Pfad. Danach geht es rechts auf der Steinbreite weiter und geradeaus durch einen Kreisel, vorbei am Gehölzlehrpfad ❺ bis hinunter zur Straße. Geradeaus kreuzen wir den Weihenstephaner Ring und gehen gegenüber auf „Am Schafhof" weiter, vorbei am europäischen Kunstforum Oberbayern ❻ mit wechselnden Ausstellungen, bis wir auf eine Siedlung zugehen und weiter auf den Plantagenweg. Diesem folgen wir, er biegt 2-mal nach rechts ab, kreuzt eine vielbefahrene Straße und danach, bei der nächsten Möglichkeit, biegen wir links in die Camerloherstraße. Wir erblicken bald eine kleine Kapelle mit einem Kreuz und gehen hier nach rechts in die Prinz-Ludwig-Straße. Links von uns sehen wir den Wasserturm und danach biegen wir links in die Vimystraße ein und gehen auf die Pallottinerkirche zu.

An dieser Kreuzung biegen wir nach rechts in die Jochamstraße und geradeaus weiter auf den Fußweg; unter der Alois-Steinecker-Straße hindurch kommen wir auf die Straße „Kammerhof", die wir weiterwandern, bis wir rechts in die Kammergasse einbiegen. Die

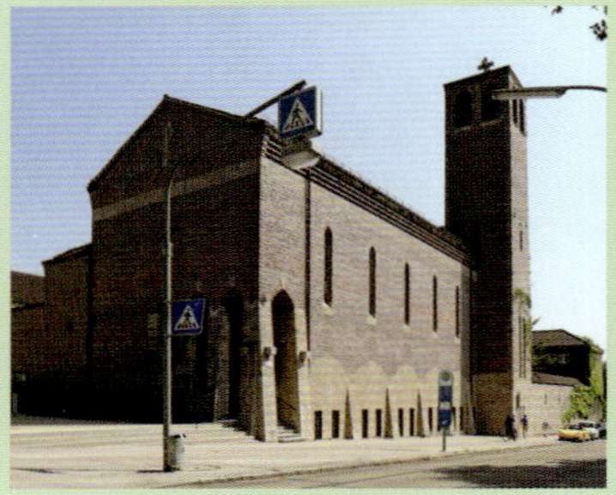

Die **Pallottinerkirche** St. Johannes der Täufer wurde von 1928–1930 nach Plänen des Architekten Jan Hubert Pinand erbaut und ist einer der bedeutendsten Bauten des kirchlichen Expressionismus in Bayern. Der Bildhauer Karl Baur schuf die Reliefs und Skulpturen für diesen modernen Kirchenbau in den Jahren zwischen 1930 und 1955.

nächste Möglichkeit gehen wir links in die Ziegelgasse und dann gleich wieder links in den „Mittleren Graben". Das Altstadtgässchen gehen wir weiter bis zum Amtsgerichtsgarten ❼ (geöffnet 1.4.-31.10.) und hier rechts in der Sporrergasse Richtung Freising City. Wir kommen auf die Untere Hauptstraße und gehen dort nach rechts in die Innenstadt und sehen die Mariensäule ❽, welche das Stadtzentrum symbolisiert. Kurz vor dieser geht es links, weiter in die Brennergasse und dann wieder links in die Fischergasse. Wir gehen auf der rechten Seite des Bächleins auf dem Fußweg, der rechts weiter bergauf führt. So kommen wir auf die Untere Domberggasse, der wir nach links folgen, bis wir rechts auf einer steilen Treppe den Domberg besteigen, durch Gewölbe gehen und den Innenhof des Amtsgerichts in einem Bogen nach rechts durchqueren und so auf die Straße „Domberg" gelangen. Von der Fahrstraße können wir schon ein paar Meter später nach links und dann rechts über eine Treppe nach oben gehen, an den Gebäuden entlang, am Parkplatz vorbei bis zum ersten Tor, durch das man links in den Innenhof des Doms ❾ kommt. Schräg gegenüber gibt es einen wunderschönen Ausblick. Zurück durch das zweite Tor (auf der gleichen Seite wie das erste) verlassen wir den Innenhof und gehen links auf dem Fußweg den Domberg hinunter. Bei der nächsten Gelegenheit geht es rechts weiter über Stufen hinunter bis in die Obere Domberggasse. Bei der Bahnhofstraße biegen wir nach links ab, überqueren die Münchner Straße, gehen durch den kleinen Bahnhofspark und so wieder auf den Bahnhof zu.

Essen / Einkehren:

Altes Gefängnis
Obere Domberggasse 16
85354 Freising
Tel: 08161 7872722

Freisinger Marienplatz – City

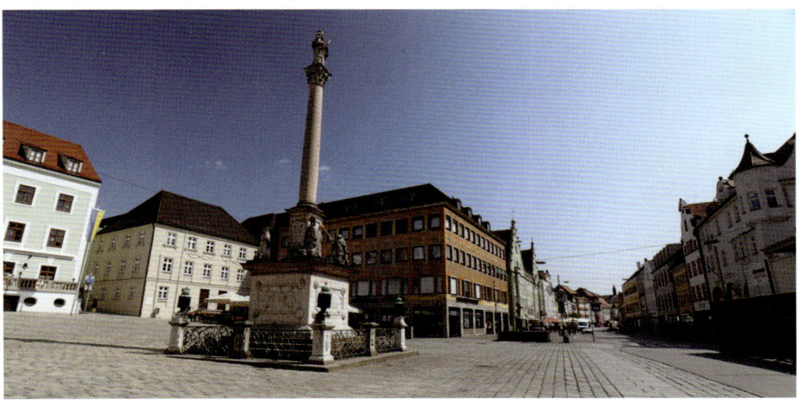

TOUR 02

PULLING

Durchs Freisinger Moos

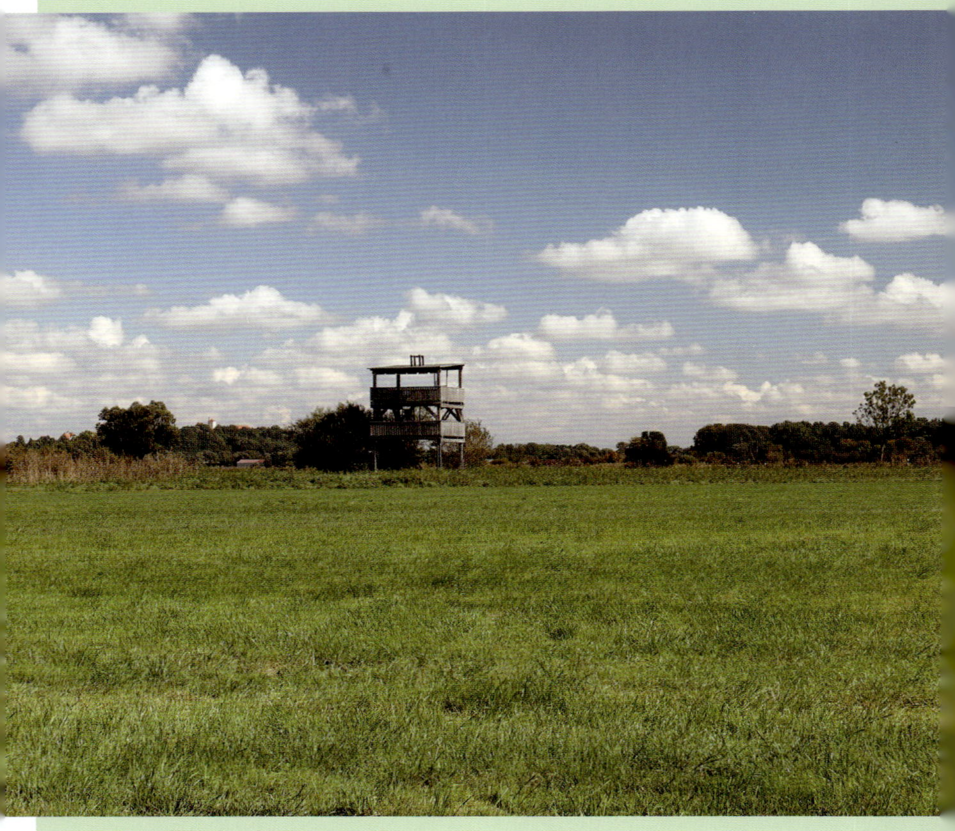

Vogelbeobachtungsturm

Mittel

12,5 km

↓↑ 20 m

3 Std.

Auf bequemen Feldwegen am Wiesenbrütergebiet entlang zum Vogelbeobachtungsturm.

Wegqualität: ★★★ (Achtung Brücke!)

Öffentlich: S1 – Pulling

Parken: Bahnstraße 20; 85354 Freising (Parkplatz S-Bahn Pulling)

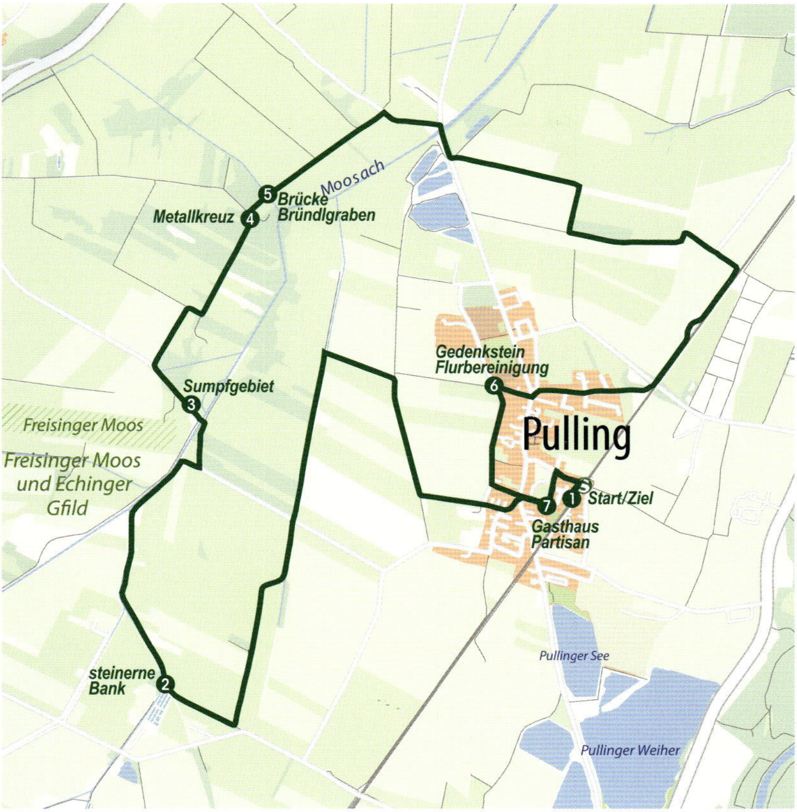

❶ S-Bahn P+R Pulling

❷ Steinerne Bank

❸ Sumpfgebiet

❹ Metallkreuz

❺ Brücke über den Bründlgraben

❻ Gedenkstein Flurbereinigung

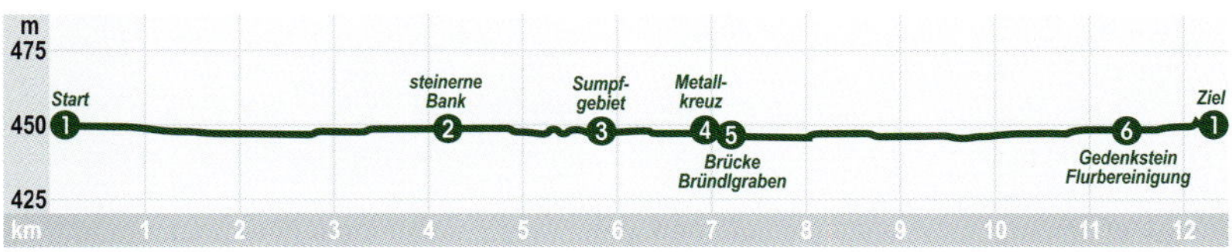

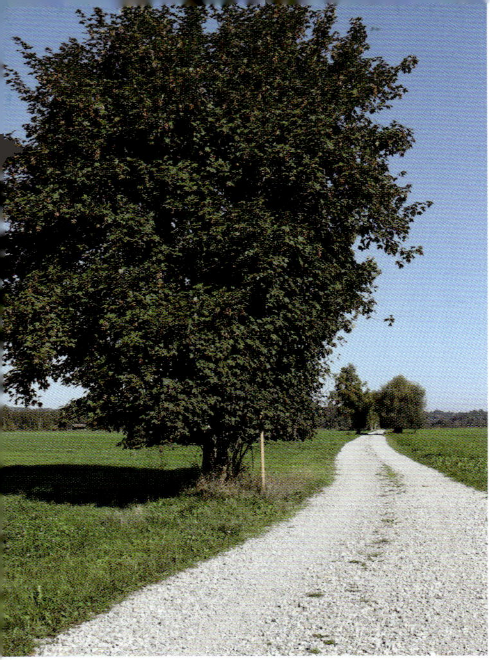

Schotterweg

Start: Parkplatz S-Bahn Pulling ❶. Vom Parkplatz aus gehen wir links in die Bahnhofstraße und biegen nach der kleinen Grüninsel mit Kreuz nach links in den Amselweg ein. Dieser macht eine Rechtskurve. Wir überqueren die Pullinger Hauptstraße und gehen gegenüber nach links weiter in die Theodor-Scherg-Straße. An der Gabelung gehen wir rechts in die Mooswiesenstraße und kommen so aus dem Ort und geradeaus weiter bis zu einer T-Kreuzung, wo wir nach rechts abbiegen und nun auf einem Schotterweg zwischen Feldern wandern. Bei der nächsten Möglichkeit biegen wir nach links ab (Schild: Land- und forstwirtsch. Verkehr frei) und gehen auf eine Brücke zu. Nach dieser wandern wir links weiter und nun immer am Weihenstephaner Kanal entlang. So überqueren wir eine Asphaltstraße und gehen gegenüber am Kanal weiter und nun auch am „Wiesenbrütergebiet“ entlang. Der Weg geht mal etwas nach rechts, kurz darauf nach links und dann wieder in der bekannten Richtung weiter, bis es kurz vor der Straße nach rechts an einem Gebüschstreifen weitergeht. Bei einer steinernen Bank ❷ mit Blick auf das Wiesengebiet biegt der Weg sanft nach rechts und folgt jetzt etwa 1 Kilometer dem Galgenbach, der dann in die Moosach mündet. Immer dem Weg folgen, der dann nach rechts abbiegt und uns kurz darauf auf eine Asphaltstraße bringt. Hier folgen wir links der kaum befahrenen Straße und überqueren so die Moosach, rechts von uns ein kleines Sumpfgebiet ❸, und kurz darauf überqueren wir

Achtung: Diese Route führt über eine inzwischen etwas baufällige Brücke über ein kleines Bächlein – Begehung auf eigene Gefahr! – Aber keine Lebensgefahr.

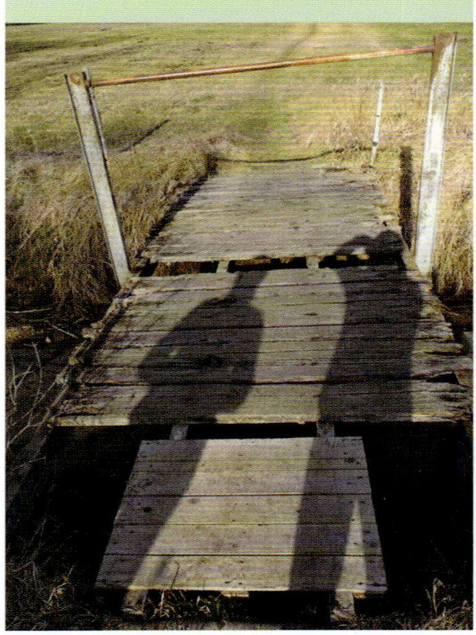

Brücke über den Bründlgraben

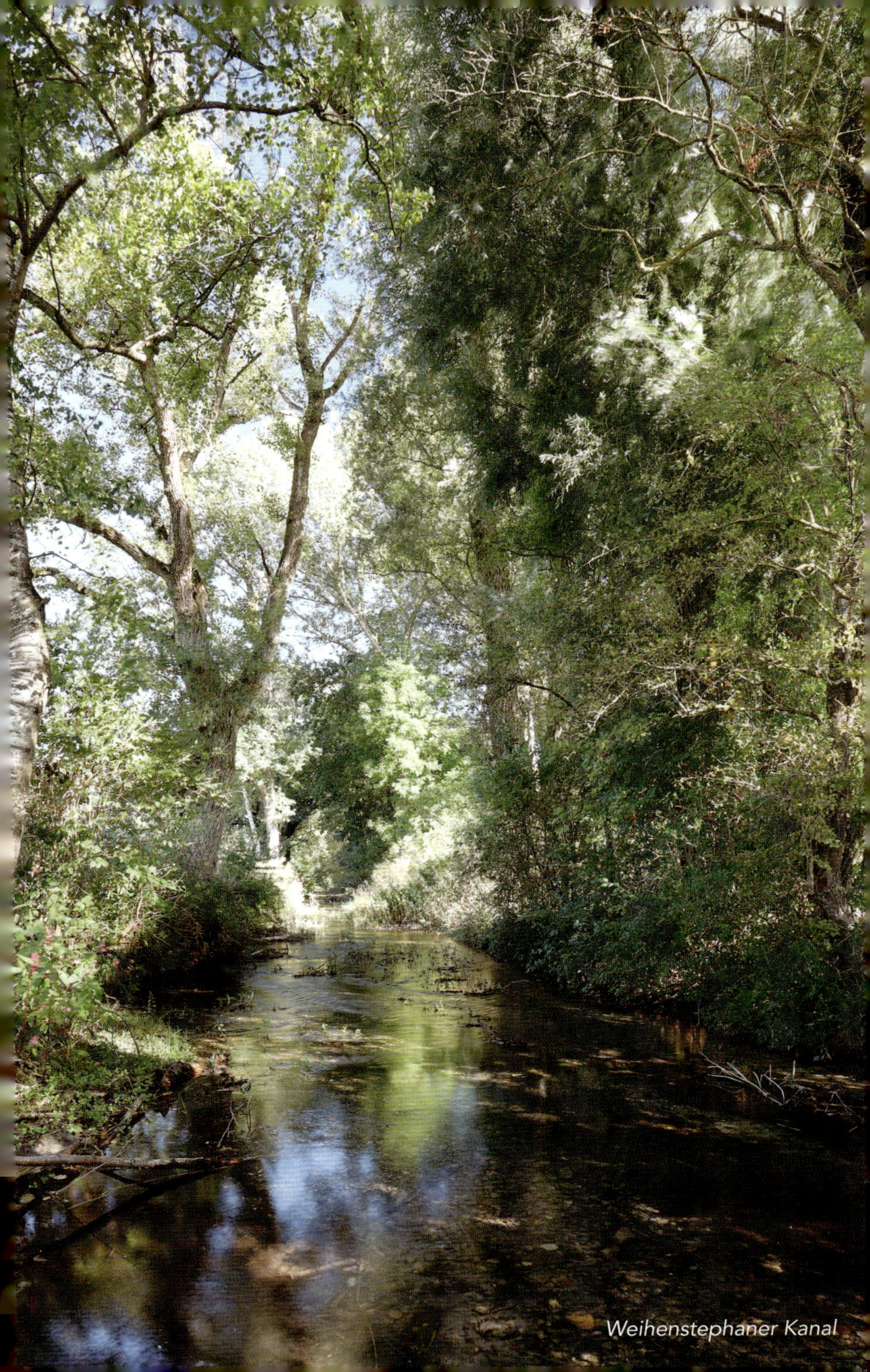

Weihenstephaner Kanal

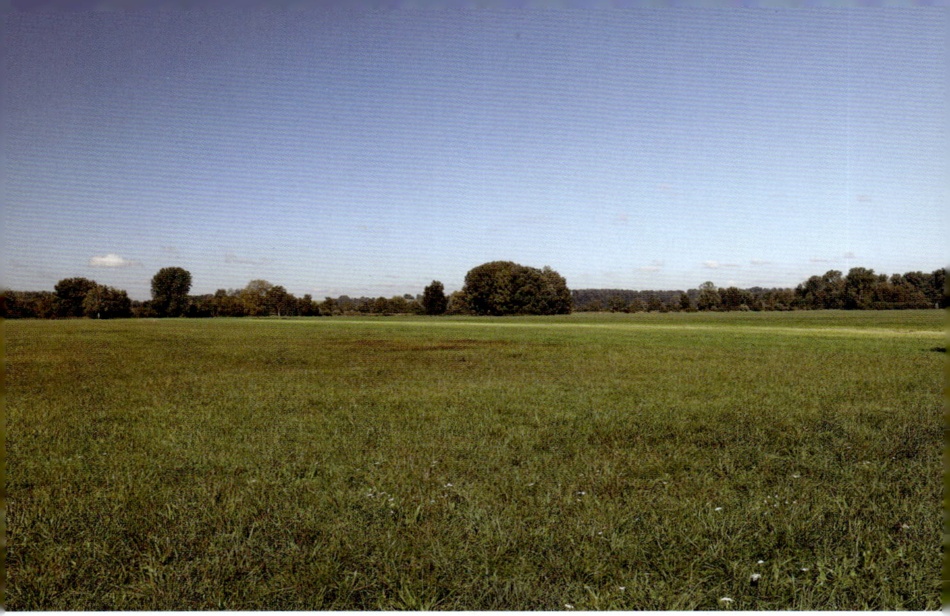

Blick ins Wiesenbrütergebiet

einen Seitenarm der Moosach. Wenige Meter danach biegen wir nach rechts ab und gehen an einem kleinen Wäldchen entlang weiter ins Wiesenbrütergebiet. Wir treffen auf einen Weg, an welchem wir nach rechts abbiegen. Dieser Weg macht kurz darauf eine Linkskurve und führt uns noch ein Stück an den Wiesen vorbei und dann weiter in einen lichten Wald. Wenn der Weg wiederum eine Linkskurve macht, bei einem kleinen Metallkreuz auf einem Steinsockel ❹, geht es nach der Kurve gleich vor dem kleinen Wäldchen über die Wiese nach rechts weiter auf einen kleinen Pfad zur Brücke über den Bründlgraben ❺. Diese überqueren wir vorsichtig und wandern auf der anderen Seite geradeaus weiter auf dem Weg zwischen den Wiesen. Von links kommt ein Feldweg, wir gehen aber geradeaus weiter, (den Vogelbeobachtungsturm im Blick) bis zur Asphaltstraße. Hier biegen wir nach rechts und gelangen so auf eine häufig befahrene Straße.

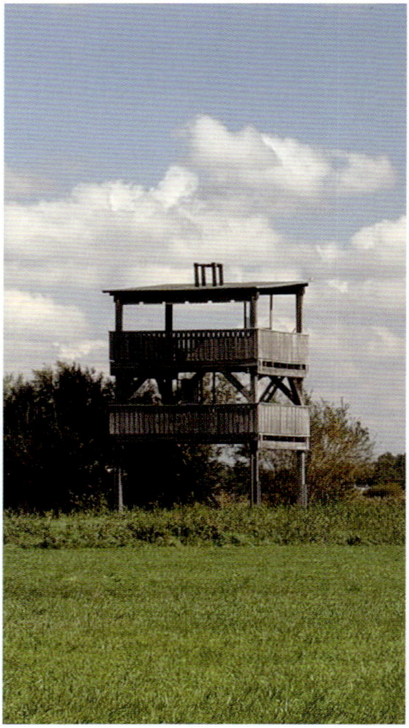

Vogelbeobachtungsturm

Abstecher zum Vogelbeobachtungsturm
Hier empfiehlt es sich, ein Stück nach links zu gehen und bei der zweiten Möglichkeit nach links abzubiegen, um über den kurzen Feldweg den Beobachtungsturm aufzusuchen. Über Metallleitern kann man 2 Etagen erklimmen und hat so einen guten Überblick über das offene Gelände. Auf Infotafeln werden wir über die wichtigsten Vögel hier informiert und ein scannbarer QR-Code informiert uns, welche Tiere aktuell zu beobachten sind. – Wer neugierig ist und ein gutes Fernglas dabeihat, wird sich hier gerne eine Zeit lang aufhalten.

Das hochsensible **Freisinger Moos** ist eines der größten noch erhaltenen Niedermoorgebiete Bayerns. Es hat eine essenzielle Bedeutung für die Wiesenbrüter, so brütet hier z.B. der große Brachvogel. Auch Kiebitz und Wachtelkönig sind auf diese einzigartige Landschaft angewiesen, sowie verschiedenste Libellen und Schmetterlingsarten. Bitte keinesfalls den Weg verlassen, um diesen wertvollen Lebensraum für die hier beheimateten seltenen Tierarten zu schützen. Hunde hier bitte immer an der kurzen Leine führen und Abfall wieder mitnehmen – aber das ist ja jedem Naturliebhaber klar.
Tipp: Fernglas mitnehmen – eine Vielzahl an Vögeln lässt sich hier beobachten, und vor allem im März sieht man hier jede Menge Rehe.

Essen / Einkehren:

Gasthaus Partisan
Ringweg 2
85354 Freising

Die Tour geht nach rechts weiter, über die Brücke, und gleich danach biegen wir nach links ab und verlassen wieder die Straße. Sogleich stehen wir vor einer Weggabelung und gehen hier den rechten Weg weiter. Nach dem Strommasten biegt der Weg nach rechts ab, und so gelangen wir zu einer T-Kreuzung, bei der wir nach links abbiegen. Dieser Feldweg macht mal eine Links- und gleich wieder Rechtsbiegung und bringt uns auf die Dürnecker Straße, auf der wir geradeaus weitergehen in Richtung der Bahngleise. Nach rechts, an den Bahngleisen entlang, geht es durch eine Wohnsiedlung, danach an der Gabelung kurz links, zur Pullinger Hauptstraße. Diese überqueren wir und gehen „Am Schulweg" an der Feuerwehr vorbei, bis wir den Gedenkstein der Flurbereinigung ❻ sehen und hier links auf „Am Moosanger" einbiegen, um am Ortsrand von Pulling weiterzugehen, bis wir links in die Flurstraße abbiegen. Jetzt nochmals die Hauptstraße überqueren, und gegenüber auf dem Amselweg gehen wir direkt auf das Gasthaus und den Biergarten Partisan zu. Dort biegt der Weg nach links ab und bringt uns zur Bahnstraße, wo wir nach rechts gehen und so wieder die S-Bahn ❶ erreichen.

TOUR 03

KRANZBERG

„Ich bin dann mal weg" – Ein Stück auf dem Jakobsweg

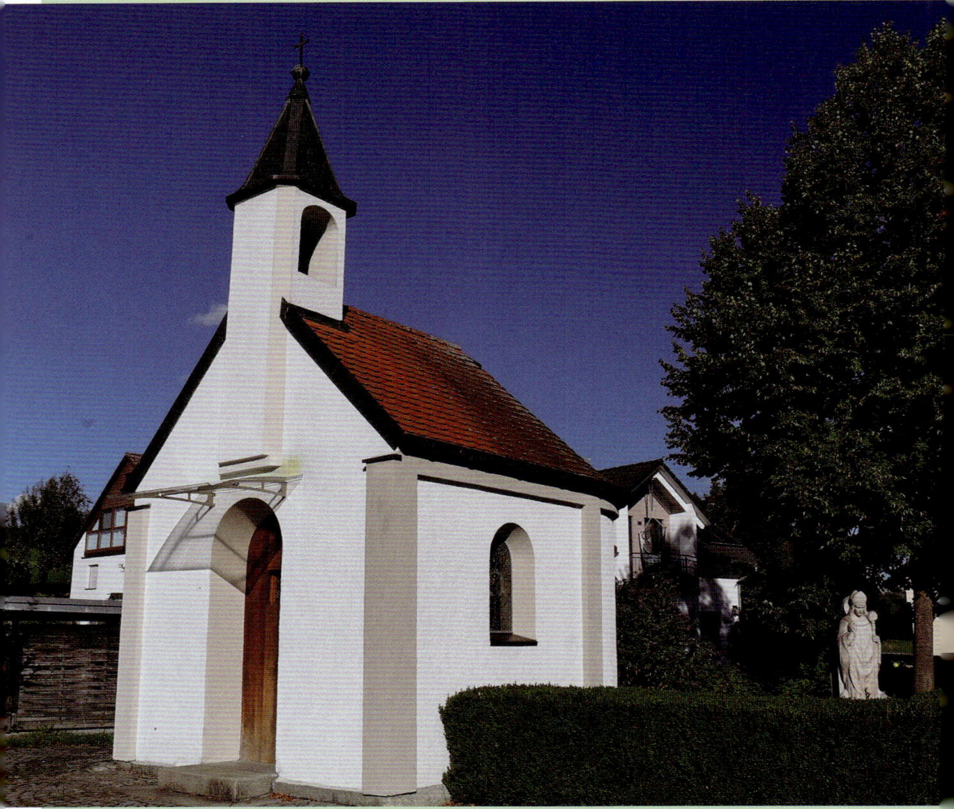

Kapelle in Kleinbachern

Mittel

12,5 km

↓↑ 140 m

3 Std.

An vielen Wegkreuzen vorbei pilgern wir zum Jakobsweg und auf diesem dann zurück nach St. Quirin in Kranzberg.

Wegqualität: ★★

Parken: 85402 Kranzberg; Kirchbergstr. 9; Parkplatz bei der Kirche St. Quirin

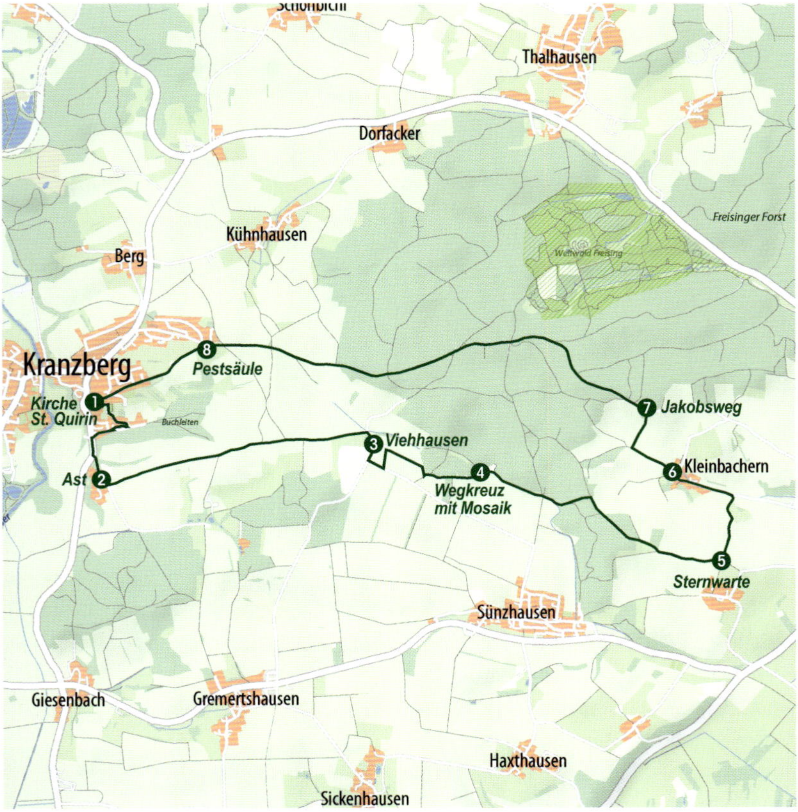

1. St. Quirin in Kranzberg
2. Ast
3. Viehhausen
4. Wegkreuz mit Mosaik
5. Sternwarte
6. Kleinbachern
7. Jakobsweg
8. Pestsäule

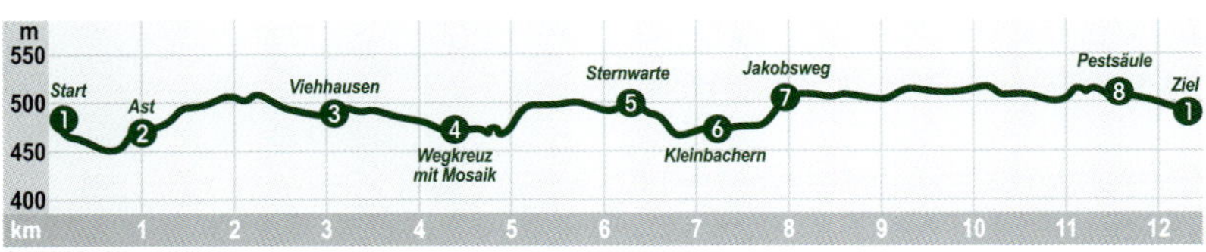

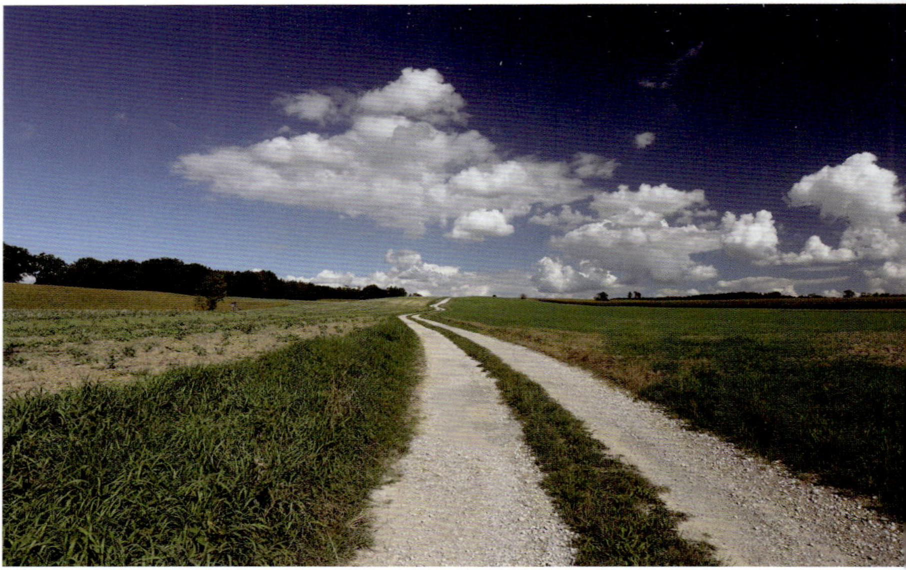

Feldweg hinter Ast

Start: Parkplatz der Kirche St. Quirin ❶. Vom Parkplatz aus gehen wir bergauf in Richtung Pfarrbüro des Pfarrverbandes Kranzberg. Schon kurz vorher gehen wir nach rechts auf den Fußweg (ein Schild weist hier Richtung „Pfarrstadl"), der an der Kirchenmauer entlangführt und an deren Ende nach links abbiegt. Nun sehen wir schon den Friedhof, auf den wir zugehen. Vor dem Friedhof geht rechts an dessen Mauer entlang ein Fußweg über die Wiese hinab zur Oberen Zeislstraße. Dieser Straße folgen wir durch die Siedlung bergab, bis wir auf die Zeislstraße kommen, auf welcher wir nach rechts abbiegen. Wir folgen der Straße und halten uns bei der Gabelung links. So kommen wir auf die Hauptstraße „Asterstraße" und folgen dieser ca. 100 Meter nach links, bis wir an der nächsten Straßengabelung uns wieder links halten und in den Ort Ast ❷ gehen. Am Ortsende, nach einem kleinen Wegkreuz auf der linken Seite, zweigt ein Feldweg nach links ab. Wir wandern auf diesem ca. 2 km (vorbei an einem Wegkreuz und einem Feldweg von rechts), bis wir auf eine Asphaltstraße kommen, auf der wir

Wegkreuz mit Mosaik

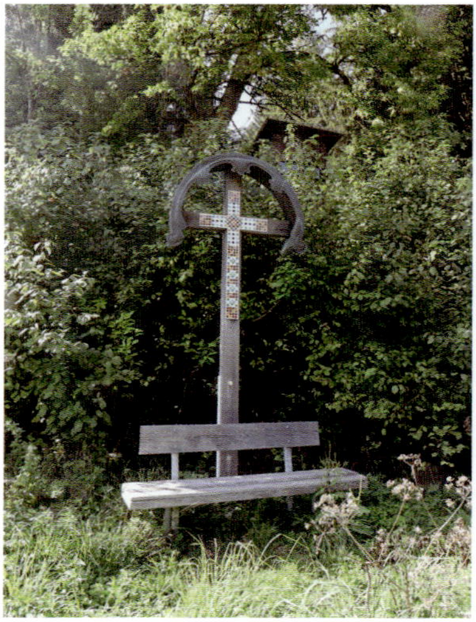

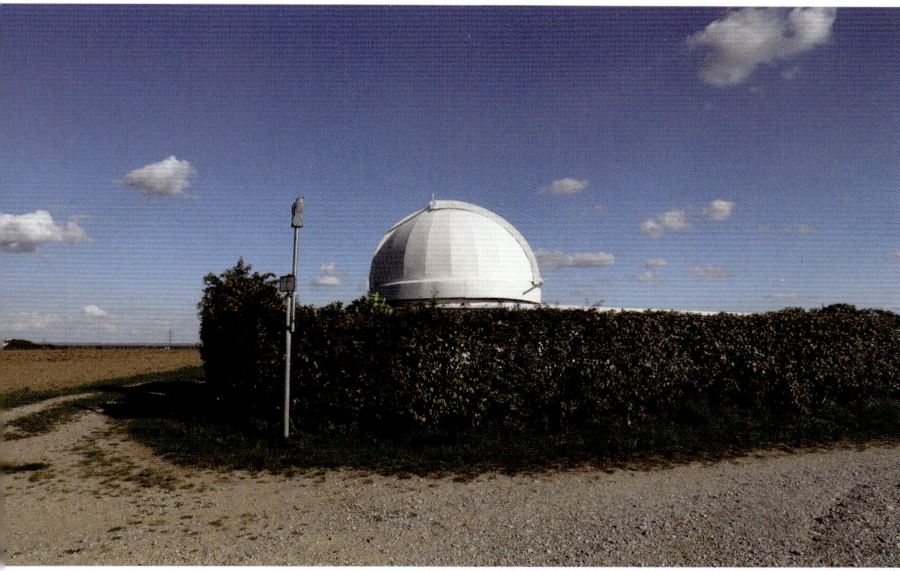

Sternwarte von Pellhausen

nach rechts und durch den kleinen Ort Viehhausen ❸ gehen. So kommen wir auf eine Straße, an der wir nach links weitergehen (vorbei an einem Weg nach links, der zum Versuchsgelände der TU München führt). In den nächsten Weg nach links biegen wir ab, und dieser führt uns auf einen Wald zu, vor dem wir uns an der Weggabelung rechts halten und nun ca. 1 km immer am Waldrand entlang weiterwandern (vorbei an der Elchen-Kanzel und dem Wegkreuz mit Mosaik ❹, wo der Weg eine Rechtskurve macht) bis vor zu einem Wegkreuz (wo ein grünes Schild nach links zur Kapelle weist und der rechte Weg über einen kleinen Bach führt). Hier gehen wir geradeaus, links am Bach entlang, bis uns nach wenigen Metern der Weg links hoch in den Wald führt. Den Waldweg gehen wir geradewegs bergauf (den kleinen Weg nach rechts ignorieren!), bis wir aus dem Wald kommen. Dort nach rechts und wieder ein kurzes Stück am Waldrand entlang und dann weiter auf geradem Weg in den Wald hineingehen. Nun immer „der Nase nach" weiter durch den Wald und dann zwischen Feldern auf die kleine Sternwarte ❺ des Ortes Pellhausen zu. Vor dieser biegen wir nach links ab und gehen auf einem Feldweg hinunter bis zur Straße. Hier, beim nächsten Wegkreuz, geht es nach links und auf der Hallbergstraße durch den Ort Kleinbachern ❻. Nach dem Hof mit der Hausnummer 13 (10) geht es auf einen kleinen Weg nach links. Hinterm Hof gabelt sich der Weg, und wir zweigen rechts ab. Auf dem Feldweg wandern wir, bis wir links vor uns wieder einen kleinen Wald sehen und rechts vor uns eine Scheune, vor der wir rechts dem Wiesenweg, den Hügel hinauf, folgen. So treffen wir auf einen bequemen Wanderweg, den Jakobsweg ❼.
Wer ein kurzes Stück nach rechts geht, kann sich bei einem Rastplatz ausruhen und die Infotafel des Jakobsweges lesen.

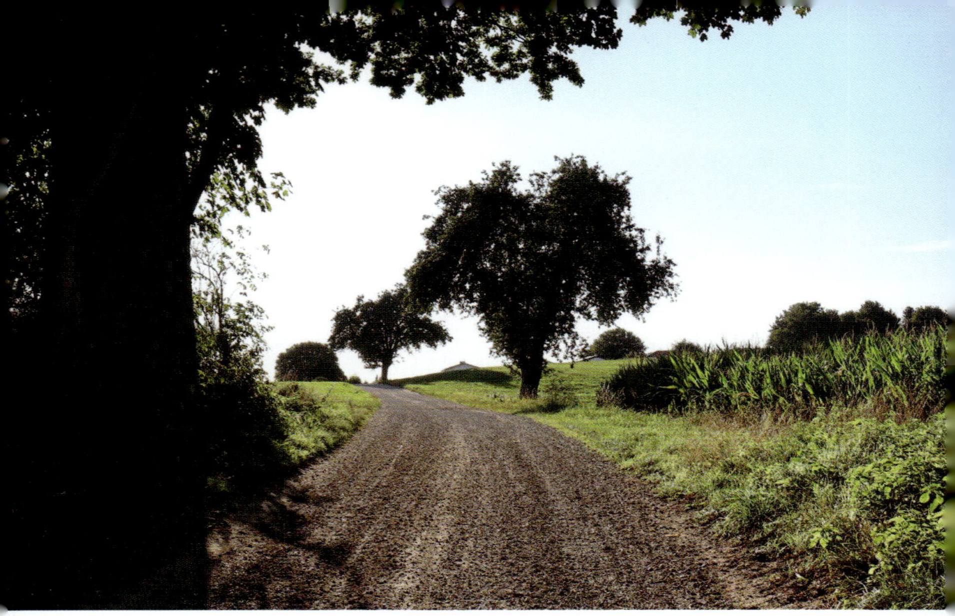

Der Jakobsweg kurz vor Kranzberg

Die Runde geht nach links weiter. Nun einfach wieder geradeaus. Alle Abzweigungen nach rechts und links lassen wir liegen.

Abstecher: Die kleine Waldkapelle St. Clemens, zu der uns das grüne Schild nach rechts weist, ist 1,2 km von uns entfernt. Die Kapelle wurde vermutlich schon im 11. Jahrhundert erbaut. Sie diente dem Weiler Oberberghausen mit seinen 4 Bauernhöfen vom 16.–19. Jahrhundert als Dorfkirche. Das im Wald verborgene, romantische Kirchlein, umgeben von einem verwunschen wirkenden Friedhof mit alten schmiedeeisernen Kreuzen aus dem 18. und 19. Jahrhundert, hat

Der **Jakobsweg**: Der Heilige, zu dem die „Jakobswege" führen, ist Jakobus der Ältere. Er war Fischer und einer der ersten Jünger Jesu. Nach dessen Tod verbreitete er den christlichen Glauben und wurde unter der Herrschaft von Herodes mit dem Schwert deswegen geköpft und gilt somit als der erste Märtyrer. Er wurde als Schutzpatron der Seefahrer besonders in Spanien verehrt, und über die bekannten „Jakobswege" pilgerten bis ins 15. Jahrhundert so viele Menschen zur Jakobskirche nach Santiago de Compostela, dass man in Skandinavien zu jener Zeit Spanien auch „Jakobsland" nannte. Die Pilger erhielten am Ziel damals eine Muschel, welche sie an ihren Pilgerhut hefteten. Das Symbol des Jakobsweges zur berühmten Kathedrale, die der Sage nach über seinem Grab errichtet wurde und bis heute Ziel vieler Pilger ist, wird durch eine Jakobsmuschel gekennzeichnet. Als Patron der Pilger wird Jakobus häufig mit einem Stab, einem Beutel und einer Pilgermuschel in der Hand dargestellt.

eine würdevolle Ausstrahlung. Der Innenraum ist in kräftigen Farben gestaltet. Auf dem Hochaltar sitzt die im 15. Jhd. geschnitzte Holzskulptur des hl. Klement, dem Namensgeber der Kirche. Direkt auf die Südwand gemalt finden sich frühromantische Fresken aus dem Jahre 1117. Der Christopherus mit Kind hinter dem rechten Seitenaltar ist um 1250 entstanden. Auch die Empore ist bemalt. Heute ist die Kapelle beliebt für Trauungen und wird gelegentlich auch noch für Gottesdienste genutzt.
Der Jakobsweg führt ohne Schnörkel 3,5 km durch den Kranzberger Forst und über aussichtsreiche Freiflächen. Bei den ersten Häusern in Kranzberg, an der Pestsäule ❽, geht es dann links auf einen Feldweg, den Kapellenweg, der bei der Siedlung zur Kirchbergstraße wird und uns so wieder direkt zum Parkplatz von St. Quirin zurückbringt.

Essen / Einkehren:

Gasthof Kohlmeier
Obere Dorfstr. 36-38
85402 Kranzberg
Tel: 08166 9761

Von hier aus immer weiter dem Pilgerweg folgen („Ich bin dann mal weg" - frei nach Hape Kerkeling), und nach ca. 2670 km sind Sie dann in Santiago de Compostela.
Nur 180 Meter vom Parkplatz entfernt ist das „Bronzezeit Bayern Museum". Vom Parkplatz St. Quirin aus hinunter zur Straße und gegenüber nur wenige Meter auf den Hügel - zu Fuß ca. 2 Minuten. Auf der Internetseite www.bronzezeit-bayern-museum.de erfahren Sie die Öffnungszeiten und Preise.

Pestsäule links auf den Weg

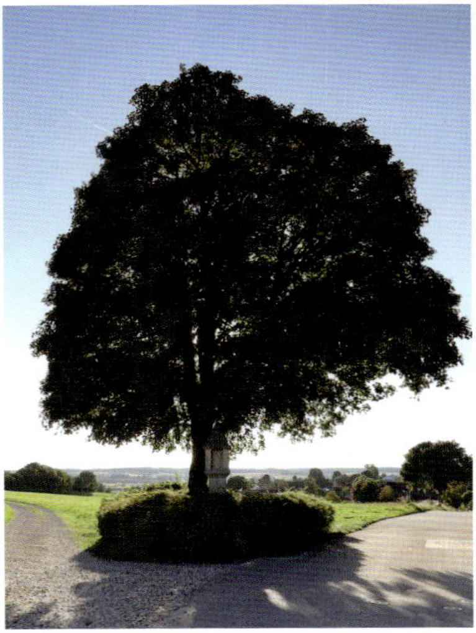

St. Quirin

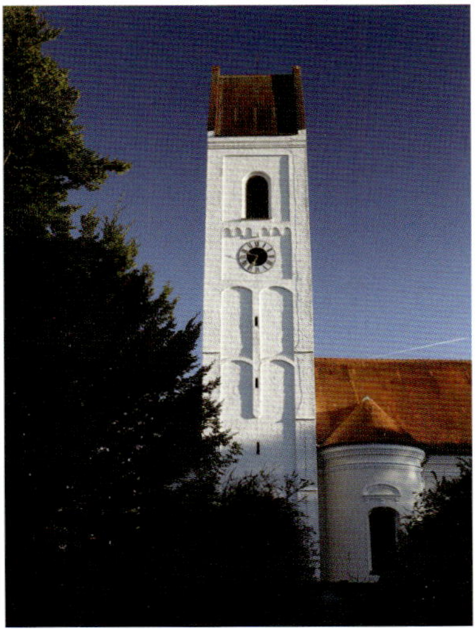

TOUR 04

WIESKIRCHE

Runde von der Wieskirche

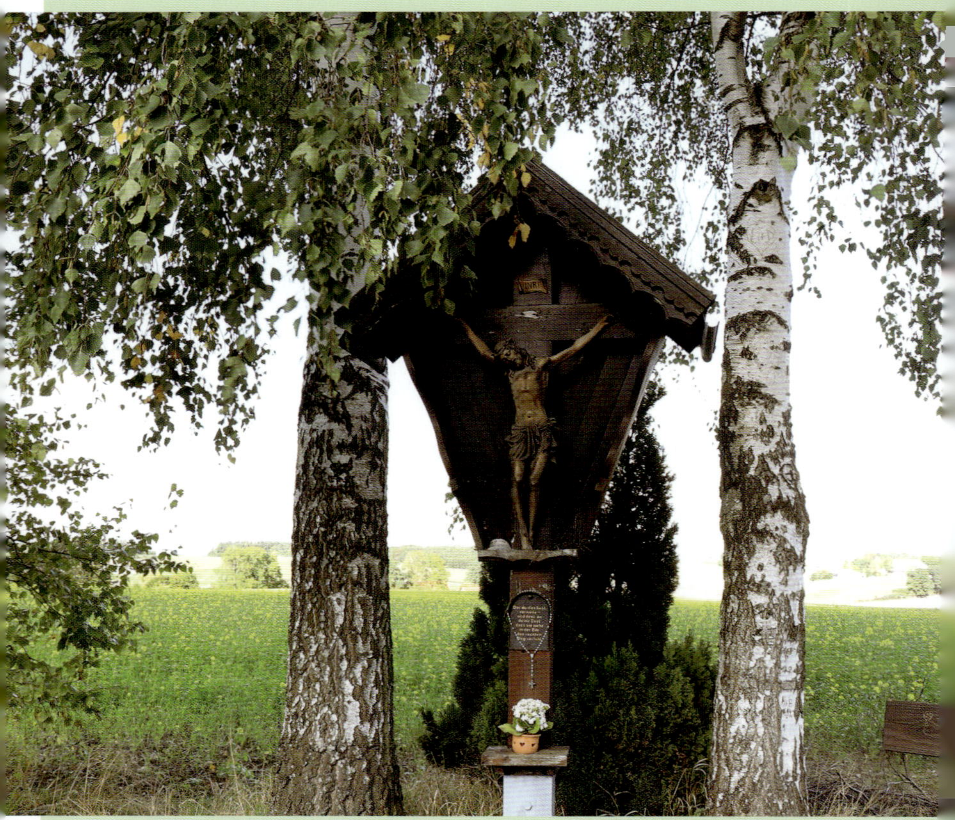

Blick zum Kreuz mit Bank

Mittel

11,5 km

↓↑ 220 m

3 Std.

Von der Wieskirche auf Spazierwegen nach Neustift, auf Waldwegen um die Plantage herum und den Kreuzweg entlang zurück zur Wallfahrtskirche.

Wegqualität: ★★

Parken: 85356 Freising; Wies 1 (Parkplatz an der Wieskirche)

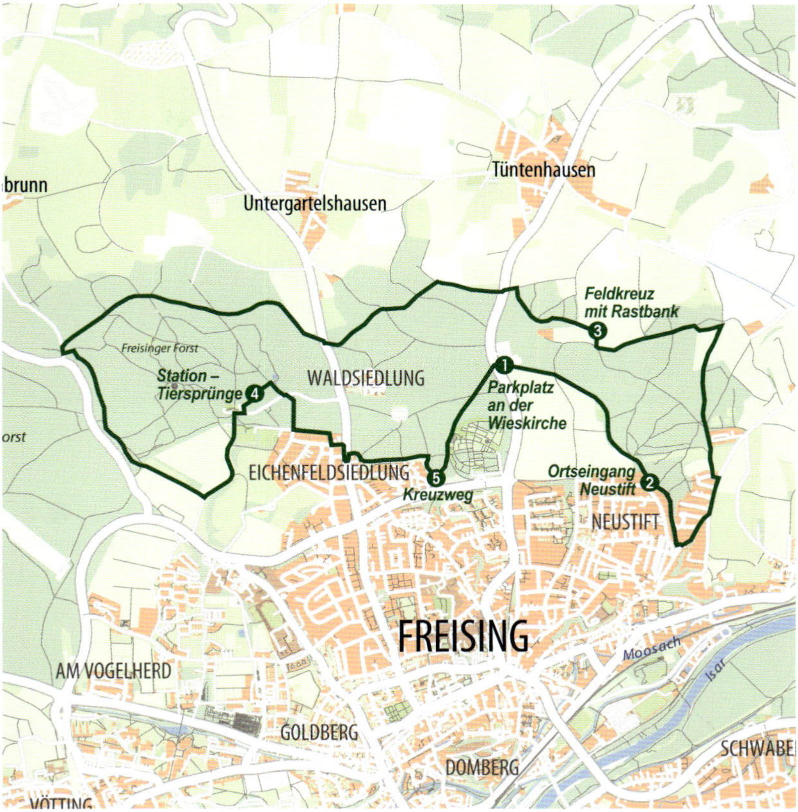

1. Parkplatz Wieskirche
2. Ortseingang Neustift
3. Feldkreuz mit Rastbank
4. Station - Tiersprünge
5. Kreuzweg

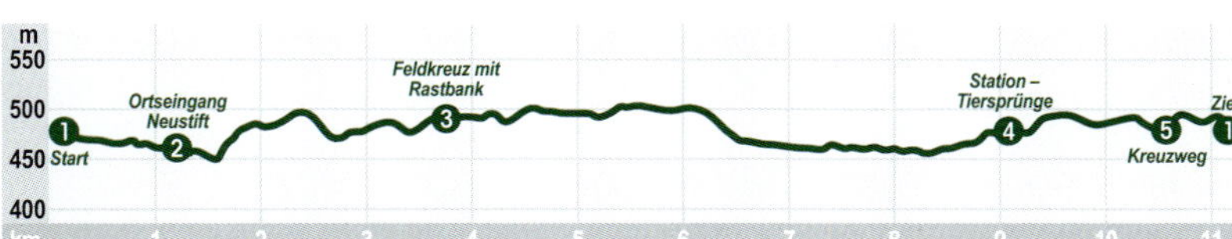

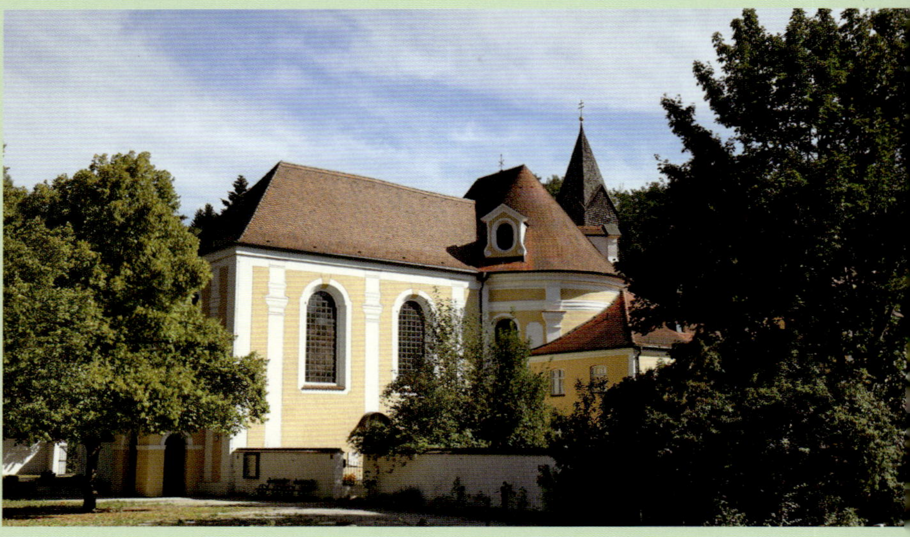

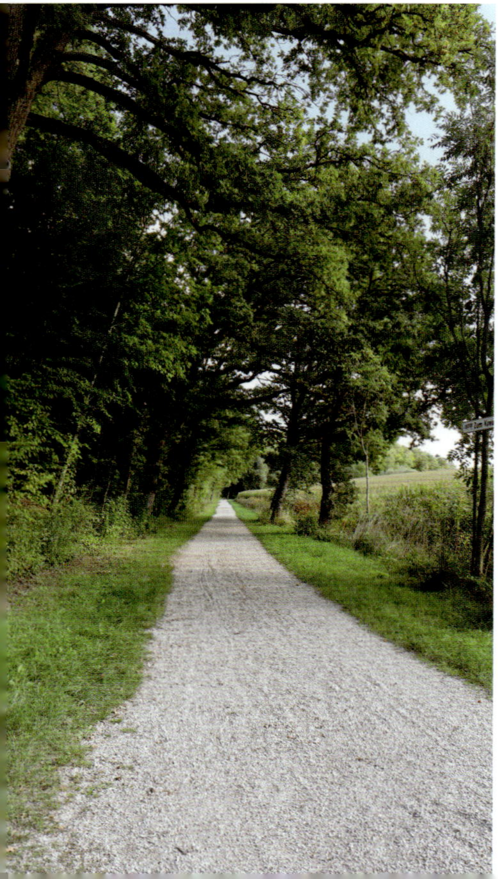

Start: Parkplatz bei der Wieskirche ❶. Vom Parkplatz aus geht es ca. 1 km immer rechts am Waldrand entlang bis nach Freising. (Wir kommen am „Naturkindergarten Zwergenwinkel" vorbei, an einem Fußballplatz und einem Waldspielplatz, bis wir schließlich die ersten Häuser erreichen.) So kommen wir zur Bismarckstraße, an der wir dem Schild „Kultur und Natur" nach links folgen und so an den Häusern und am Waldrand entlang nach Neustift ❷ wandern. Inmitten von Häusern angekommen gehen wir vorbei am Platschkyweg (links). Bei der nächsten Möglichkeit biegen wir links in den Altenhauser Fußweg (kurz vor der Pizzeria auf der rechten Seite) und gehen bergauf. Vom Schild „Durchfahrt verboten" lassen wir uns als Fußgänger nicht abhalten und folgen dem Weg weiter, bis zur Altenhauser Straße, wo man bei schönem Wetter einen herrlichen

Von der Wieskirche am Waldrand entlang nach Freising

Wieskirche: Die Wallfahrtskirche „Zum gegeißelten Heiland“ (oder auch „Freisinger Wieskirche“ genannt) ist ein Kleinod des bayerischen Rokokos. Ihre Ursprünge gehen auf die 1740er Jahre zurück. Ein Freisinger Forstaufseher, der an einer Wallfahrt zur Wieskirche bei Steingaden teilnahm, befestigte an einem Baum ein Bild des Steingadener Heilands. Bald entwickelte sich eine rege Wallfahrt. Das Domkapitel ließ deshalb 1747/48 dort eine Kirche errichten, die 1759 bis 1761 vergrößert wurde.

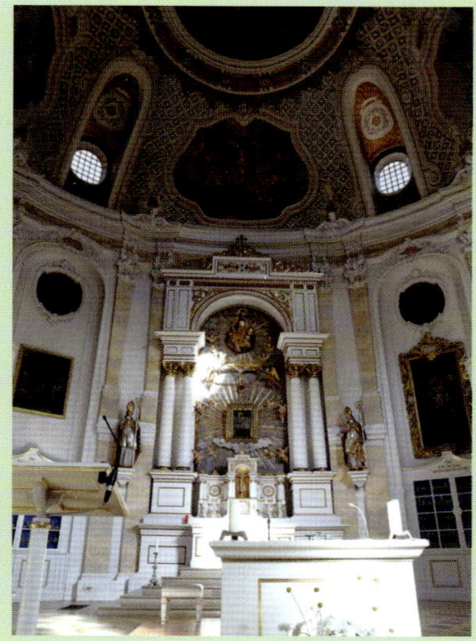

Weitblick hat. Wir wenden uns nach links und gehen an den kleinen Siedlungsstraßen mit den wohlklingenden Namen „Am Sonnenbichl“ und „Schönblick“ vorbei. Auch an der Michael-Wening-Straße gehen wir noch vorbei und biegen dann (da das eine Ringstraße ist) bei der zweiten Möglichkeit in die Michael-Wening-Straße nach links ab.
Schon nach dem ersten Haus (Nr. 17) führt uns auf der rechten Seite ein kleiner Pfad (vor dem Haus Nr. 15) zwischen den Häusern hindurch auf einen Feldweg. An der Viehweide entlang und hinter dem Umspannwerk vorbei kommen wir in den Wald. Wenn der Hauptweg nach links abknickt, nehmen wir von den Pfaden den, der richtungsmäßig ganz geradeaus weitergeht und uns schon bald durch den Wald bergab und dann auf einem kleinen Weg (mit Blick nach rechts, auf die Kapelle Xaverienthal) durch die Felder führt. Vor dem Wäldchen biegen wir nach links ab und wandern am Waldrand entlang bis hinein in den Wald. Dort mündet von rechts ein Weg auf unseren Waldweg ein, den wir immer geradeaus weitergehen. So kommen wir zu einer Waldkreuzung, die wir überqueren. Immer weiter in die gleiche Richtung, die uns schließlich aus dem Wald führt. Die Richtung geradeaus behalten wir bei und folgen dem Waldrand weiter bis zu einer Wegkreuzung, an der wir nach rechts zum Feldkreuz mit Rastbank ❸ weitergehen. Der Weg biegt dort nach links ab und führt uns erst zwischen Feldern und dann geradewegs durch den Wald, bis zu einem Feldweg, in den wir nach links abbiegen, und nach wenigen Metern überqueren wir die Schnellstraße B 301.
Gleich gegenüber geht es die Böschung hinauf und am Waldrand entlang mit herrlichem Ausblick. Bei der nächsten Möglichkeit biegen wir in den Waldweg nach links ein und gehen leicht bergab. Wir überqueren geradeaus 2 Waldkreuzungen, und an der nächsten Gabelung gehen wir nach rechts und überqueren so die Haindlfinger

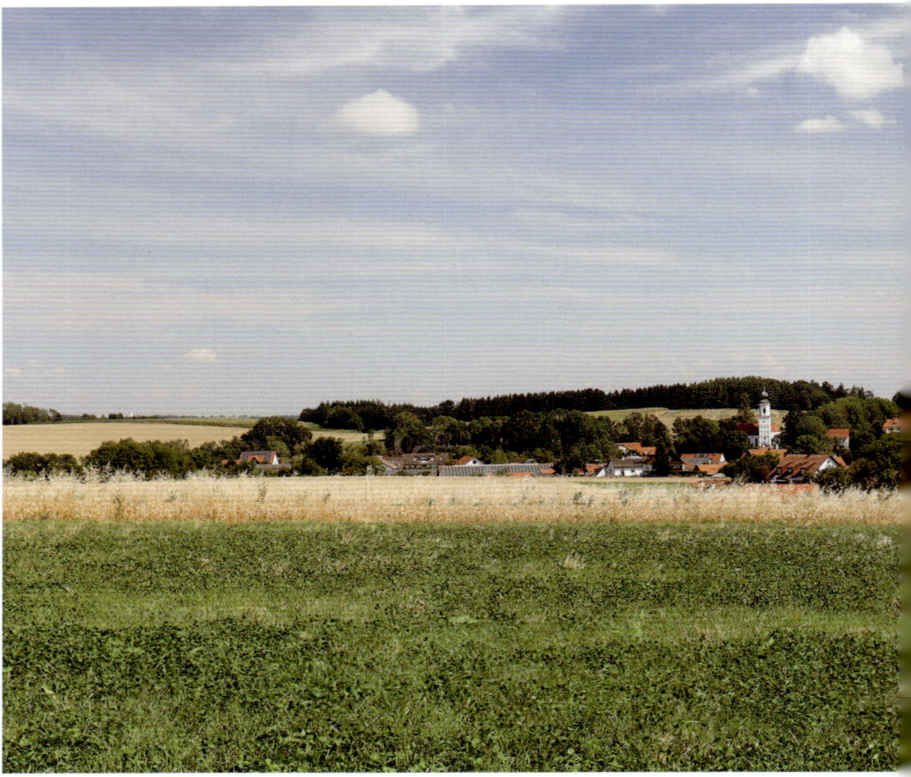

Blick auf Tüntenhausen

Straße. Wir folgen dem Weg, durch ein kurzes Waldstück, ein Stück am Waldrand entlang und dann immer weiter durch den Wald, bis wir auf die Straße nach Pettenbrunn treffen. Ein kurzes Stück gehen wir auf der Straße nach links und noch vor der schon sichtbaren Wippenhauser Straße biegen wir links auf einen Waldweg. Diesem folgen wir geradeaus. Wir ignorieren die erste Abzweigung nach rechts, die wieder zur Straße führt, und gehen weiter, bis wir rechts eine Brücke sehen, die wir überqueren, und folgen dem Graben weiter bis zum nächsten Brücklein, wo wir erneut die Seite wechseln und dem Weg nach rechts zwischen einer Baumreihe hindurch folgen bis zu einer T-Kreuzung. Hier biegen wir nach links ab und gehen den Fußweg bis zur Kreuzung vor dem Gasthaus und Biergarten Plantage. Hier biegen wir nach rechts in die Straße ab und kurz darauf nach links auf den Parkplatz. An dessen Ende gehen wir nach rechts auf den Walderlebnispfad, wo uns eine Erlebnisstation über die Sprungkraft der heimischen Tiere ❹ informiert. Bei der nächsten Möglichkeit biegen wir nach rechts ab, überqueren den Plantagenweg und gehen gegenüber auf dem Fußweg im Wald den Hügel hinauf. Vor der Eichenfeldsiedlung gehen wir nach links, am Waldrand und an den Gärten der Häuser entlang, bis uns rechts ein kleiner Fußweg in

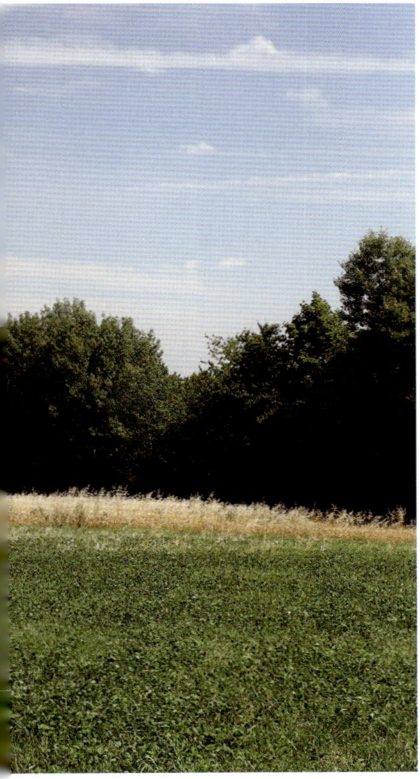

Essen/Einkehren:

Pizzeria La Fattoria
85356 Freising
Tel: 08161 65775

Restaurant und Biergarten Plantage
Plantage 2
85354 Freising
Tel: 08161 63155

Plantage Freising: Vor allem bei Familien ein beliebtes Ausflugsziel. Mitten im Wald findet sich ein Walderlebnispfad mit Erlebnisstationen und Spielplätzen. Für sportliche gibt, es einen Trimm-dich-Pfad durch das Gebiet und das Waldgasthaus mit Spielplatz bietet sich zur Einkehr an. Parkplatz: SG Eichenfeld Plantagenweg (bei schönem Wetter stark besucht).

die Siedlung bringt. So kommen wir auf die Straße „Unter den Eichen" und gehen geradeaus weiter bis zu einem Platz, an dem wir nach links in die Einbahnstraße abbiegen, genannt „Kleine Wies". Wir überqueren die Haindlfinger Straße und folgen ihr ein kurzes Stück nach links die Straße entlang. Gleich nach den Häusern auf der rechten Seite führt bei einer Bank ein Fußweg wieder in den Wald. Diesem Weg folgen wir an der Siedlung und am Waldrand entlang weiter, er biegt einmal nach rechts ab und bringt uns zur ersten Station des Kreuzwegs ❺, dem wir nach links folgen. Dieser bringt uns dann geradewegs zurück zur Wallfahrtskirche und zum Parkplatz.

Plantage

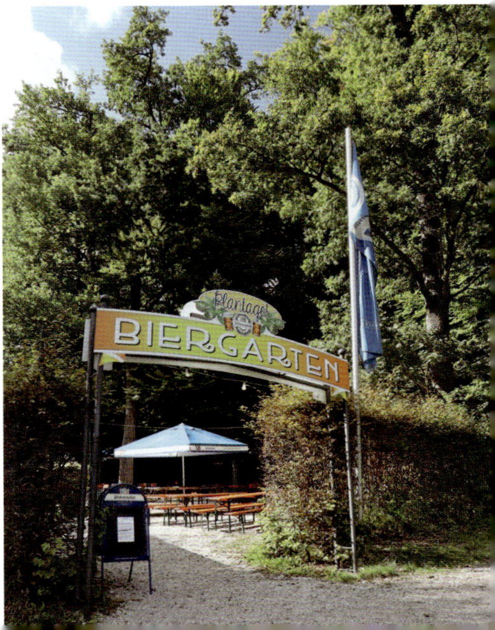

TOUR 05

MARZLING

Am Steilufer und am Ufer der Isar entlang

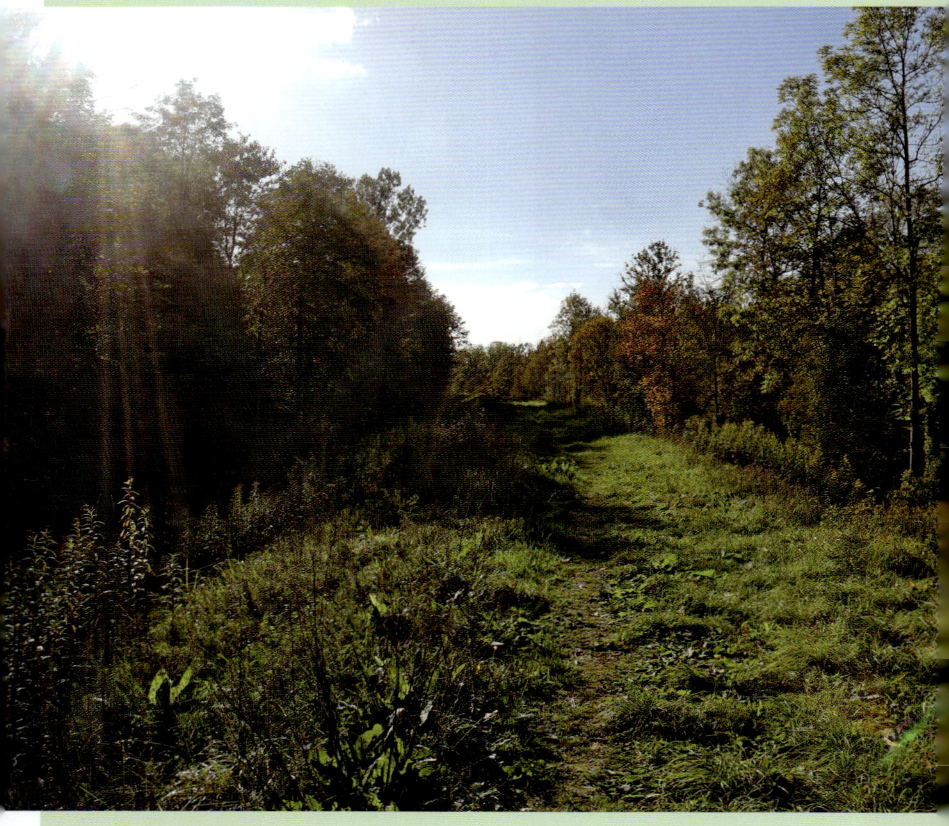

Dammweg

Leicht

8,5 km

↓↑ 40 m

2 Std.

Sonnige Aussichtsrunde am Steilufer entlang mit herrlichen Weitblicken bis in die Alpen. Zurück geht es an der Isar entlang mit wunderschönen Blicken in die verwildernden Ufer.

Wegqualität: ★★

Öffentlich: Zug – Marzling

Parken: 85417 Marzling; Rudlfingerstr. 16 (Parkplatz am Bahnhof Marzling)

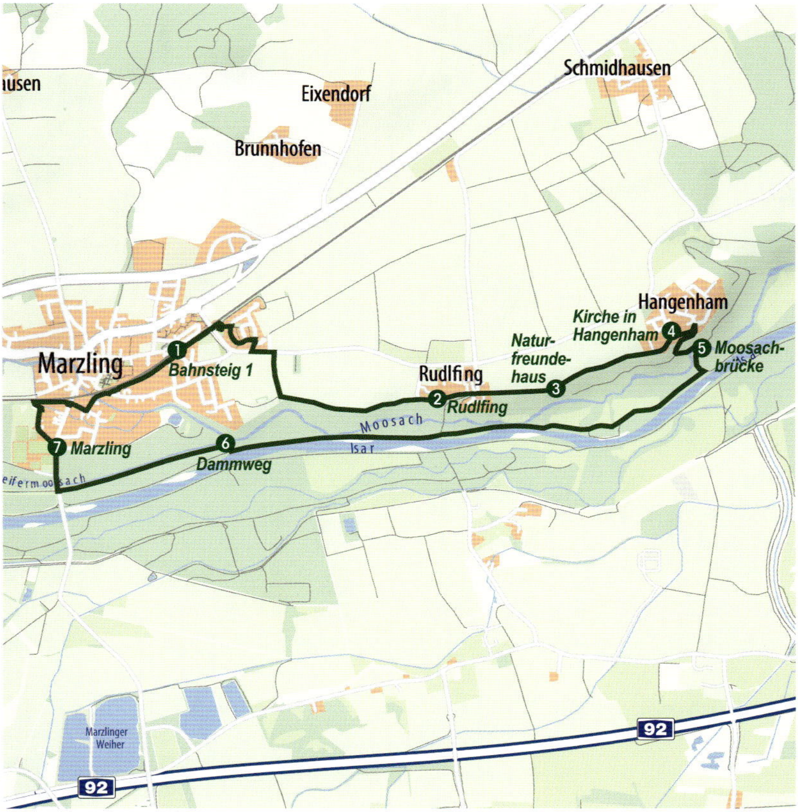

1. Bahnsteig 1 in Marzling
2. Rudlfing
3. Naturfreundehaus
4. Kirche in Hangenham
5. Moosachbrücke
6. Dammweg
7. Marzling

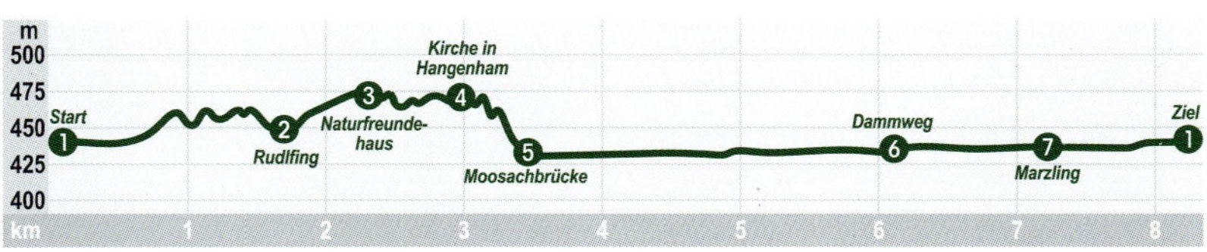

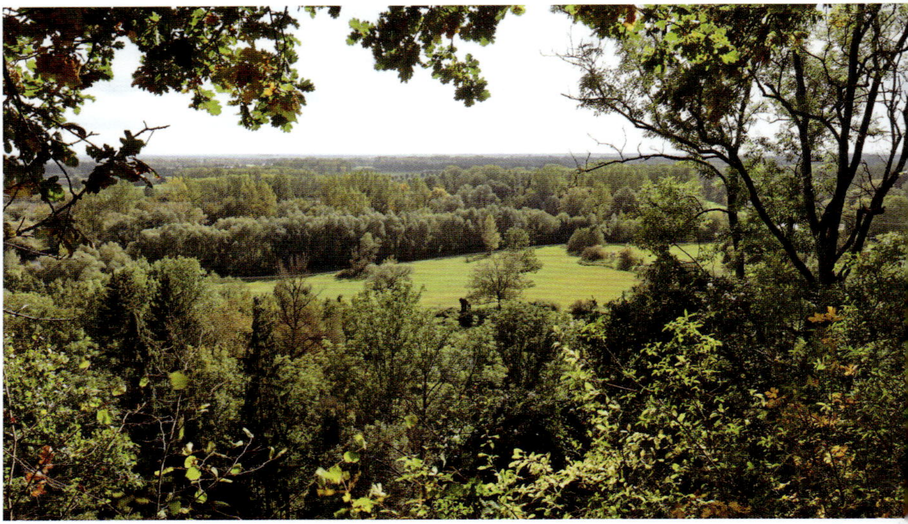

Blick vom Steilufer über die Isar

Start: Am Bahngleis 1 in Marzling ❶. Wir gehen, die Gleise an unserer linken Seite, entlang, auf den Pfad und unter der Brücke durch. Gleich danach biegt das Weglein nach rechts ab und führt am Spielplatz vorbei eine kleine Böschung hinauf, weiter in die Siedlung, und so kommen wir zu einer Straße, in die wir nach rechts abbiegen. In einem großen Links-Bogen gehen wir auf „Am Straßfeld" weiter und gelangen zu einem Platz mit Bäumen und Parkplätzen, wo wir nach rechts hinaus auf die große Straße gehen. Nun gehen wir ein kurzes Stück nach links an der Rudlfingerstraße, bis wir bei der nächsten Möglichkeit rechts auf einem Feldweg leicht bergauf gehen. Oben geht es dann links auf dem kleinen Pfad am Steilufer entlang nach Osten und geradewegs nach Rudlfing ❷. Geradeaus auf der Straße weiter, durch den Ort. Am Naturfreundehaus ❸ vorbei endet der Asphalt und wird zum Feldweg, welcher uns vorbei (an wunderschönen Weitblicken bis in die Alpen) in den Ort Hangenham bringt. Dort gehen wir rechts an der kleinen Kirche St. Phillipus und Jakobus ❹ vorbei, geradeaus weiter bis zu einer Kreuzung.

Das Gebäude der **Kirche „St. Philippus und Jakobus"** in Hanghenham ist eines der ältesten im Landkreis Freising und ist ein

St. Philippus und Jakobus.

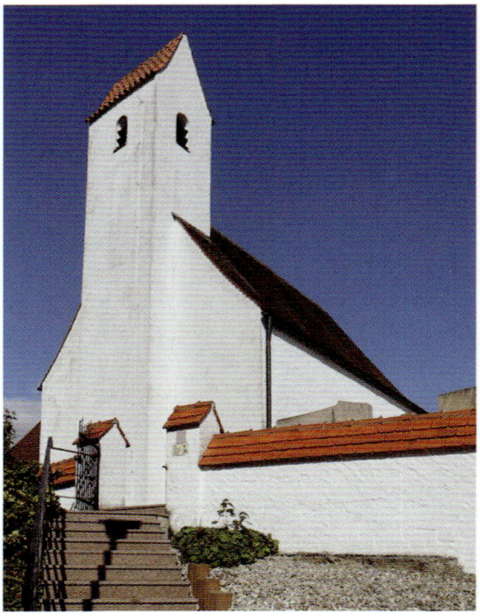

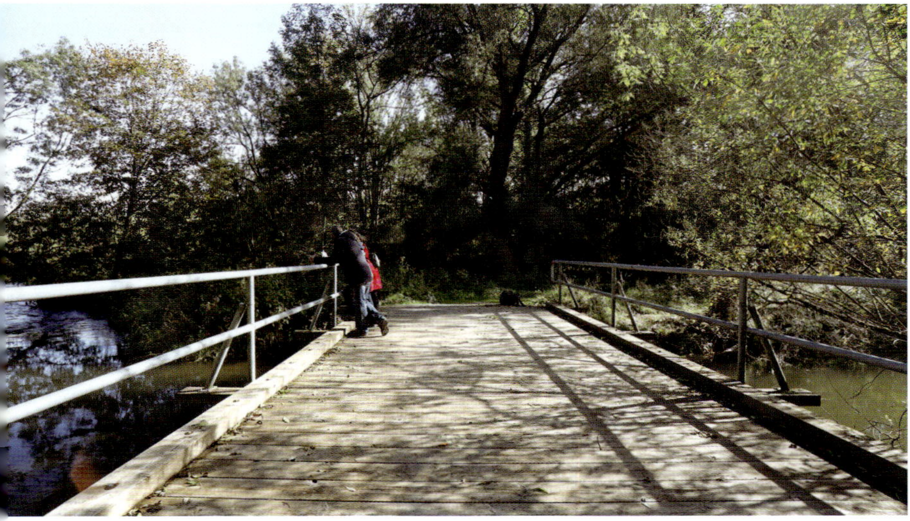

Moosachbrücke

spätromantischer Bau aus dem frühen 13. Jahrhundert. Ihr unscheinbares Äußeres trügt, der Innenraum ist beeindruckend. Der kleine quadratische Altarraum mit dem alten romanischen Kreuzrippengewölbe, an der Seite ein kleines Rundbogenfenster (fast noch im Originalzustand), hinter dem Hochaltar ein spätgotisches Kruzifix (v. Hans Kepfl aus dem Jahre 1548), zu dessen Seiten die 2 Apostel Philippus und Jakobus.

Der Kreuzweg, der 1895 nach Hangenham kam, stammt von dem bekannten Maler Johann Baptist Dreyer (1780). An der linken Seite befindet sich der „Weihnachtsaltar“ mit einem wunderbaren Gemälde auf Holz, das die Anbetung der Hirten zeigt (Ende 16. Jhd.) und früher eine Münchner Hauskapelle zierte.

Während der Innenrenovierung in den 1970er Jahren wurden 13 Putzschichten entfernt, und man entdeckte darunter Wandmalereien aus der frühgotischen Zeit (um 1300), welche dann vom Landratsamt für Denkmalpflege in langwieriger Arbeit freigelegt wurden.

Hier folgen wir dem Fahrradwegweiser „Isarauen 0,5 km“, der uns scharf rechts in einer Serpentine den Berg hinunterschickt zur Moosachbrücke ❺. Diese überqueren wir und gehen durch einen lichten Wald Richtung „Isarradweg“. Dort folgen wir dem Fahrrad-

Blick aufs Naturfreundehaus

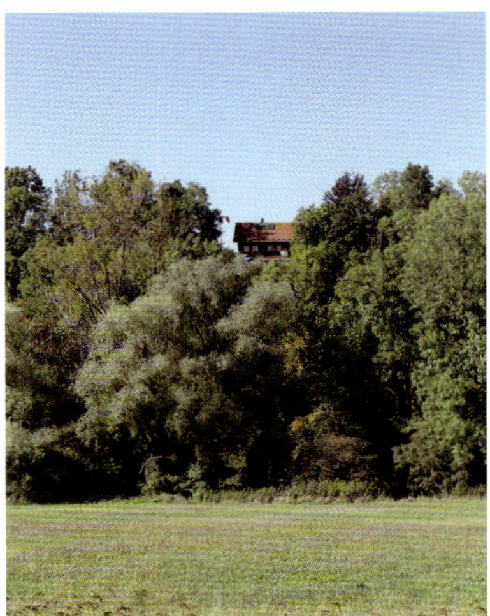

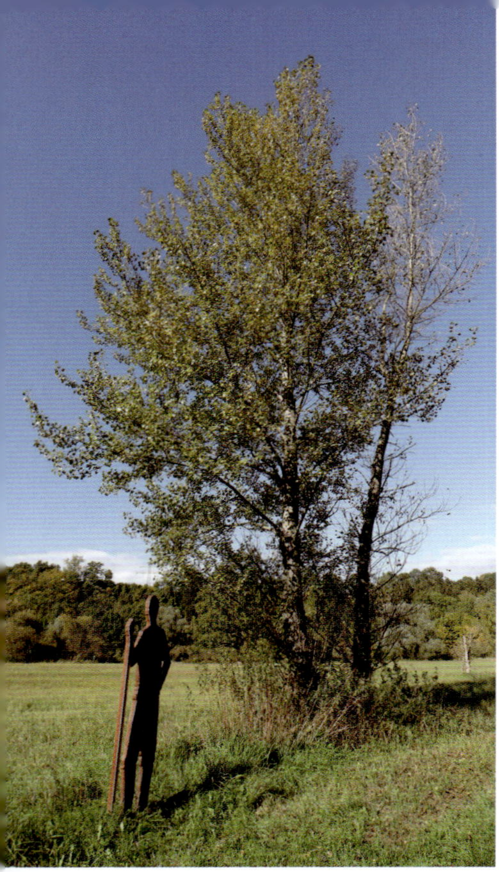

schild „Freising 6 km" nach rechts und wandern auf bequemem Weg ca. 2,5 km immer an der Isar entlang. Auf der rechten Seite unseres Weges begleitet uns stellenweise immer wieder die Moosach, und so haben wir Wegabschnitte, an welchen wir zwischen 2 Gewässern spazieren.

Eine Infotafel des Wasserwirtschaftsamtes Freising informiert darüber, wie Uferverbauungen vielerorts die Isar in ein enges Bett zwängten. Nur bei extremem Hochwasser wurde die Aue überflutet - schlechte Voraussetzungen für auetypische Tier und Pflanzenarten. Die Isar soll nun wieder dynamischer werden, dazu wurden Uferverbauungen entfernt, und die Isar kann sich ihr Flussbett und die Aue wieder selbst gestalten. Ufer brechen ab, Kiesinseln verlagern sich, einzelne Gehölze werden bei Hochwasser mitgerissen und anderswo entsteht neuer Wald. Der Lebensraum für Tiere und Pflanzen wird aufgewertet, und wir Erholungssuchende

Die Moosach

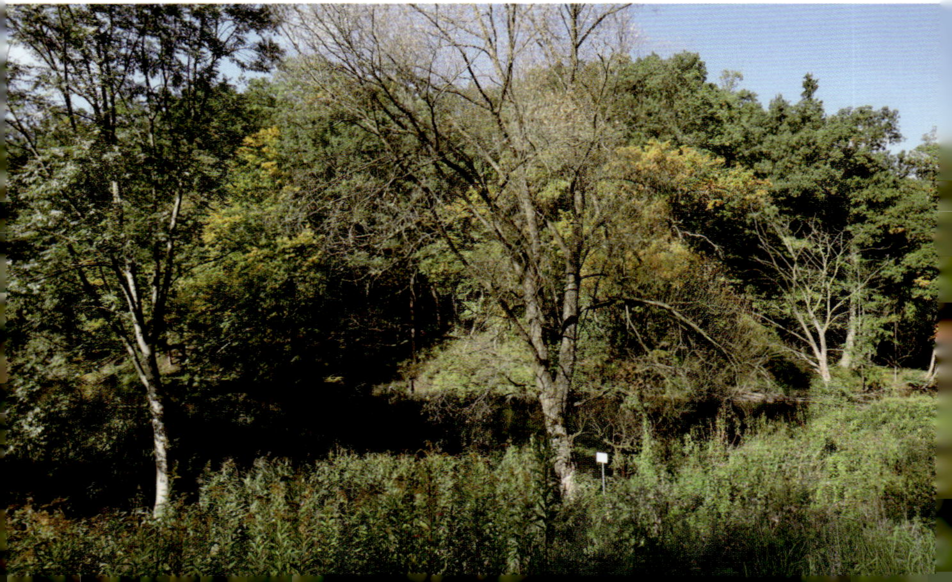

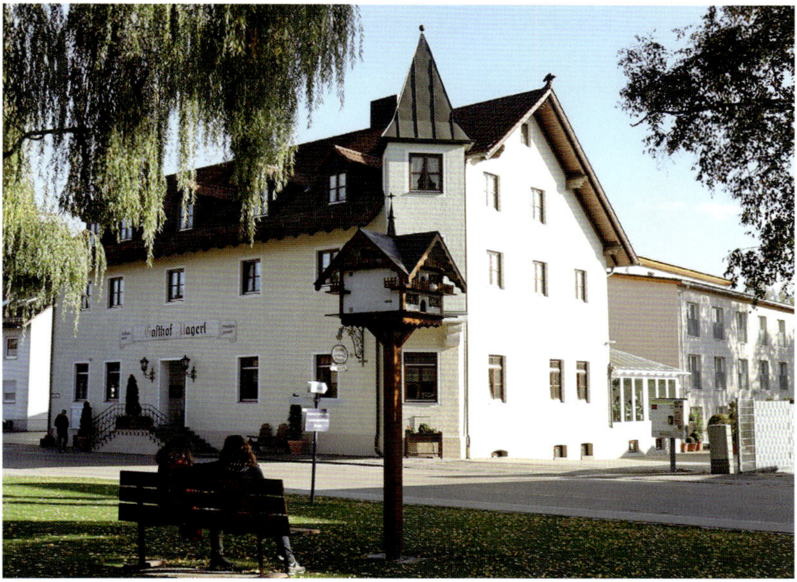

Gasthof Nagerl

erhalten spannende Einblicke in diese natürlichen Prozesse.
Bei der Infotafel „Die Moosach – die Begleiterin der Isar" sehen wir rechts den Damm. Wir klettern kurz und steil hinauf und folgen nun dem Dammweg ❻, der uns zwischen dem Auwald (links) und einem kleinen Zufluss in die Moosach, der Schleifermoosach (rechts), entlang bis vor zur Isarstraße führt. Dieser Hauptstraße müssen wir ein Stück nach rechts folgen, um wieder nach Marzling ❼ zu gelangen.
Am Ortsbeginn gehen wir links in den Weg „Am Sportplatz", vorbei am Kindergarten bis hinter zum Wendeplatz, dort geht es hinter den Gebäuden links auf einem Fußweg weiter, bis man vor den Bahngleisen rechts über eine Brücke, an den Schienen entlang weiter

Essen / Einkehren:

Landgasthof Nagerl
Bahnhofstr. 6
85417 Marzling
Tel: 08161 937223

in den Ort geht. Wir überqueren die Hauptstraße und bleiben auf dem Angerweg, bis wir an der nächsten Kreuzung nach links weitergehen. Hier ist auch schon der „Landgasthof Nagerl" ausgeschildert. Wir gehen über eine Brücke (der Gasthof Nagerl liegt rechts von uns) und bleiben nah an den Bahngleisen auf dem Bahnweg, der uns zurück zum Gleis 1 des Marzlinger Bahnhofs ❶ bringt.

TOUR 06

ZOLLING

Durchs Ampermoos bei Zolling

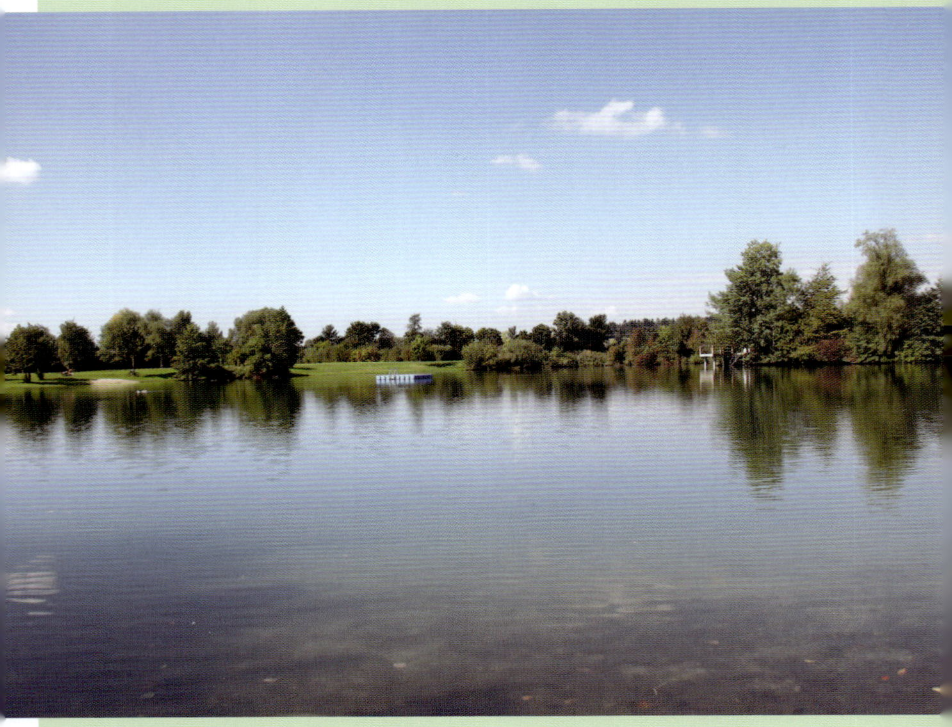

Anglberger Weiher

Mittel

12 km

↓↑ 100 m

3¾ Std.

Vom Badeweiher aus führt die Runde meist durch offenes Gelände, das Ampermoos, so dass man die Sonne genießen kann. Die große Runde bietet auch Waldfeeling auf schattigen Wegen.

Wegqualität: ★★

Parken: Parkplatz des Anglberger Weihers, 85406 Zolling von der Thanner Straße 1 (Kornkasten Anglberg) aus die große Straße überqueren, über die Bahngleise und die kleine Brücke geradeaus weiter, bis nach wenigen Metern rechts der Parkplatz des Anglberger Weihers zu sehen ist.

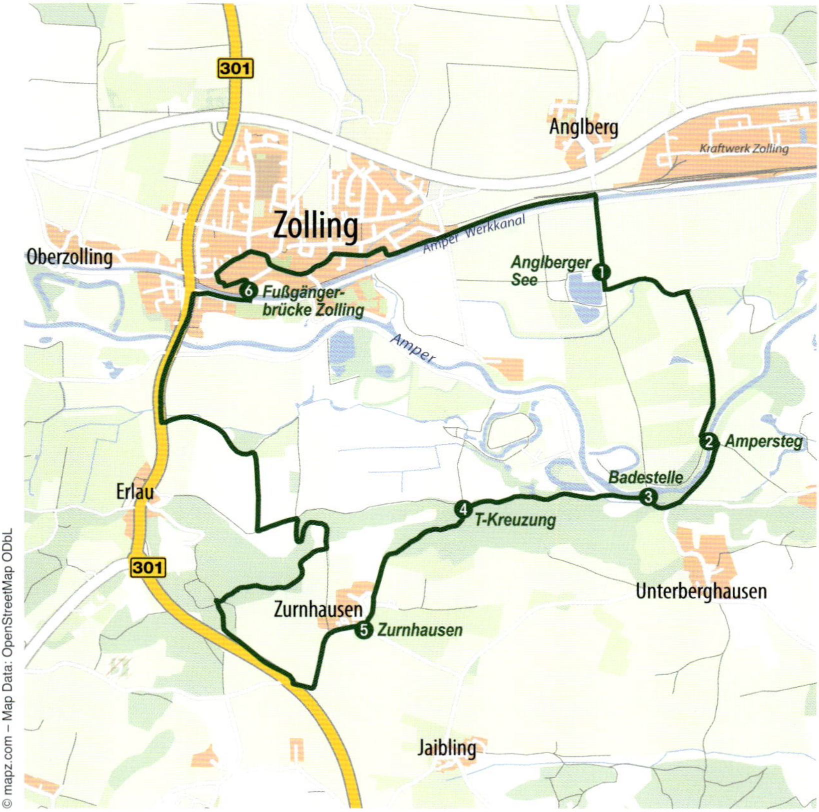

1. Anglberger See
2. Ampersteg
3. Badestelle
4. T-Kreuzung
5. Zurnhausen
6. Fußgängerbrücke Zolling

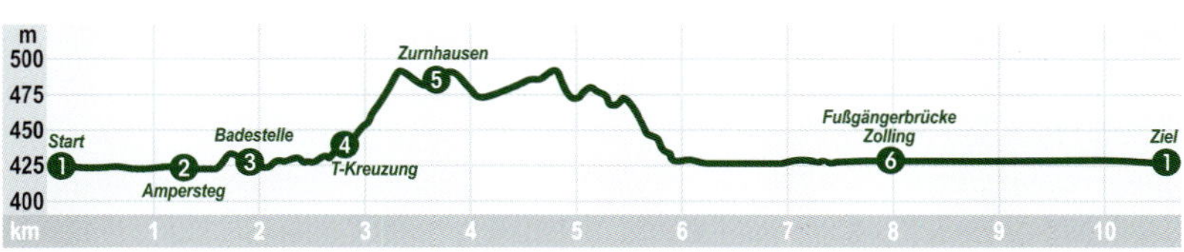

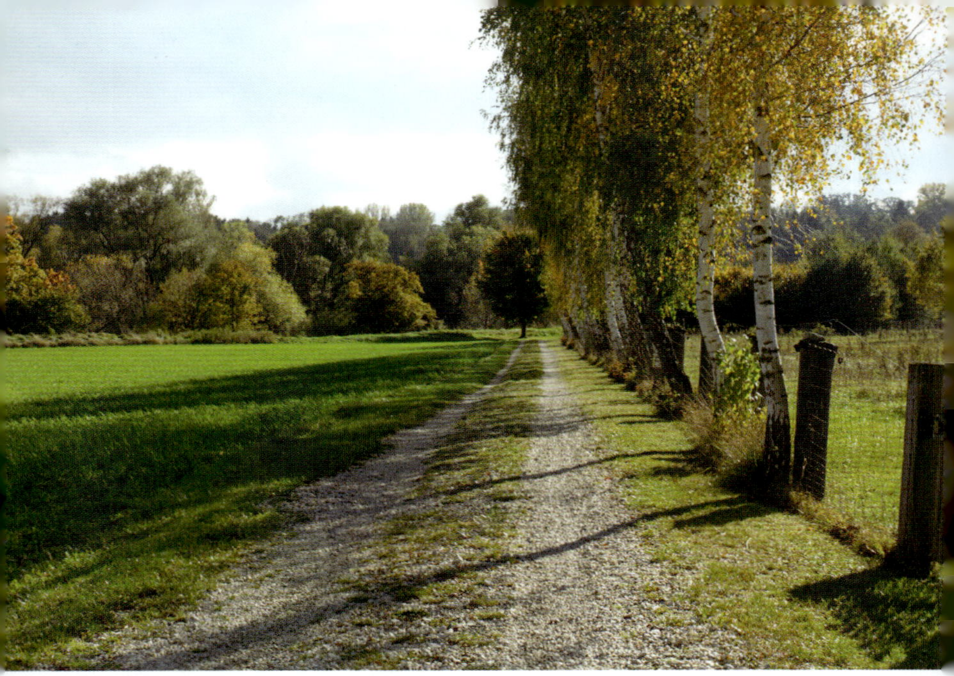

Feldweg mit Birken zum Ampersteg

Start: Parkplatz Anglberger Weiher. Vom Parkplatz am Anglberger See ❶ aus gehen wir auf die Straße. Hier gehen wir rechts und danach biegen wir links auf eine kleine Straße ab, an der uns ein Radwegschild „Ampertalweg" die Richtung weist. Nach kurzer Zeit begleitet uns rechts ein Rinnsal, welches wir bei der nächsten Möglichkeit, rechts abzubiegen, überqueren, wobei wir dem Ampertalweg weiter folgen. Auf der gepflasterten Straße, erst an einem Hof vorbei und dann durch den Hof der Moosmühle, geradeaus weiter auf den Feldweg und entlang einer Birkenreihe, an der Viehweide entlang, zu einer Bank unter einem Baum, bei einem Kreuz. Ein schöner Platz, um Pause zu machen. Dann führt der Holzsteg ❷ weiter über die Amper.

Gleich danach geht es rechts auf dem Dammweg (je nach Jahreszeit mit Gras zugewachsen), bis zur Straße. An dieser nach rechts und an der kurz darauffolgenden Gabelung wieder rechts halten und die Straße bergab weitergehen. Unten rechts gibt es einen Kiesparkplatz, bei einer lauschigen Badestelle ❸ an der Amper.

Ca. 250 Meter später biegt die Tour links auf einen Kiesweg ab, der in den Wald führt. Anfänglich wandern wir an einem Bauchlauf entlang und gehen stets geradeaus weiter durch den Wald bis zu einer T-Kreuzung ❹.

Abkürzung: Wer sich Höhenmeter ersparen möchte, biegt hier rechts ab und geht am Waldrand und vorbei an Feldern weiter, bis von links ein Feldweg vom Hügel herunter auf unsere Strecke trifft. (Hier treffen wir auf die große Runde). Der Weg geht geradeaus weiter ...

Die Tour aber geht nach links weiter und nun auf einem Forstweg stetig durch den Wald den Berg hinauf. So gelangen wir in einen kleinen Ort. An den Höfen vorbei gehen wir geradeaus weiter bis zur Bushaltestelle an der Straße und gegenüber einem Wegkreuz. Hier biegen wir nach rechts ab und folgen der Fahrstraße durch den Ort Zurnhausen ❺ und weiter bis zu einer großen Brücke. Vor dieser biegen wir nach rechts auf den Feldweg ab, der uns ein Stück an der Bundesstraße entlang, leicht bergauf, in einen Wald hineinführt.

In diesem treffen wir auf eine Stelle mit vielen Wegemöglichkeiten. Wir gehen kurz nach rechts und dann gleich wieder links auf einem Waldweg steil bergab. Wenn der Weg bergauf führt, kommen wir aus dem Wald und gehen am Feld entlang weiter, bis wir auf eine T-Kreuzung treffen. Wir biegen hier links in den Hohlweg und wandern somit steil den Berg hinunter. Unten treffen wir auf einen Feldweg (von rechts kommt die Abkürzung hinzu). Wir gehen nach links ...

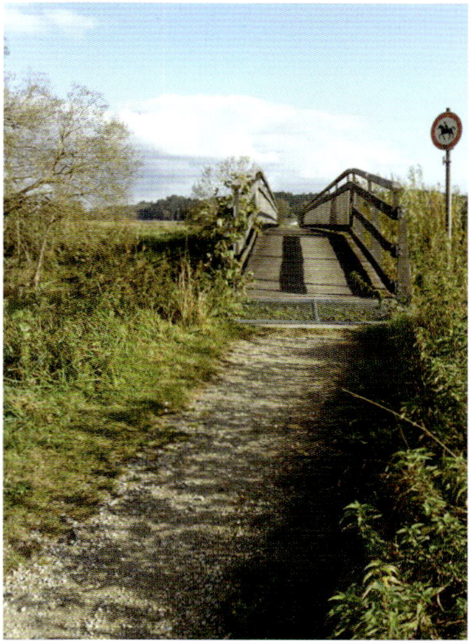

Ampersteg

Badestelle an der Amper

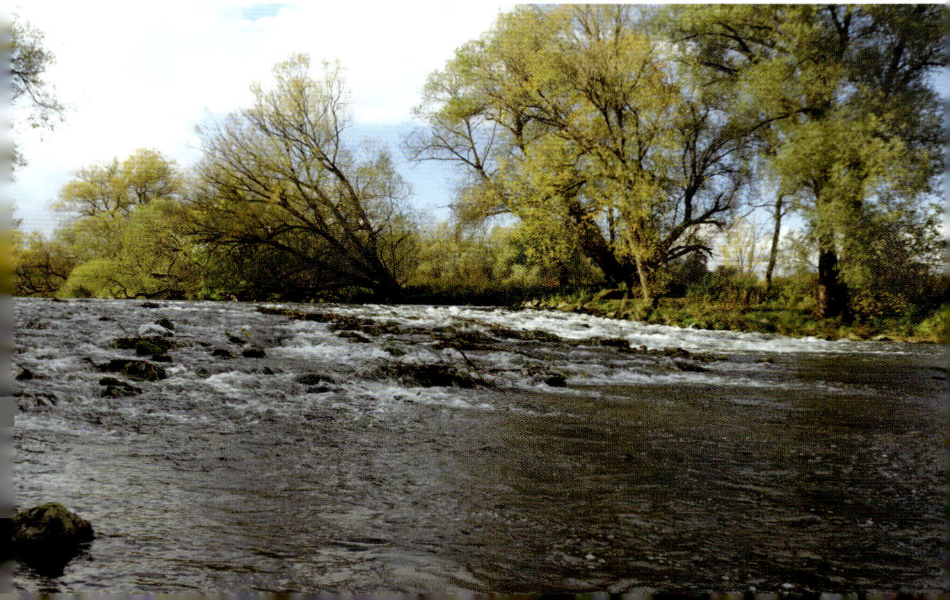

... und nehmen den nächsten Feldweg nach rechts, der das letzte Stück am Kühbach entlanggeht und bis zur Hauptstraße B301 führt. Hier müssen wir auf der Straße nach rechts, die Brücke über das Bächlein nehmen, aber gleich danach geht es auf dem Fuß- und Radweg in Richtung Zolling.

Auf diesem Weg überqueren wir die Amper und gehen die B301 etwas unterhalb entlang weiter, bis zum Amperkanal, wo wir rechts in die Hagenaustraße einbiegen. Jetzt sieht man schon die Fußgängerbrücke, die uns links über den Kanal nach Zolling ❻ in den Ort bringt.

Am Altenheim vorbei geht's links in die Pfarränger, weiter auf einem kleinen Fußweg in den Kanalweg, der eine Rechtskurve macht und auf die Freisingerstraße trifft. Hier gehen wir nach rechts ins Dorfzentrum, zum Gasthaus „Hörhammer". Weiter geht's, die schöne spätgotische Kirche schon im Blick, in die Rotnpeckstraße.

Zolling, vermutlich unmittelbar nach der Landnahme der Bajuwaren von einem gewissen „Zollo" im 6. Jh. gegründet, wurde bereits 744 das erste Mal urkundlich erwähnt. Der Ort erhielt Bedeutung, da hier die erste Brücke über die Amper im 12. Jh. gebaut wurde und somit die Waren von München über die Hallertau nach Regensburg gebracht werden konnten (vorher gab es nur eine Fähre über die Amper).

Info: Für den Bau des Kornkastens Anglberg aus dem Jahr 1716 wurden die Stämme angerollt. Er besitzt ein für Getreidekästen typisches Obergeschoss, eine umlaufende Galerie und einen Dachraum, der als zusätzlicher Getreideboden diente, und ist bedeckt mit einem Voll- und Halbwalmdach.

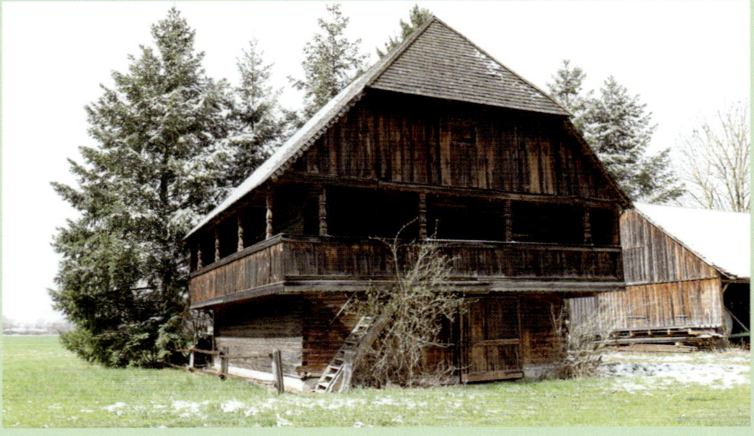

Pfarrkirche St. Johannes der Täufer: Die spätgotische Pfarrkirche ist dem Hl. Johannes geweiht und entstand in der 2. Hälfte des 15. Jhd. Trotz der Barockisierung der Kirche hat der Innenraum über die Jahrhunderte hinweg seinen gotischen Charakter bewahrt. Die Spitzbögen, die farbige, aber nicht protzige Gestaltung des Raumes und der Altäre, lassen die Kirche hell und freundlich wirken. Im Chorraum befinden sich sogar 2 Grabsteine aus den Jahren 1443 und 1470. Direkt am Ausgang des Kirchhofes steht eine offene Grotte mit einer Lourdesmadonna (errichtet 1838). Der Turm ist einer der schönsten Barocktürme im Landkreis Freising. Wegen seiner stattlichen Höhe von 56 Metern ist die Kirche weithin sichtbar und wird im Volksmund „Dom vom Ampertal“ genannt.

An der Kirche vorbei bleiben wir auf der Rotnpeckstraße, bis wir rechts auf die Jahnstraße abbiegen. Diese führt uns über eine Brücke, macht dann eine Rechtskurve und nennt sich dann „Am Gänsbach“. Dieser Weg führt uns wieder vor zum Amperkanal, an dessen linkem Ufer wir entlangwandern, bis wir kurz vor dem Kraftwerk rechts über die Brücke gehen und auf geradem Weg wieder zum Anglberger See ❶ kommen, der bei schönem Wetter ein gern besuchter Badesee ist.

Essen / Einkehren:

Gasthaus Hörhammer „Alter Wirt“
Freisingertr. 4
85406 Zolling
Tel: 08167 950243

Info: Der Anglberger Badesee ist ein ehemaliger Kiesweiher, dessen Wasserqualität stets kontrolliert wird. Die Ufer sind umgeben von gepflegten Grünflächen und an einer Seite gibt es einen großen Sandhaufen für Kinder zum Buddeln.

Reh im Ampertal

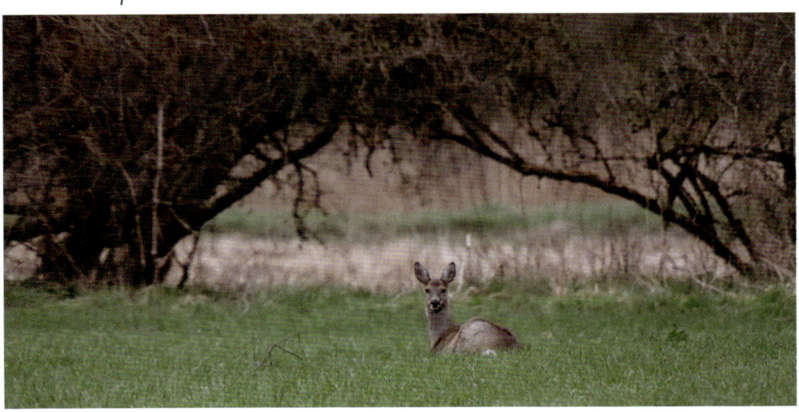

TOUR 07

HELFENBRUNN

Einsamer Rundweg an der Amper

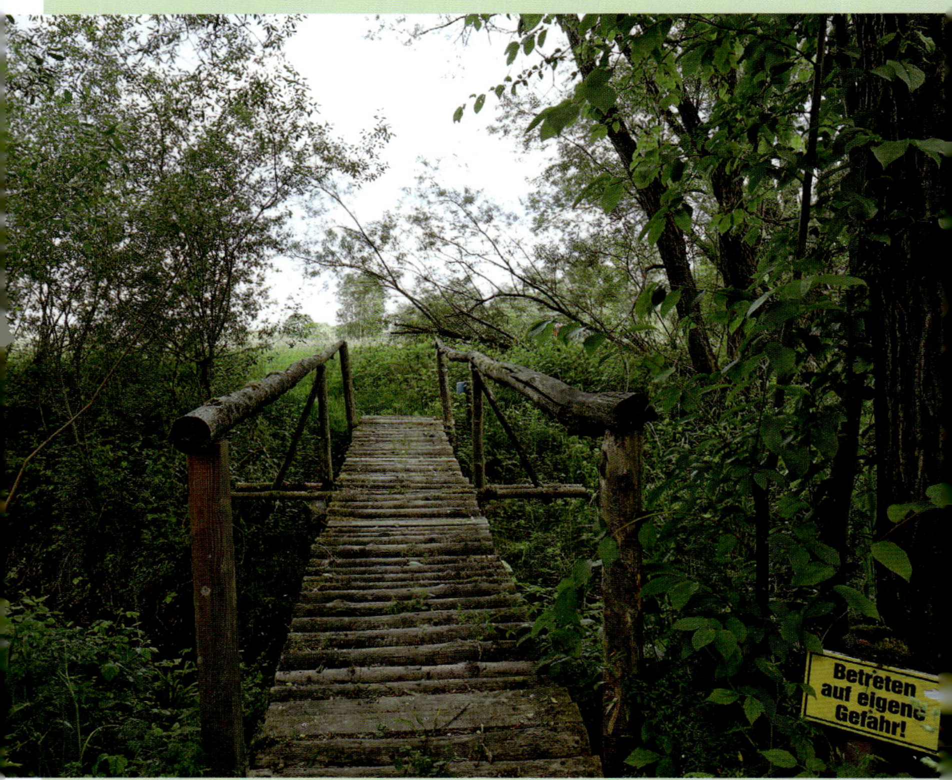

Holzbrücke

Leicht

7,7 km

↓↑ 100 m

1¼ Std.

Das wilde Ufer der Amper und die Stille des Waldes genießen. Zwischen Feldern zurück nach Helfenbrunn – eine abenteuerliche Schnitzeljagd (mit GPS-Technik kein Problem).

Wegqualität: ★

Parken: 85414 Kirchdorf an der Amper; Obere Dorfstr. 8 (am Straßenrand in Helfenbrunn – Nähe Burgerwirt) (Bitte nicht auf den Parkplätzen der Gastwirtschaft parken, sondern entlang der Straße im Ort!)

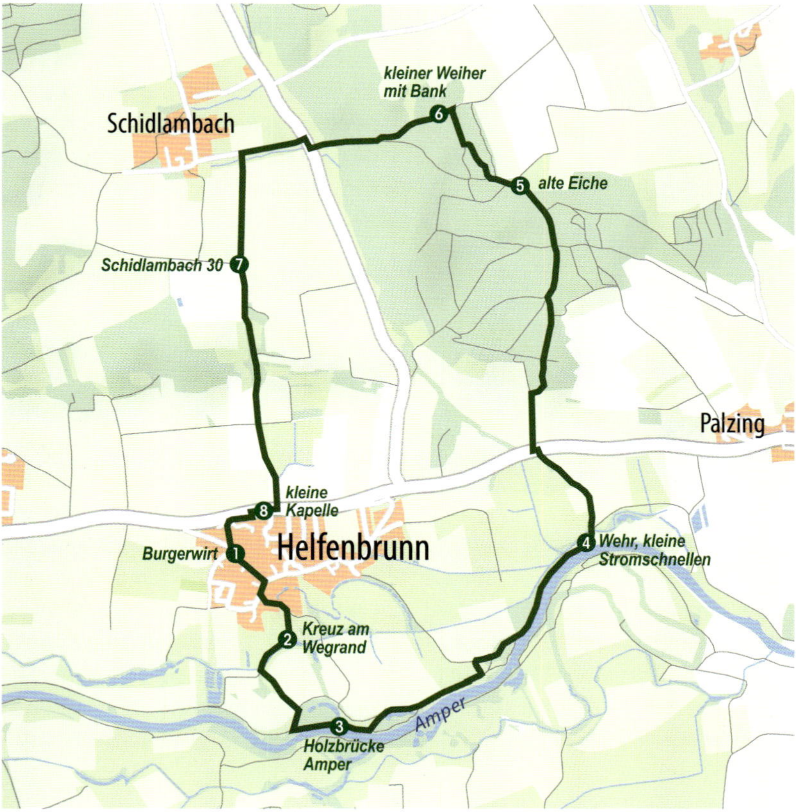

1. Gasthof Burgerwirt
2. Kreuz am Wegrand
3. Holzbrücke
4. Wehr – kleine Stromschnellen
5. Alte Eiche
6. Kleiner Weiher mit Bank
7. Schidlambach
8. Kleine Kapelle

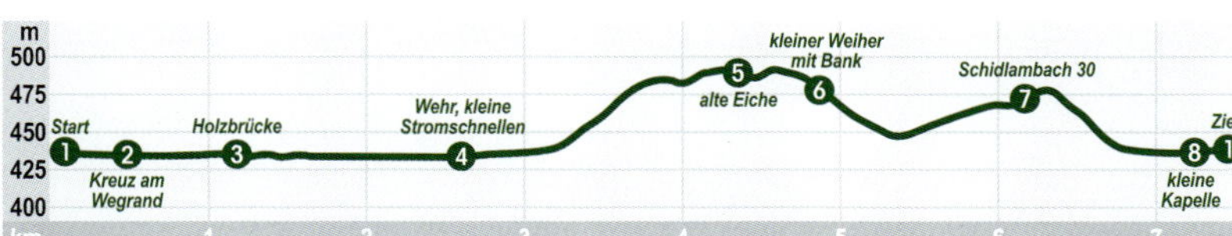

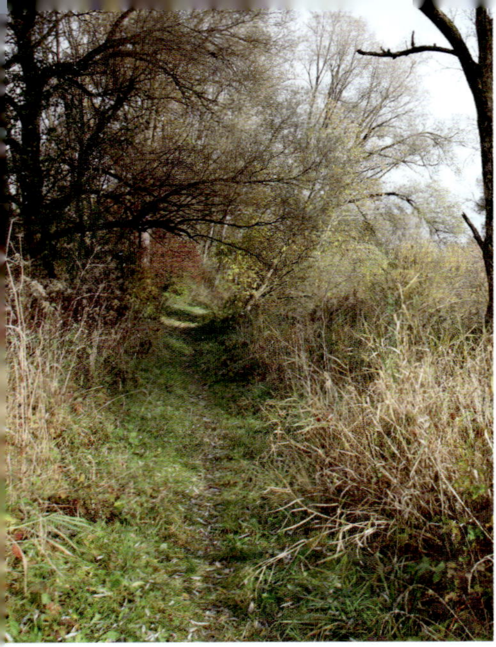

Unterm Strommasten auf den Pfad an der Amper

Start: Beim Gasthof Burgerwirt in Helfenbrunn ❶. Am Gasthof Burgerwirt zu unserer Linken gehen wir die obere Dorfstraße entlang, bis wir rechts in die Straße „Amperau“ einbiegen. An der nächsten Möglichkeit gehen wir links in die Sackgasse mit dem wegweisenden Namen zur Amper.

Die Straße wird zu einem Feldweg und führt uns aus dem Ort. An der Gabelung halten wir uns rechts und gehen geradeaus auf ein Kreuz am Wegrand ❷ zu. Dort macht der Weg eine Kurve nach rechts und führt einen Bachlauf entlang. Danach zweigt sich der Weg und wir nehmen die linke Abzweigung, den deutlicheren Weg. Wir folgen dem Hauptweg weiter nach rechts und vor dem Amperufer (Augen auf, im Sommer eingewachsen), wo der Hauptweg nach rechts biegt, gehen wir beim Strommasten nach links unter der Stromleitung hindurch, weiter auf einen Waldpfad, immer am Flüsschen entlang. Über eine kleine Holzbrücke ❸, „Betreten auf eigene Gefahr“, gehen wir noch ein Stück am Ufer der Amper weiter, bis der Weg dann vor wildem Gebüsch nach links abbiegt und uns auf einen Dammweg führt. Dieser Erhöhung folgen wir konsequent, bis auch dieser Weg kurz vor dichtem Gebüsch nach links führt und uns auf einen Feldweg bringt. Wir gehen nach rechts wei-

Vor wildem Gebüsch nach links

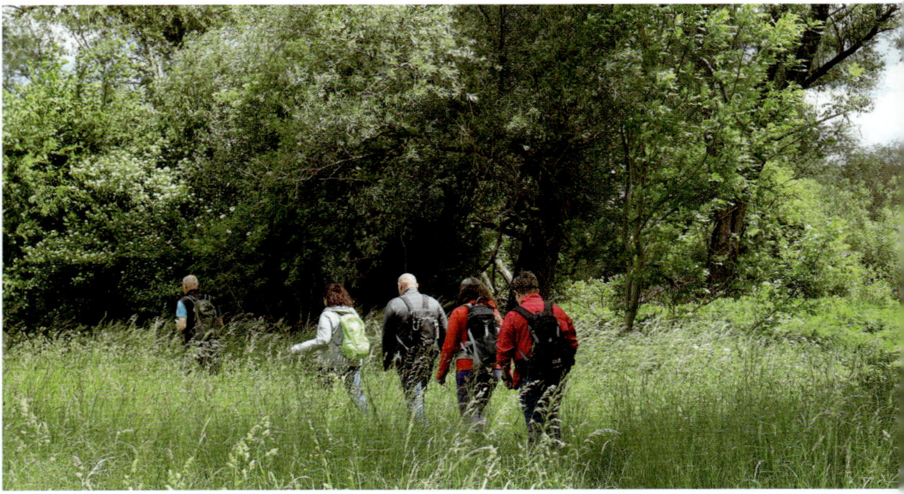

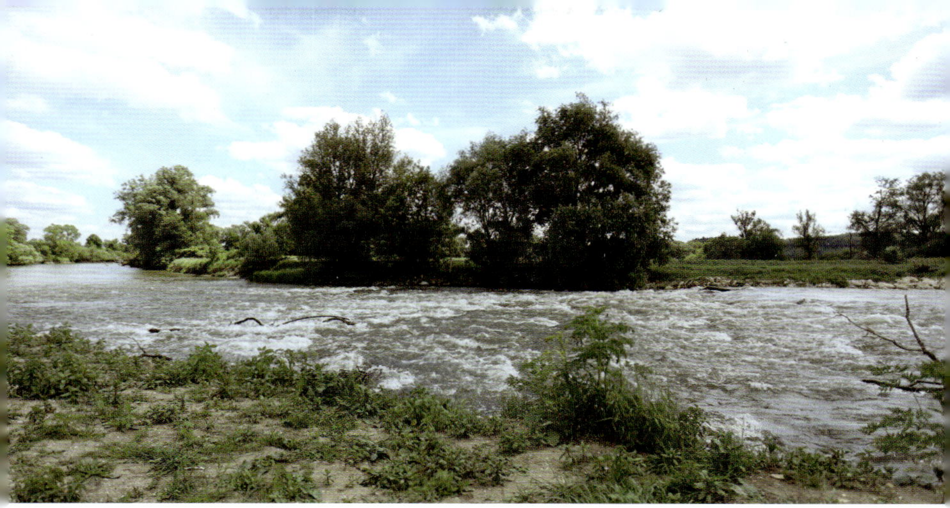

Stromschnellen – Wehr

ter, und immer geradeaus führt uns dieser Weg schon nach Kurzem wieder direkt an der Amper entlang. So gelangen wir zu einem Wehr ❹ aus anmutenden kleinen Stromschnellen. Dort folgen wir dem Feldweg nach links, weg vom Fluss, über ein kleines Rinnsal, vor zur Hauptstraße.

Diese überqueren wir und gehen den leicht links versetzt gegenüberliegenden Feldweg hinein und hoch zum Wald.

Vor dem Wald geht es ein kurzes Stück nach rechts und dann führt gleich links ein Weg in den Wald hinein, dem wir nun ca. 2 km lang „immer der Nase nach" folgen. (Wer ohne GPS-Daten geht, für den geht es jetzt weiter wie bei einer Schnitzeljagd.)

1. (nach ca. 100 m) Geradeaus über eine Kreuzung, nach der der Weg schmäler wird.
2. (nach ca. 200 m) Vorbei an einem von rechts kommenden Weg.

Waldweg

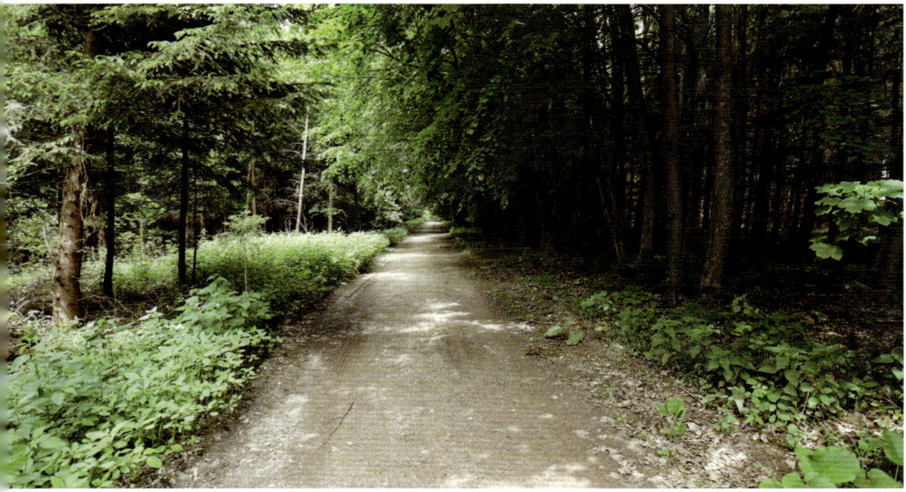

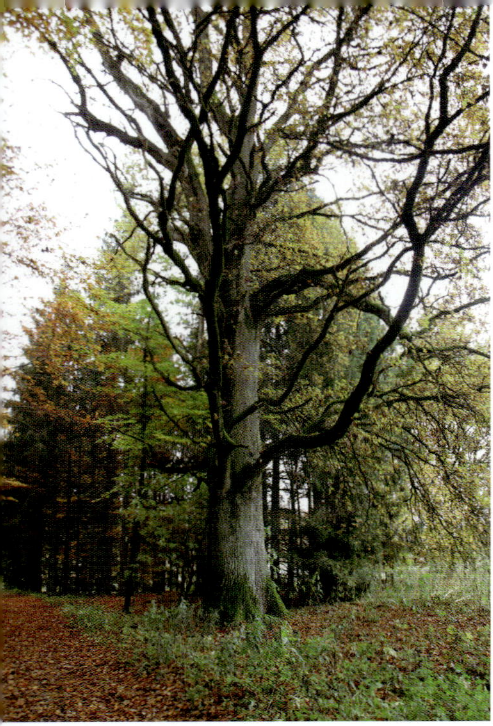

Schöne alte Eiche

3. (nach ca. 15 m) An der nächsten Kreuzung dem rechten Weg folgen (grob die Himmelsrichtung beibehalten).
4. (nach ca. 250 m) Geradeaus über die Kreuzung.
5. Jetzt biegt der Waldweg in einem großen Bogen nach links, wir folgen dem Hauptweg und ignorieren sämtliche Abzweigungen nach rechts.
6. Zu unserer rechten Seite lichtet sich kurz der Wald und gibt den Blick auf Hopfenfelder frei.
7. Kurz nach der Lichtung, bei der beeindruckenden alten Eiche ❺, geht ein Weg nach rechts, raus auf die Felder, den wir ignorieren, wir gehen geradeaus auf dem Weg weiter, wieder in den Wald und bergab.
8. (nach ca. 30 m) Vorbei an einem von links kommenden Weg gehen wir weiter leicht bergauf.
9. Diesem Weg folgen wir, bis wir auf einen Waldweg stoßen. Hier biegen wir nach rechts ab.
10. Nach ca. 100 m stehen wir vor einer Obstwiese.
11. Dort gehen wir nach links und kommen an einem kleinen Weiher mit einer Bank ❻ vorbei.
12. Dieser Weg lotst uns bergab und stößt unten auf einen Waldweg, auf welchen wir nach links abbiegen.
13. Nur wenige Meter später biegt der Weg nach rechts ab und führt uns so vor zur Staße.

An der Straße gehen wir ein kurzes Stück nach rechts und folgen dem Wegweiser nach links Richtung Schidlambach.
Doch schon bei der nächsten Möglichkeit gehen wir nach links auf den Plattenweg Richtung Schidlambach 30 ❼.
Dieser wird geradeaus zum Feldweg und führt uns, bergab und immer geradewegs (nach 1,5 km) wieder auf die große Ampertalstraße zu. Diese überqueren wir und gehen über den Randstreifen auf eine kleine Kapelle ❽ zu.

Abstecher: Hier der Straße „Am Bergfeld" 300 Meter nach links folgen, so gelangt man zur Kapelle St. Sebaldus.

Die **Kapelle St. Sebaldus** ist erwähnenswert, da sie früher ein viel besuchter Wallfahrtsort war. Die Kapelle mit ihrer ungewöhnlichen

Form wurde vor ca. 300 Jahren im Barockstil erbaut. Über dem Eingang ziert eine Sonnenuhr den Giebel und rechts neben der Tür befindet sich ein Wandbild des heiligen Florian. Der Sage nach sollen unter dem kleinen Hügel, auf dem die Kapelle steht, zwölf Kreuzritter begraben sein.
Sebaldus lebte im 8. Jahrhundert in Poppenreuth (heute ein Stadtteil von Fürth bei Nürnberg).
Der Legende nach sei Sebaldus ein dänischer Königssohn gewesen, der seine Verlobung mit einer französischen Prinzessin löste, um dann als Einsiedler zu leben. Nach 15 Jahren Leben in der Wildnis habe er eine Wallfahrt nach Rom unternommen und überquerte dabei, auf seinem Mantel segelnd, die reißende Donau. Er half einem armen Bauern bei der Suche nach seinen verloren gegangenen Ochsen, indem er seine Finger wie Lampen leuchten ließ. Ebenso wird ihm nachgesagt, dass er bei einem geizigen Köhler aus Eiszapfen ein Feuer entfacht habe und so sein kaltes Herz geschmolzen habe. Der Hl. Sebaldus wurde besonders angefleht zum Schutz vor gefährlichen Räuberbanden, von sturmgeplagten Seefahrern, um tobende Winde zu besänftigen, und von erkrankten schwangeren Frauen.

Essen / Einkehren:

Gasthaus Burgerwirt
Obere Dorfstr. 8
85415 Kirchdorf an der Amper
(Helfenbrunn)
Tel: 08166 9633

Die Tour folgt hier der Straße „Am Bergfeld" nach rechts. Diese macht eine Linksbiegung und mündet kurz darauf in die Straße „Obere Dorfstraße", wo wir wieder zum Ausgangspunkt, dem Burgerwirt, gelangen.

Kapelle St. Sebaldus

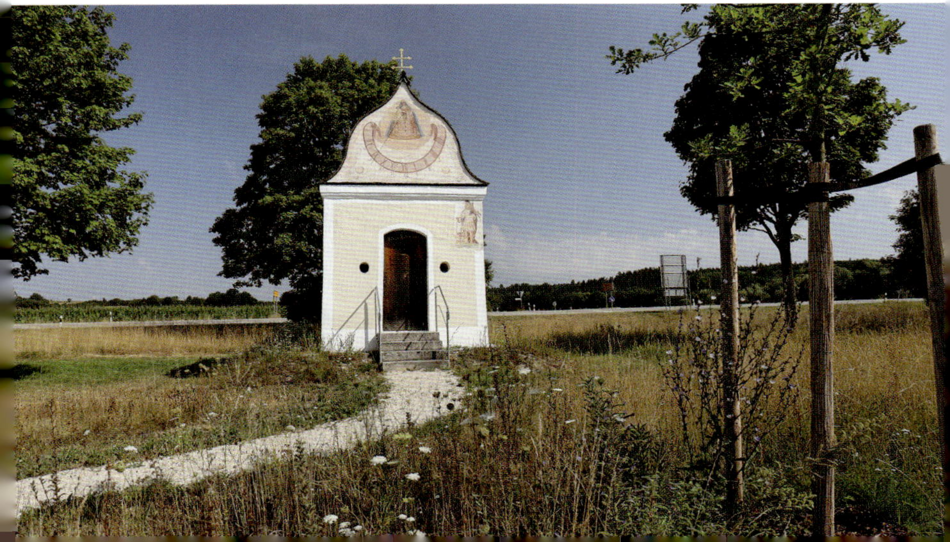

TIPP A

Extra-Tipp für Baumfans

FREISING

Im Weltwald, durch die Wälder der Welt

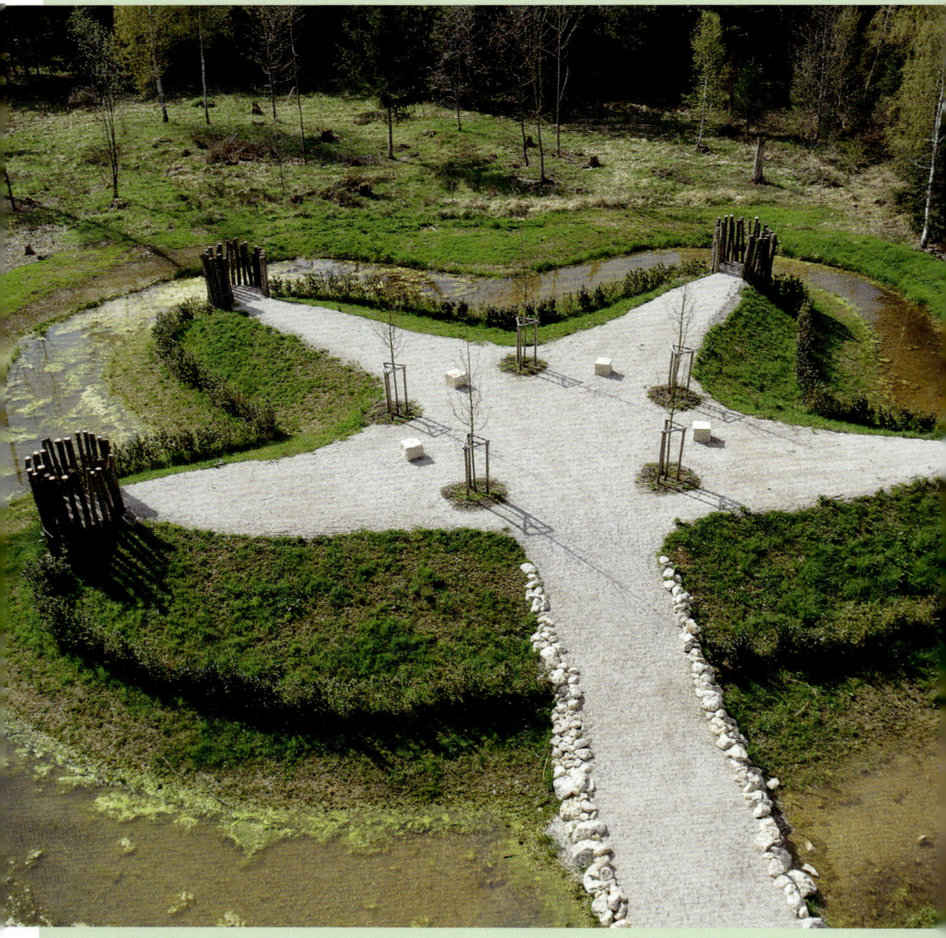

Europa-Garten

Wegqualität: ★★★

Parken: „Parkplatz Weltwald Freising“ – so findet das Navi die vier für den Weltwald möglichen Parkplätze

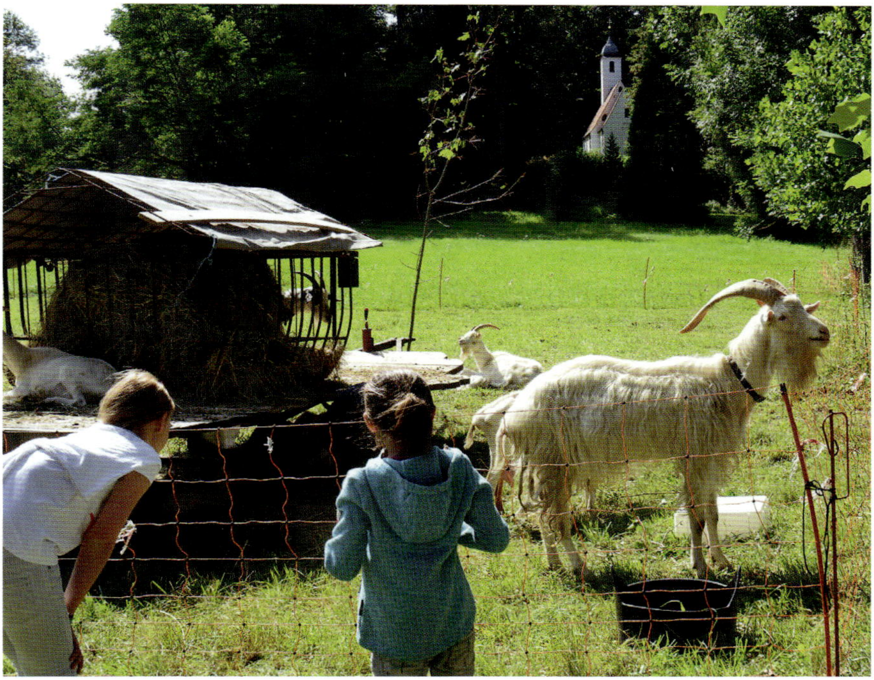

Beweidung der Wiesen mit Ziegenherde

Auf einer Fläche von 100 Hektar entsteht im Kranzberger Forst eine Sammlung von Bäumen aus aller Welt. Seit den ersten Pflanzungen 1987 sind bereits mehr als 400 Baum- und Straucharten vertreten.

Ausgeschilderte Rundwege laden dazu ein, die Formenvielfalt europäischer, asiatischer und nordamerikanischer Wälder zu entdecken. Hier kann man nicht nur das Persische Eisenholz, Schneeglöckchenbäume aus Carolina oder japanische Schirmtannen bestaunen, man findet auch reizvolle Ausblicke und beschauliche Plätze zum Entspannen. Übersichtskarten, Schautafeln und Flyer, angeboten in mehreren Pavillons, liefern eine Menge Information und erleichtern die Orientierung im Gelände. Wer Baumarten gezielt suchen möchte, kann mit der Weltwald-App im Gelände navigieren. Die App kann man auf der Weltwald-Website herunterladen.

Ein beliebtes Ziel für die ganze Familie sind die drei „Gärten der Kontinente", ganz besonders der als Spielplatz gestaltete Amerika-Garten.

Im Zentrum des Weltwaldes liegt die malerische Kirche St. Clemens. Umgeben von einem Friedhof mit alten schmiedeeisernen Grabkreuzen wirkt sie wie ein Zeuge aus längst vergangenen Zeiten.

Im Weltwald gibt es folgende Themenwege:

Nordamerika Ost:	2 km, ca. 40 min
Nordamerika West:	1 km, ca. 20 min
Europa & Vorderasien	2,5 km, ca. 50 min
Mittel- & Ostasien:	2 km, ca. 40 min

weitere INFO: www.weltwald.de

TOUR 08

ERDING

Durch die Altstadt zum See

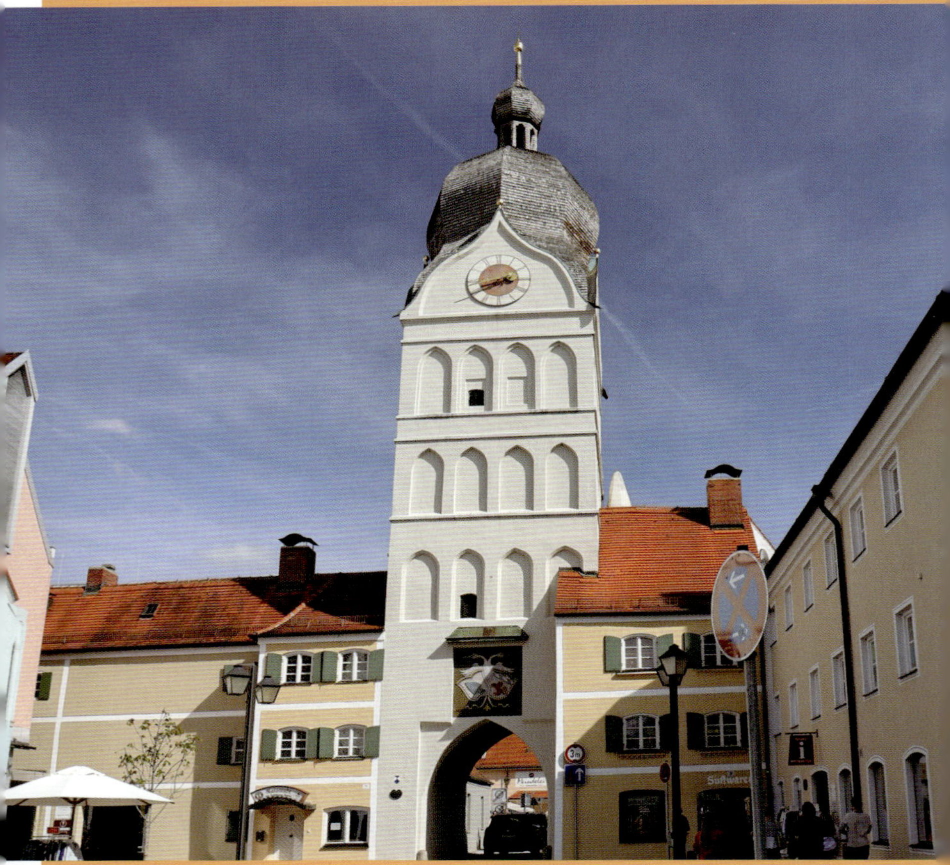

Der schöne Turm

Mittel

10 km

↓↑ 40 m

3 Std.

Durch den Park und auf kleinen Pfaden entlang der Sempt zum Badesee und über Felder zurück in die bayerische Herzogstadt mit schönen Einkehrmöglichkeiten in der Altstadt.

Wegqualität: ★★★

Öffentlich: S2 – Erding

Parken: 85435 Erding; Am Bahnhof 22 (Parkplatz Bahnhof Erding)

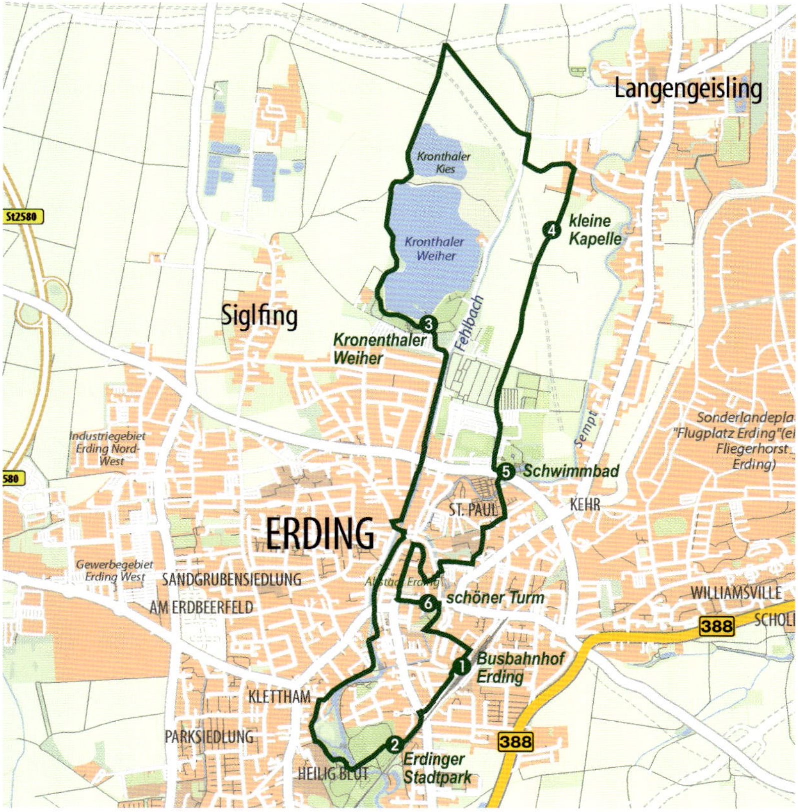

1. Busbahnhof Erding
2. Erdinger Stadtpark
3. Kronthaler Weiher
4. Kleine Kapelle
5. Schwimmbad
6. Schöner Turm

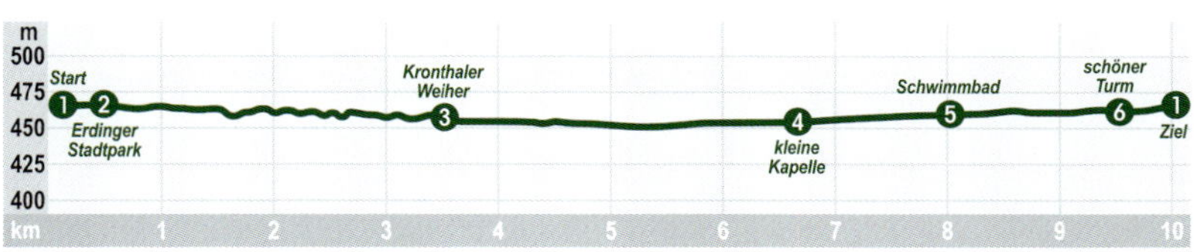

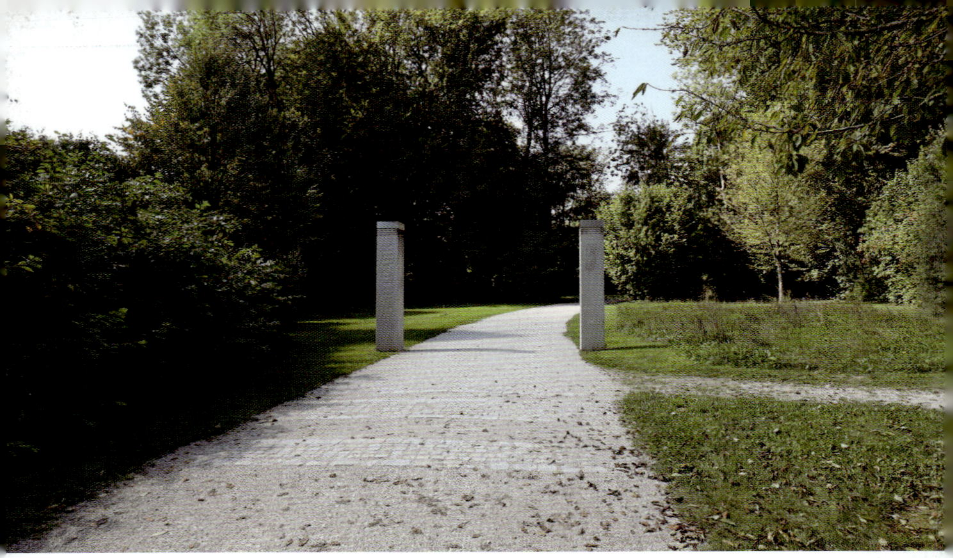

Eingang zum Stadtpark

Start: Am Busbahnhof ➊. Die Bahngleise im Rücken, gehen wir nach links und entlang der Schienen in „Am Bahnhof". So überqueren wir die Haager Straße und gehen weiter an den Schienen geradeaus und gelangen durch zwei Säulen in den Erdinger Stadtpark ➋, den wir – am Abenteuerspielplatz vorbei – geradeaus über eine Brücke durchqueren.

Abenteuerspielplatz

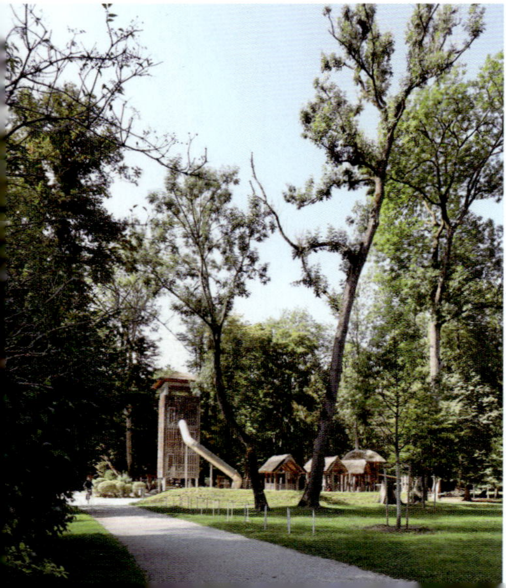

Nach der Brücke geht es nach rechts, und an der Sempt entlang durchqueren wir den Stadtpark, danach geht es rechts weiter in einen Fußweg, der dem Bach folgt. Nach einem kleinen Wohngebiet überqueren wir den Wendehammer und gehen den Fußweg weiter. Vor dem Wehr und der Fischtreppe folgen wir dem Weg, der nach links und leicht abwärts geht und uns auf einer kleinen Brücke über die Sempt führt. Gleich danach links weiter auf „Am Herzoggraben" und dem Fluss folgend (über die Münchner Straße) bis zum Ende des Uferwegs. Hier geht es links, durch einen Häuserdurchgang auf die Freisinger Straße und links weiter über die Brücke auf die andere Seite des Sempt-Ufers.

Bei der nächsten Möglichkeit biegen wir dann nach rechts ab in die Franz-Xaver-Stahl-Straße. Jetzt immer geradeaus, zwischen Siedlungshäusern und der Sempt sehen wir links vor uns einen Parkplatz. Auf diesen gehen wir zu und sehen so bald den luxuriös angelegten Kronthaler Weiher ➌ (den Echinger Badesee, mit Biergarten,

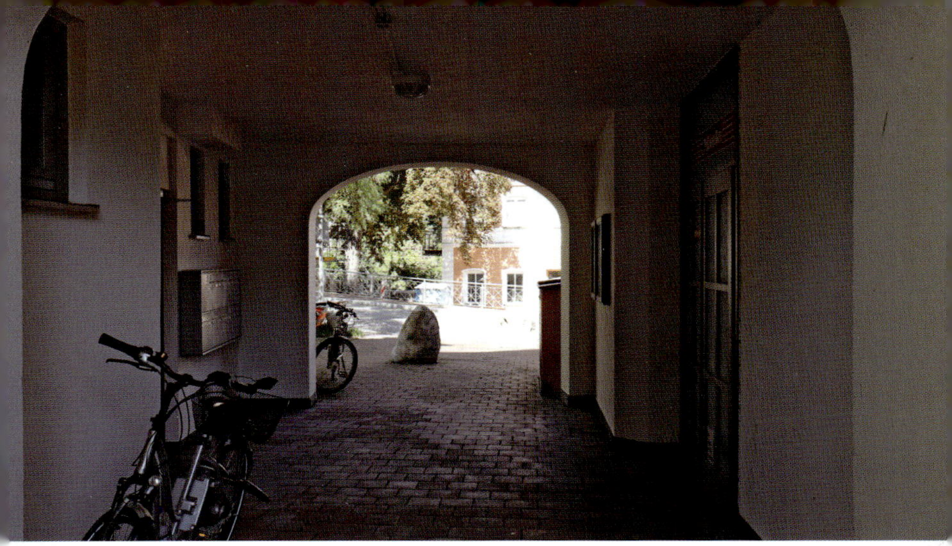

Hausdurchgang zur Freisinger Straße

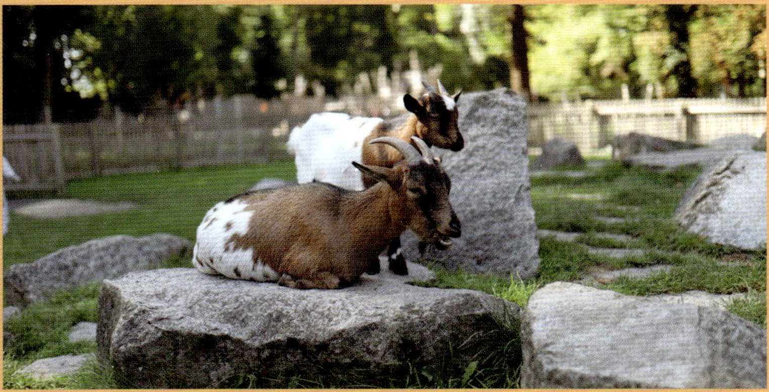

Abstecher zum Streichelzoo

Eintritt frei! Nach der Brücke nur wenige Meter nach links, dort befindet sich der kleine Streichelzoo der Stadt Erding. In einer Voliere kann man eine Vielzahl von Kleinvögeln sehen und in Außengehegen gibt es Hasen und Hühner zu bestaunen. Ins Ziegengehege kann man hineingehen und die zutraulichen Tiere streicheln.

Öffnungszeiten:

Sommer:	1. März bis 31. Oktober	7.30 – 18 Uhr
Winter:	1. November bis 28. Februar	7.30 – 16.30 Uhr

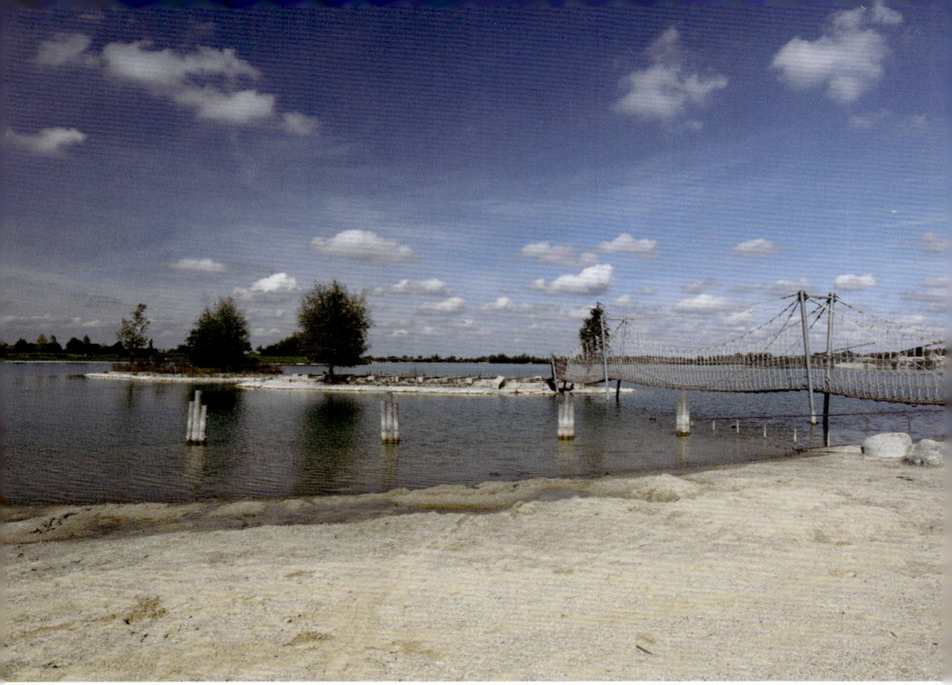

Am Kronthaler Weiher

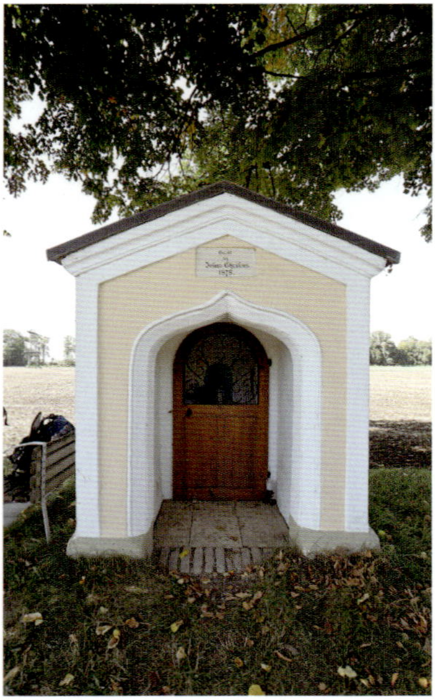

Minigolf, Spielplätzen, geschottertem Uferbereich und kleinen künstlichen Inseln). Wir gehen auf dem Uferweg nach links und kommen kurz darauf auf einen geteerten Weg, den wir nach rechts, am See entlang, weitergehen. Nach dem Badesee biegen wir rechts auf einen Feldweg, der eine Linksbiegung macht und uns am zweiten Teil des Sees entlangführt, wo immer noch aktiv Kies abgebaut wird. Der Weg führt uns zwischen Feldern weiter. Bei der ersten Möglichkeit biegen wir nach rechts ab und gehen wieder auf die Sempt zu, überqueren sie auf einer Brücke und gehen sofort danach rechts auf einen kleinen Uferpfad, der nach einem kurzen Stück links abbiegt

Marienkapelle am Wegrand

und uns auf geschwungenem Wiesenweg in eine Siedlung bringt. Hier gehen wir nach rechts auf die Erdinger Straße, welche geradeaus weiter zum Schotterweg wird und uns zwischen Feldern und an einer kleinen Kapelle ❹ vorbei weiterführt, bis sich der gerade Weg „Geislinger Anger" nennt und uns dann an der Eishalle und am Stadion vorbeiführt. Nach dem Schwimmbad ❺ gehen wir links hinunter und unterqueren die stark befahrene Anton-Bruckner-Straße. Wir gehen geradeaus weiter, am Friedhof entlang, bis wir nach der Kirche nach rechts in St. Paul abbiegen. Vor der Schule geht es links in den Hans-Kogler-Weg. Diesen entlangwandern, bis wir ein ganz kurzes Stück auf eine Siedlungsstraße kommen, um dann gleich wieder nach rechts auf einen Fußweg abzubiegen. Wir gehen am Parkplatz vorbei, kommen wieder zur Sempt, gehen ein paar Meter nach links, überqueren die Brücke, danach den Zebrastreifen und gehen den Fußweg gegenüber „zum Stadtzentrum" bis „Am Rätschenbach". Hier nach rechts weiter und durch das Altstadtgässchen vor bis „Lange Zeile", dem Zentrum von Erding, mit Geschäften und Restaurants. Wir gehen nach links und flanieren durch die Altstadt.
Bei der Kirche am Schrannenplatz biegen wir nach links ab und vorbei am Rathaus gehen wir auf der Landshuter Straße durch den schönen Turm ❻ und unmittelbar vor dem Bächlein nach rechts. Auf dem Fußweg am Gewässer entlang weiter, bis uns eine Brücke (links) wiederum den Bach überqueren lässt und uns auf die Geheimrat-Irl-Straße bringt.

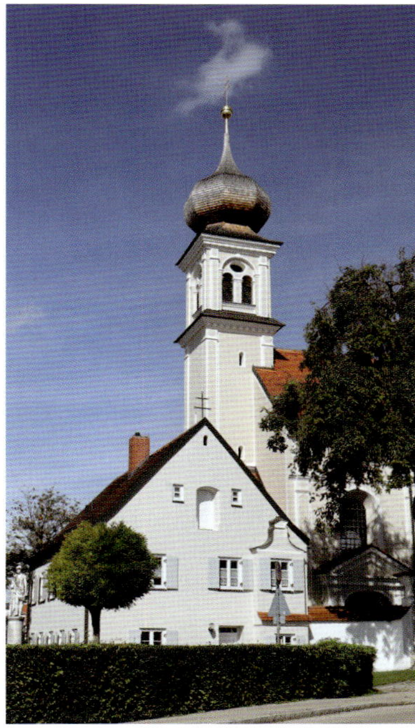

Kirche St. Paul

Abstecher zum Museum Erding:
Ein paar Meter nach links in die Prielmeyerstraße einbiegen und Sie stehen vor dem kleinen, netten Museum Erdings, das mit seiner Fülle an Informationen und Geschichten die Geschichte der alten Herzogstadt sowohl für Einheimische wie Touristen interessant vermittelt.
Informationen über Öffnungszeiten und Preise finden Sie auf der Internetseite www.museum-erding.de.

Die Geheimrat-Irl-Straße führt uns nun geradewegs wieder auf den Bahnhof zu.

TOUR 09

ALTENERDING
Zur Therme Erding

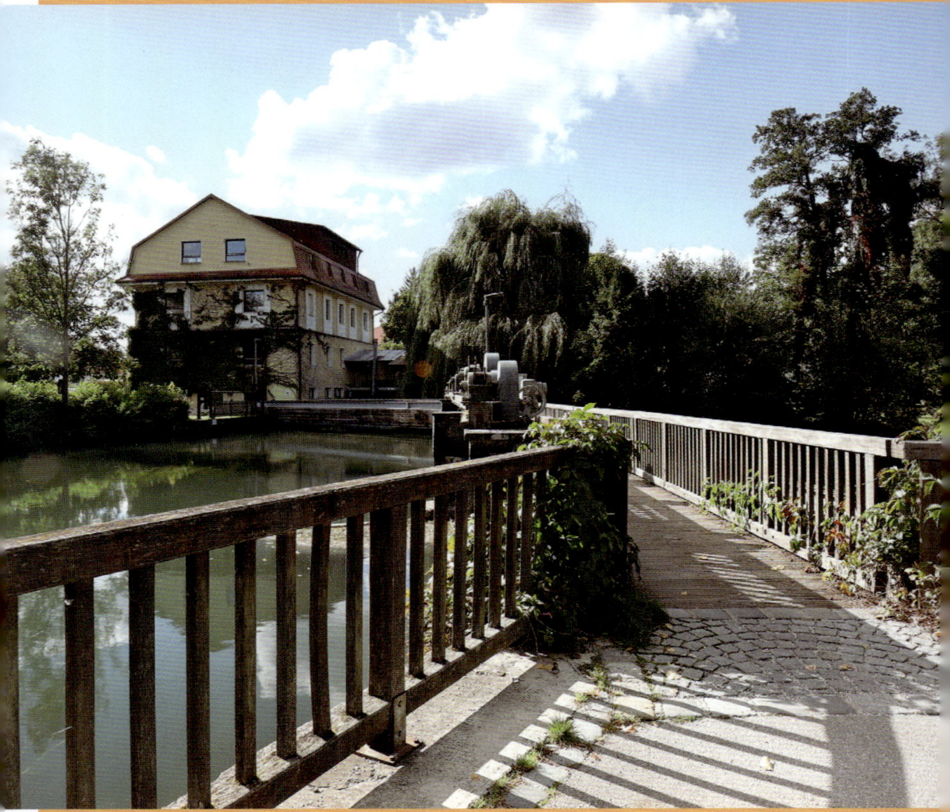

Wehr

Mittel

13,8 km

↓↑ 90 m

3½ Std.

Wir begleiten die Sempt ein Stück durch Altenerding, am Winkepeter vorbei aufs Land, wo wir sie überqueren und durch Wald und Feld wieder zurückwandern.

Wegqualität: ★★★

Öffentlich: S2 – Altenerding

Parken: Bahnhofstr. 34; 85435 Erding (Parkplatz am S-Bahnhof – Altenerding)

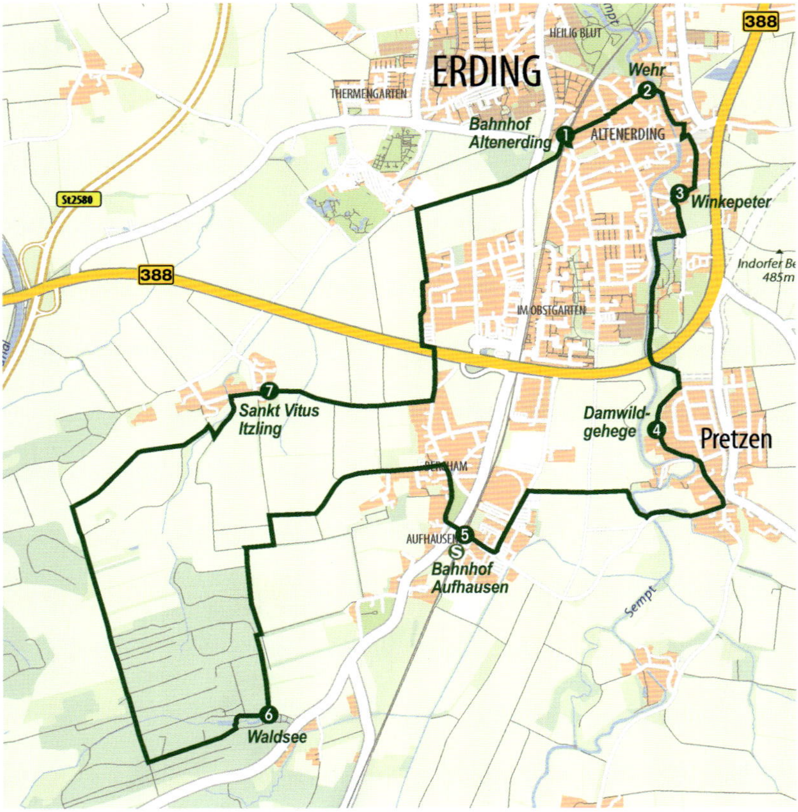

© mapz.com – Map Data: OpenStreetMap ODbL

1. Bahnhof Altenerding
2. Wehr
3. Winkepeter
4. Damwildgehege
5. Bahnhof Aufhausen
6. Waldsee
7. St. Vitus Itzling

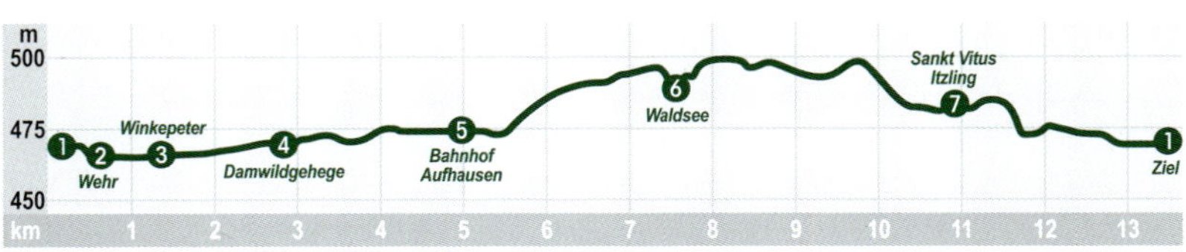

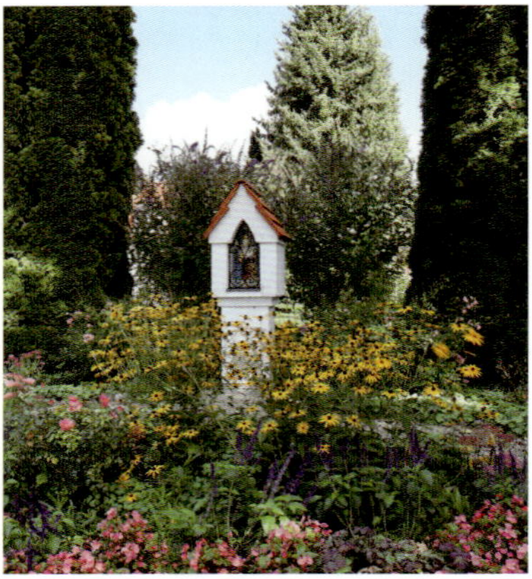

Nach der Brücke am Wehr

Start: Vom Parkplatz am Bahnhof Altenerding ❶ wechseln wir durch die Fußgängerunterführung auf die andere Seite der Gleise und biegen dann nach links in die Schulfeldstraße ab, wo wir ein Stück an den Gleisen entlanggehen, bis uns die Straße nach rechts, weg von den Gleisen, führt. Wir überqueren geradeaus die Pfarrer-Fischer-Straße und gehen auf dem schmalen Schulweg an der Schule vorbei, behalten die Richtung bei, überqueren so die Parkstraße und gehen gegenüber weiter in „An der Lukasmühle". Am Ende des Weges geht es hinter der Mühle nach links, und über die Holzbrücke, das Wehr ❷, gelangen wir auf die andere Seite des Flusses. Gleich danach biegen wir nach rechts ab in den schmalen Pompi-Weg, direkt am Bach entlang und zwischen Gärten wandern wir, bis der Weg an einem kleinen Kreuz eine Linkskurve macht. Wir kommen zum geteerten Fußweg und gehen an dessen Beginn sogleich nach rechts in ein kleines Gässchen und zwischen Häusern vor zur Ardeostraße. Dort gehen wir nach links und gleich wieder rechts in die Austraße. So treffen wir auf die Petersbergstraße, in die wir nach rechts abbiegen. Von Weitem sehen wir den metallischen „Winkepeter" ❸.

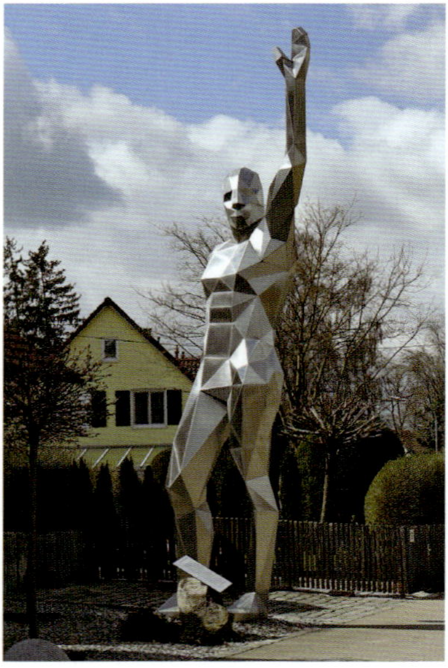

Winkepeter: Eine Infotafel vor der fast sieben Meter hohen Stahlfigur informiert über die spannende und tragische Geschichte des Peter Winkel, an den dieses Kunstwerk erinnert.

Daran vorbei, an der nächsten Kreuzung, gehen wir nach links weiter in den Pretzener Weg und kommen so aus der Siedlung.
An der nächsten Kreuzung gehen wir nach rechts auf „Am Altwasser", überqueren den

Winkepeter

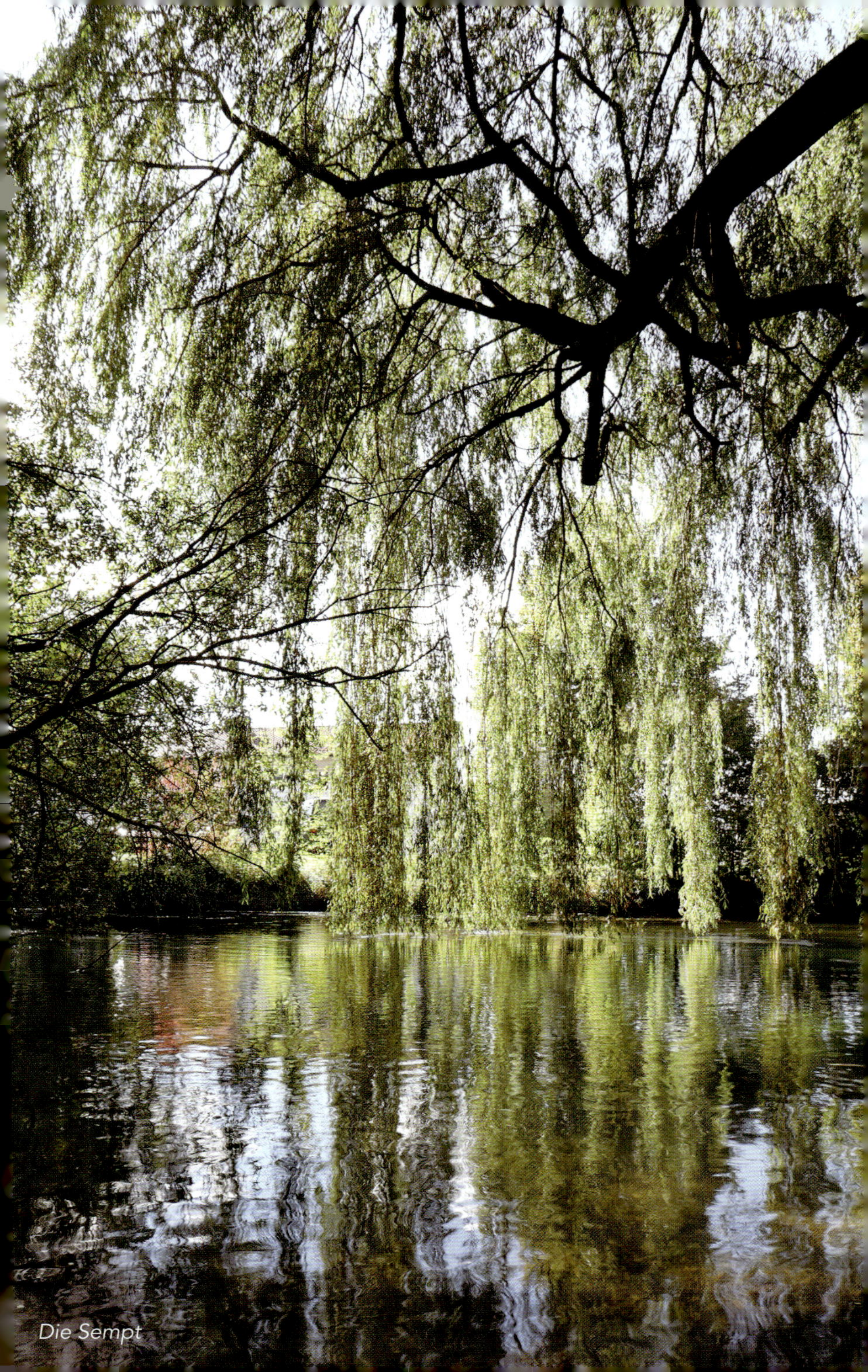
Die Sempt

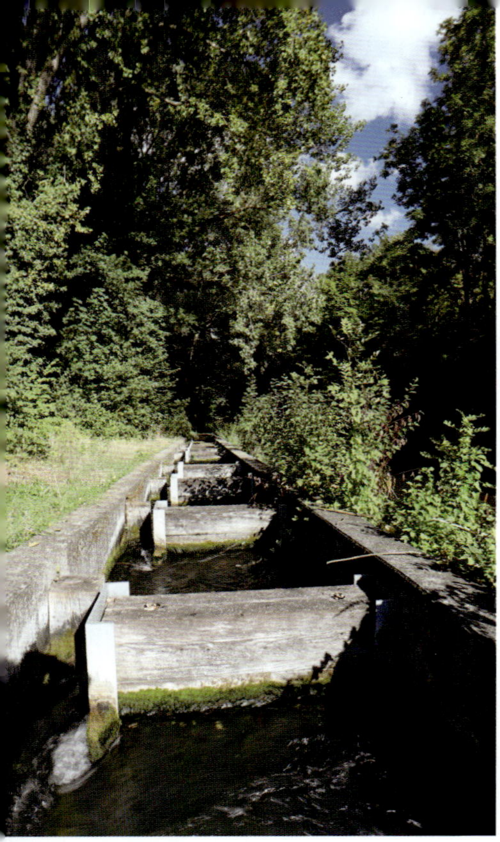

Fischtreppe

Sempt-Brackwasserkanal und gehen vor der nächsten Brücke nach links auf den Fuß- und Radweg. Zu unserer rechten Seite begleitet uns die Sempt, und links kommen wir am Spielplatz, an der Fischtreppe, an Tennisplätzen und am Sepp-Brenninger-Stadion vorbei. Geradeaus geht es leicht bergab und unter der Hohenlindener Straße durch. So gelangen wir zu einer Siedlung und gehen nach rechts in die Buchenstraße. Bei der Gabelung verlassen wir den asphaltierten Weg und folgen den Wanderwegschildern nach rechts und gehen so um die Siedlung herum, vorbei am Damwildgehege ❹. Der Buchenstraße folgen wir und gehen leicht rechts weiter auf die Tannenstraße und auf dieser vor bis zur Aufhausenerstraße. Hier gehen wir rechts und folgen der abermals nach rechts abbiegenden Aufhausenerstaße und kommen so aus dem Ort. Nach der Fußgängerbrücke über die Sempt gehen wir nach rechts ein Stück den Bach entlang, dann biegt der Weg nach links ab, weiter durch die Felder, so kreuzen wir den Fahrradweg „Lange Feldstraße“ und gehen weiter bis zur Berghamer Straße und dort nach links. Geradeaus geht es weiter durch das Gewerbegebiet bis zum Kreisverkehr, wo wir nach rechts auf die Pretzener Straße einbiegen und so die Gleise ❺ überqueren. Kurz darauf überqueren wir die Schlossallee und gehen auf der anderen Seite dann auf „Am Lindenhain“ weiter. Beim Lindenwirt rechts um die Kurve bleiben wir auf „Am Lindenhain“, bis wir an einem kleinen Weiher vorbei nach links in die Waldstaße einbiegen und geradeaus gehen. Weiter auf dem Feldweg, der sich bereits nach ein paar Metern zweigt, wir gehen hier geradeaus. An der nächsten Feldweggabelung gehen wir links weiter und bei der nächsten nach rechts. (Vor uns in der Ferne sehen wir einen Einödhof.) Bereits nach dem Feld geht es nach links weiter, bis zu einer Hecke, vor der wir nach rechts auf einem Pfad ein kurzes Stück gehen, bis wir wieder zu einem Feldweg gelangen, dem wir nach links folgen, und so ein Stück am Waldrand entlangwandern. Wir stoßen auf einen größeren Feldweg, gehen hier nach rechts, überqueren den Graben und biegen gleich danach nach links auf einen Waldweg ab. So gelangen wir zu einem kleinen

Waldsee ❻, vor dem wir nach rechts auf den Weg abbiegen und diesem folgen. Vorbei am 2. See, geht es vor dem 3. Waldsee auf einem Weg nach links über den Hutgraben und dahinter dann weiter nach rechts, gerade durch den Wald. In die Schotterstraße biegen wir nach rechts ab und gehen nun gut 1 km durch den Wald, an Feldern vorbei und vorbei an dem Gehöft, zu welchem nach rechts ein Feldweg führt. In den nächsten Feldweg, der auf der Kuppe nach rechts abzweigt, gehen wir und sehen über dem leichten Hügel schon die Kirchturmspitze von Itzling. So kommen wir zu einem Bächlein, das wir ein Stück begleiten und dann nach rechts überqueren, um danach (am Kreuz vorbei) gleich wieder nach links abzubiegen. Jetzt führt uns das Bächlein nach Itzling auf die Gerhauserfeldstraße. Wir gehen nach rechts, vorbei an der Kirche St. Vitus ❼ und weiter geradeaus aus dem Ort bis zu „Am Lindenhain“. Hier gehen wir

Essen/Einkehren:

Zum Lindenwirt
Am Lindenhain 40
85435 Erding/Bergham
Tel: 08122 4200

nach links und unterqueren die Hohenlindener Straße. Gleich danach geht es nach links und dann wieder nach rechts, am Gewerbegebiet entlang weiter. Bei der Siedlung wird der asphaltierte Weg zum Pfad und bringt uns bis zum Parkplatz der Erdinger Therme. Hier biegen wir nach rechts auf den Feldweg ab, der vor bis zur Straße führt. Mit Geduld überqueren wir die Münchener Straße und gehen gegenüber durch den kleinen Park bis zu den Gleisen des Bahnhofs Altenerding. Wir überqueren die Bahnhofstraße und kommen so wieder zum Ausgangspunkt.

Herderhaus – ätestes bäuerliches Wohngebäude im Landkreis Erding

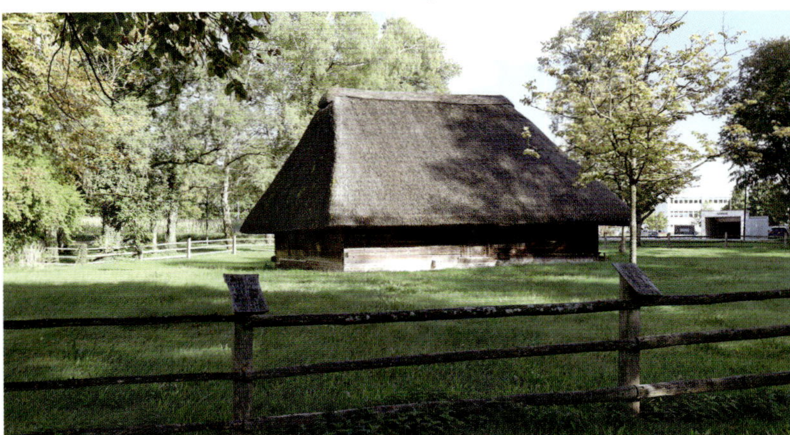

TOUR 10

ST. KOLOMAN

Entlang der Sempt um Wörth

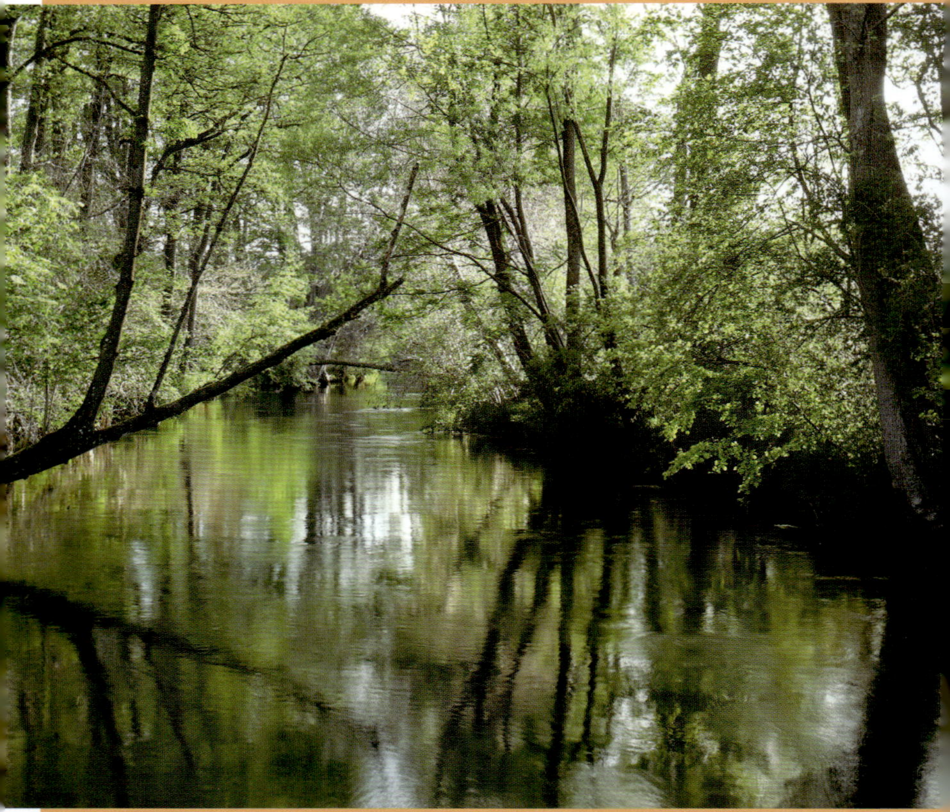

Blick auf die Sempt

Schwer

15,4 km

↓↑ 110 m

4 Std.

Am Ufer der Sempt zum Badesee, durch Wiesen und Felder, idyllische kleine Ortschaften und Wälder.

Wegqualität: ★★

Öffentlich: S2 – St. Koloman

Parken: Bahnhof St. Koloman; 85457 Wörth (Parkplatz beim Bahnhof, gegenüber Haus Koloman 2)

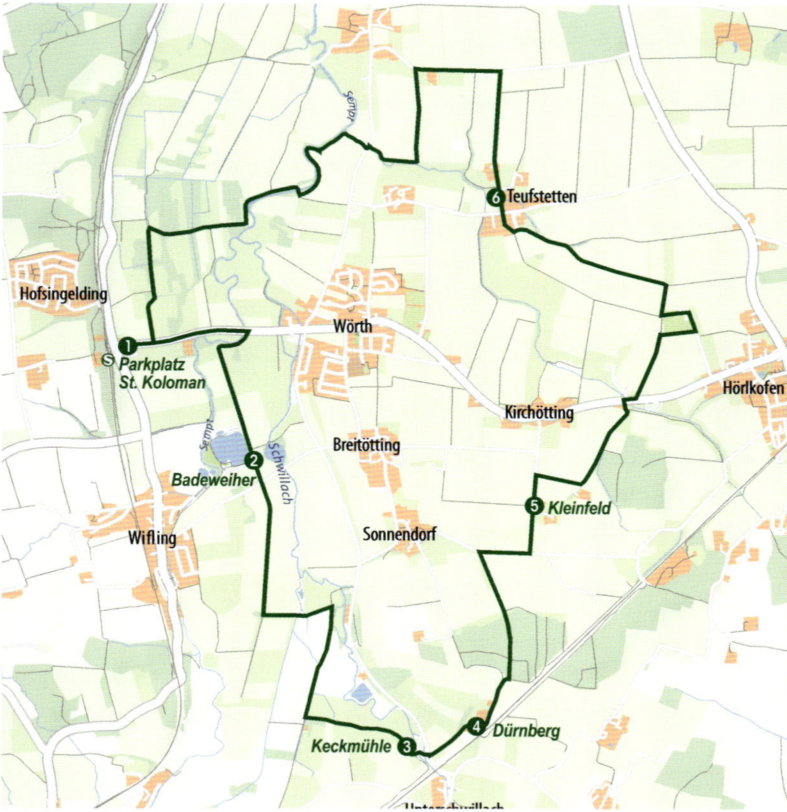

❶ Parkplatz Bahnhof St. Koloman

❷ Badeweiher

❸ Keckmühle

❹ Dürnberg

❺ Kleinfeld

❻ Teufstetten

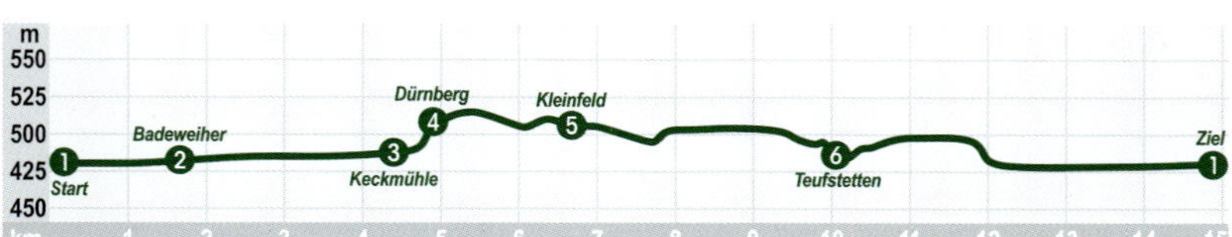

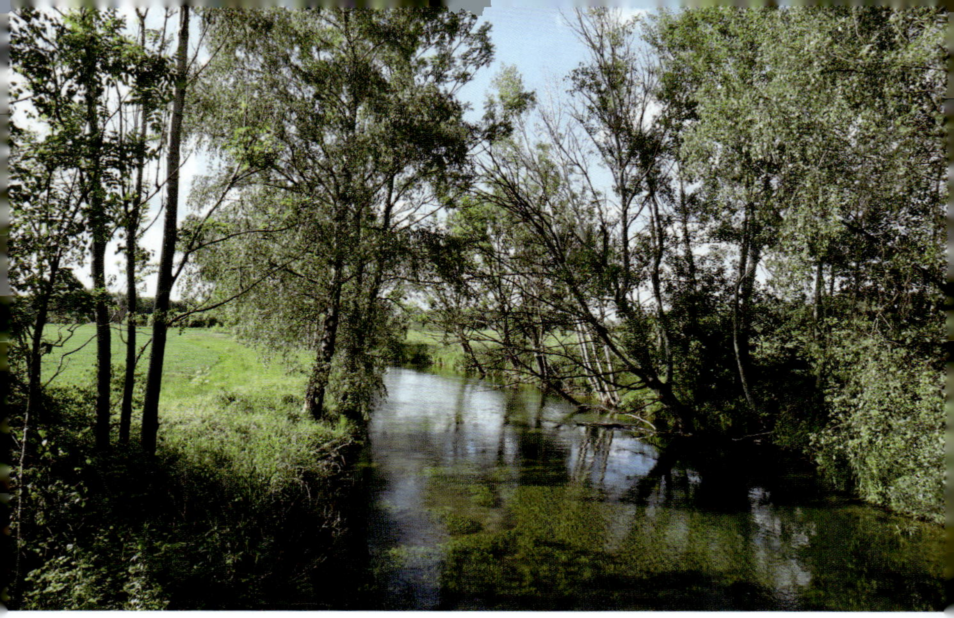

Blick von der ersten Brücke auf die Sempt

Start: Start ist am Parkplatz des Bahnhofs St. Koloman ❶. Wir gehen zur Hörlkofener Straße, hier rechts und entfernen uns auf dem Fuß- und Radweg neben der Straße von der S-Bahn. Nach etwa 800 Metern überqueren wir auf einer Brücke die Sempt und biegen gleich danach rechts auf den Uferweg ein. Dieser Weg führt uns an der Sempt entlang, am Badeweiher ❷ vorbei, wir überqueren eine Straße, wandern durch Felder weiter und biegen bei der nächsten Möglichkeit nach links ab, um der uns begleitenden

Badeweiher

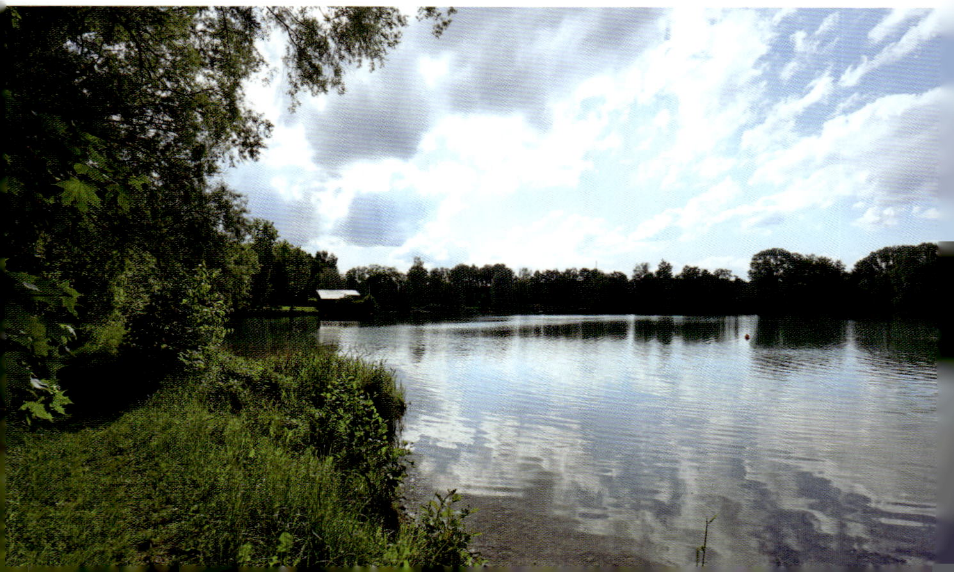

Tipp: Fernglas mitnehmen! Diese Tour habe ich im Mai gemacht, an einem sonnigen Sonntag, wo viele Menschen unterwegs waren, um Fahrrad zu fahren, spazieren zu gehen oder das erste Mal in den Weiher zu springen. Dennoch habe ich auf dieser Runde mit Abstand die meisten Tierbeobachtungen gemacht. Ein Hase lief auf dem Weg vor mir her, 2 Rehe standen nur 3 Meter von mir entfernt im hohen Gras und haben mich erst mal lange angeblickt, bevor sie davonhüpften, einen Fasan habe ich am Feldrand beobachtet, 2 Enten haben gerade gebalzt, ein Bussard ist direkt vor mir auf Augenhöhe in den Wald geflogen, und in einer Wiese neben mir sind 3 Rehe herumgehüpft. Dann noch die vielen kleinen Beobachtungen, Schmetterlinge, die sich sonnten, Raupen, die über den Weg krochen, vielerlei an kleinen Vögeln usw. Ich kann nicht versprechen, dass dies jedes Mal so ist, aber es lohnt sich, die Augen offen zu halten und sich rücksichtsvoll in diesem an Wildtieren scheinbar reichen Gebiet zu verhalten.

Sempt wieder näher zu kommen. So treffen wir auf eine T-Kreuzung (den Steinweg), gehen hier nach rechts weiter und biegen bei der nächsten Möglichkeit nach links ab. Wir gehen um die Keckmühle ❸ herum und überqueren erst die Sempt, dann die Straße und wandern gegenüber den Hügel hinauf Richtung Dürnberg. Durch den Pferdeort Dürnberg ❹ hindurch gehen wir auf einen Wald zu. Am Häuschen/Scheune rechts vorbei, auf den Weg rechts am Waldrand entlang, und nach nur wenigen Schritten geht

Bei der Keckmühle

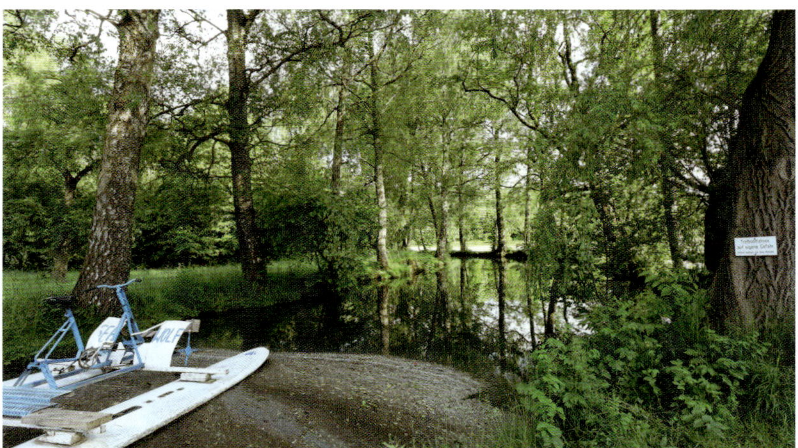

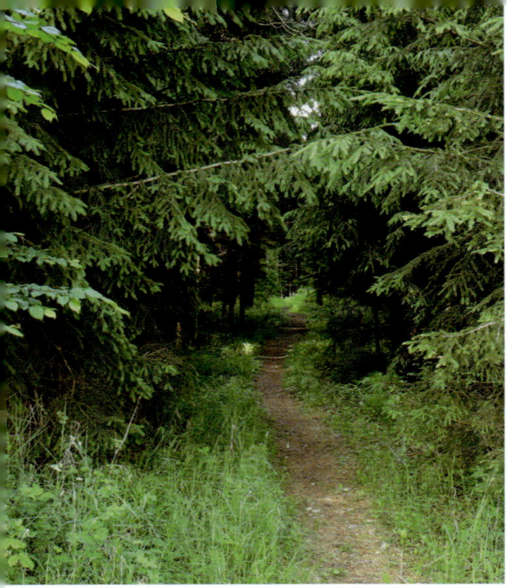

Auf dem Waldpfad

es, versteckt zwischen Bäumen, auf einen kleinen Pfad, gleich links in den Wald hinein. Bereits nach etwa 100 Metern geht es geradeaus weiter auf einen ausgewachsenen Waldweg, der uns aus dem Wald führt, und geradeaus weiter zu einer Straße, der wir ein Stück nach rechts folgen. Bei der nächsten Möglichkeit biegen wir nach links in Richtung Kleinfeld ab. Am Weiler Kleinfeld ❺ vorbei, geht es danach (zwischen den Orten) rechts auf einem Feldweg in Richtung Kleinfeld 1, wo wir dann nach links an einem Graben und einem Wäldchen entlang weiterwandern, bis zur Straße. Hier nach rechts gehen (vorbei an der von links kommenden Straße Kirchötting), vorbei an der Schulbushaltestelle und gleich den nächsten Wiesenweg, hinter der Baumreihe links, einen sanften Hügel hinauf und an den Feldern entlang bis zum Sportplatz, wo der Weg eine Kurve nach rechts macht. So kommen wir zur Kronbergstraße, gehen hier links, nach der Sportgaststätte „Zum Mieze" erneut nach links und am Parkplatz und den Tennisplätzen vorbei. Wir verlassen den asphaltierten Weg, indem wir nach rechts auf den Feldweg einbiegen, der schon bald eine Kurve nach links macht und uns auf wunderschönem Wiesenweg geradeaus nach Teufstetten ❻

Blick zurück auf Teufstetten

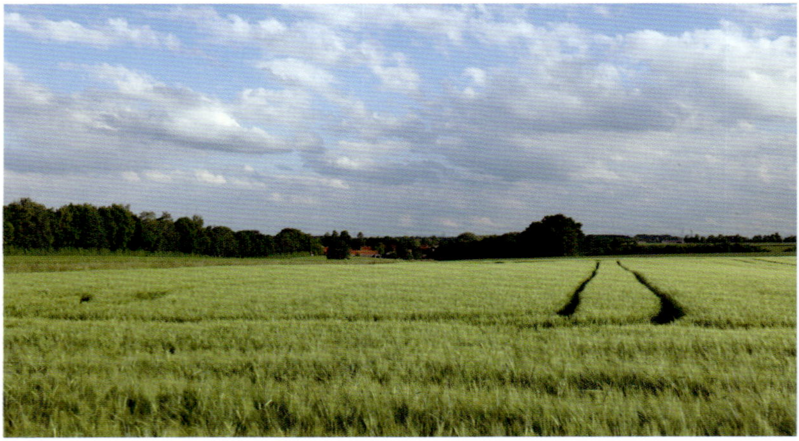

bringt. Am ersten Weg nach rechts in den Ort gehen wir noch vorbei und kommen so auf die Straße, die uns nach rechts in den Ort Teufstetten führt. Wir überqueren die Straße, gehen aus dem Ort und dann geradeaus auf einem Schotterweg den Hügel hinauf, bis wir auf die Straße treffen.

An dieser biegen wir nach links ab, wandern vorbei an einer Bank unter einem Ahornbaum und an einem Gehöft zu unserer Linken, dahinter, wenn die Straße nach rechts weitergeht, geht es in der Kurve auf einen Feldweg und auf diesem einen Hügel hinunter. Unten am Bach biegt der Weg nach rechts ab, und wir folgen ihm bis zur Singldinger Straße, auf der wir den Bach überqueren und gleich nach der Brücke wieder nach rechts abbiegen, um nun dem Sempt-Ufer zu folgen bis zur nächsten Brücke. Hier lassen wir die Wörther Blumenwiese links liegen, überqueren erneut den Fluss und folgen dem Weg entlang der Sempt weiter. Der Weg biegt nach rechts ab, wir gehen aber geradeaus am Ufer weiter, bis der Weg nach rechts abknickt und uns dann immer geradeaus zwischen lichten Waldstücken, Feldern und Weiden hindurch weiterführt. Wenn der Weg erneut eine Kurve nach rechts macht (kurz vor der schon hörbaren großen Straße), zweigen wir nach links ab, auf einen kleineren Wiesenweg, an einem Graben entlang, und kommen geradewegs zurück zur Hörlkofener Straße, wo wir nur noch wenige Meter nach rechts die Straße entlanggehen und so wieder zurück zum Parkplatz gelangen.

Essen / Einkehren:

Gasthaus „Zum Mieze“
Kronbergstr. 9
85457 Wörth (bei Erding)
Tel: 08122 9560081

Blick auf Wörth vom Uferweg

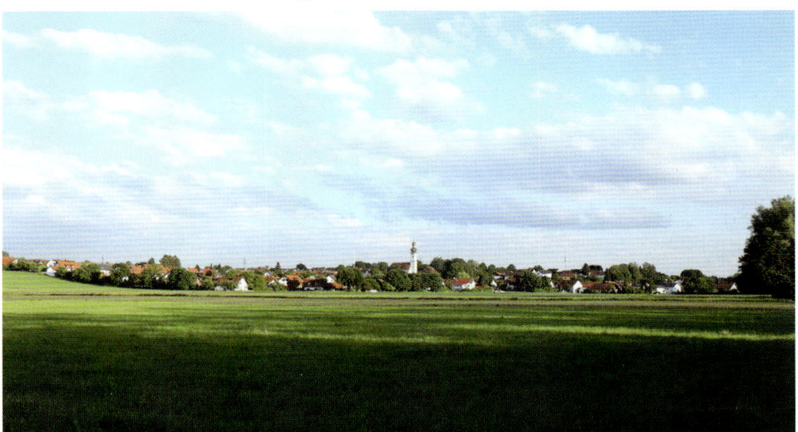

TOUR 11

WALPERTSKIRCHEN

Zur Keltenschanze

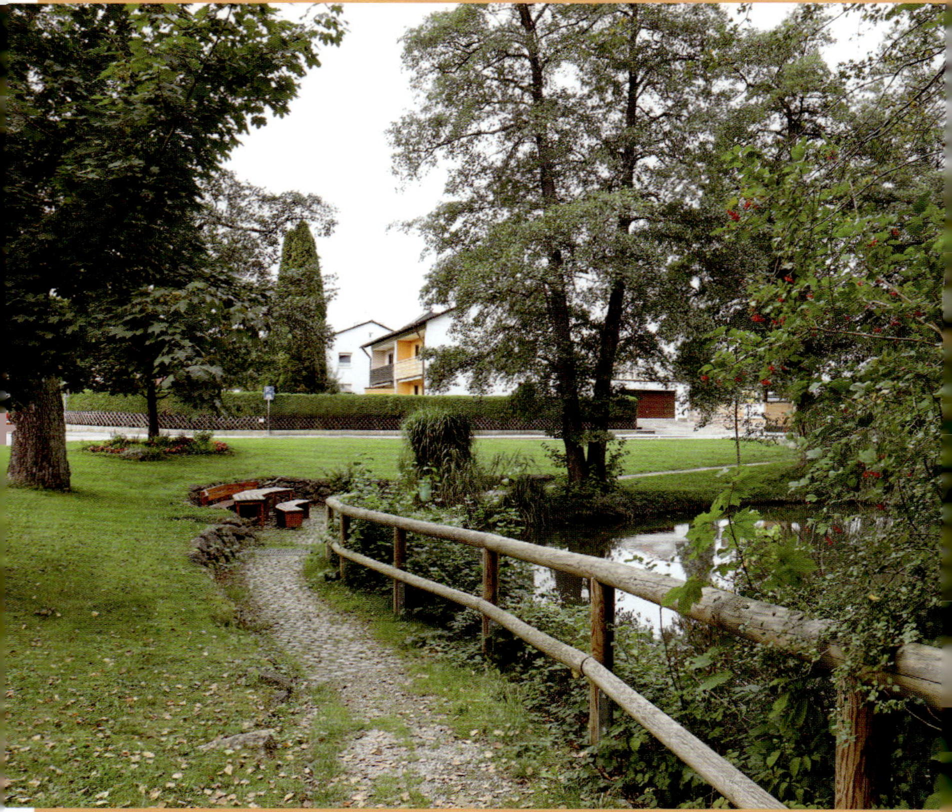

Dorfteich von Walpertskirchen

- **Mittel**
- **13 km**
- **↓↑ 110 m**
- **3½ Std.**

Leben in Bayern – durch den Wald, wo schon die Kelten lebten, durch kleine idyllische Ortschaften und an Bauernhöfen vorbei.

Wegqualität: ★

Öffentlich: Zug – Walpertskirchen

Parken: Bahnhofstr. 2; 85469 Walpertskirchen (Parkplatz Bahnhof)

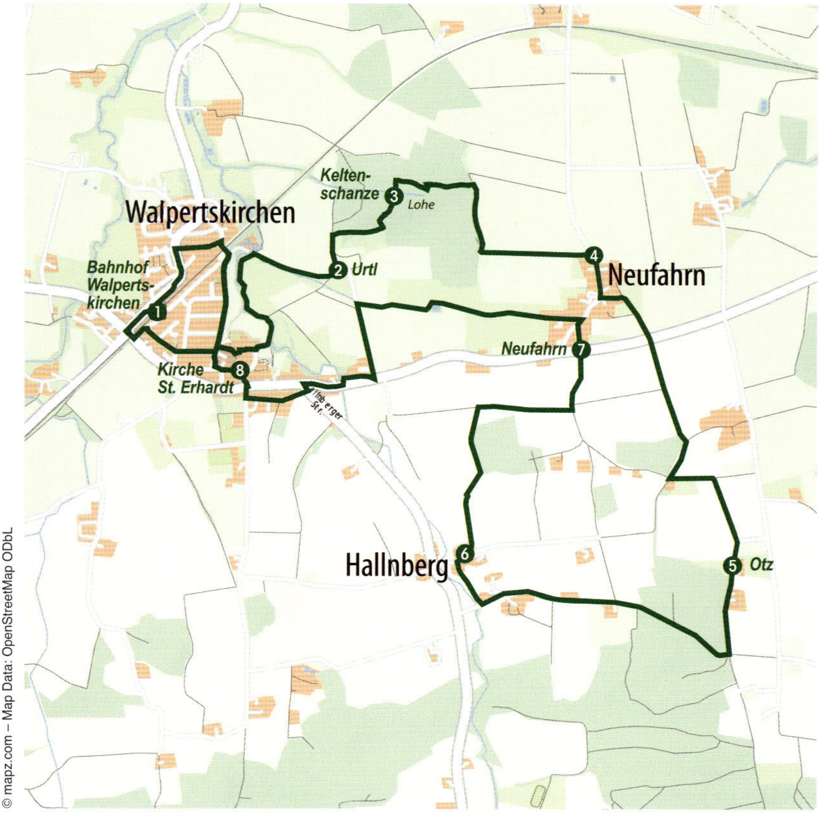

1. Bahnhof Walpertskirchen
2. Urtl
3. Keltenschanze
4. Neufahrn
5. Otz
6. Hallnberg
7. Neufahrn
8. Kirche St. Erhard

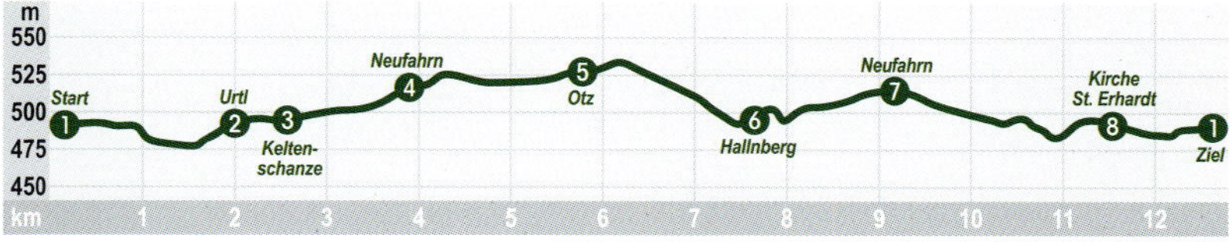

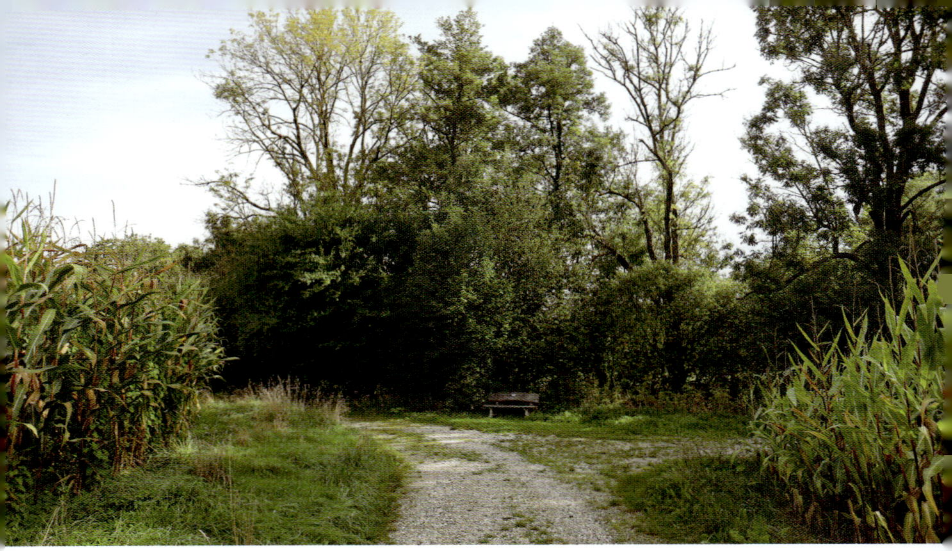

Am Hammersbach

Start: Vom Bahnhof in Walpertskirchen ❶, die Gleise im Rücken, verlassen wir den Parkplatz nach links und gehen hinunter zur Bahnhofsstraße, der wir bis vor zur Erdingerstraße folgen, und dann nach links die Gleise durch die Bahnunterführung queren. Gleich danach biegen wir nach links auf einen Fußweg ein und kommen auf „Am Bahndamm", wo wir nach rechts durch die Siedlung gehen. Immer geradeaus, die Straße wird zur Schulstraße und bringt uns so direkt auf das Schulgebäude zu. Hier gehen wir ein kurzes Stück nach links auf der Hammerbachstraße und biegen gleich nach der Schule nach rechts auf einen Fußweg ab, der uns hinters Schulgebäude führt. Dort an

Brücke zum Wiesenbrütergebiet

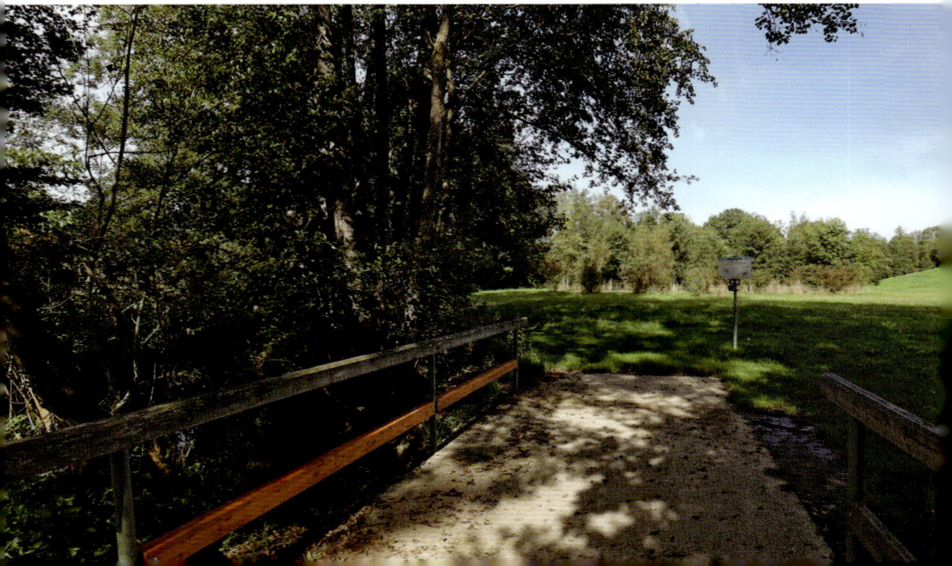

der Kreuzung der Parkwege links halten, um ein Haus herumgehen und dann den Durchgang in die Siedlungsstraße „Am Alten Pfarrhof" nehmen. So gelangen wir aus dem Ort und gehen geradewegs auf einem Feldweg weiter ins Grüne und hinunter zum Hammersbach. Vor diesem biegen wir nach links auf einen schönen Wiesenweg ein, kommen über eine Brücke und folgen nun auf einem Pfad immer dem Bach, der durch ein kleines feines Wiesenbrütergebiet führt. Wir gelangen auf einen Feldweg (linker Hand eine Brücke), hier gehen wir nach rechts den Hügel hinauf zur Einöde Urtl ❷. Vor dem Gehöft gehen wir nach links und am Hof vorbei. Gleich dahinter biegen wir nach rechts in den Wald ab. Am noch lichten Rand des Waldes gehen wir weiter, bis wir auf einen Waldweg stoßen (der rechts aus dem Wald führt). Wir wandern hier nach links weiter, tiefer hinein in den Wald, und folgen dem wilder werdenden Waldweg, auf ein Bächlein zu,

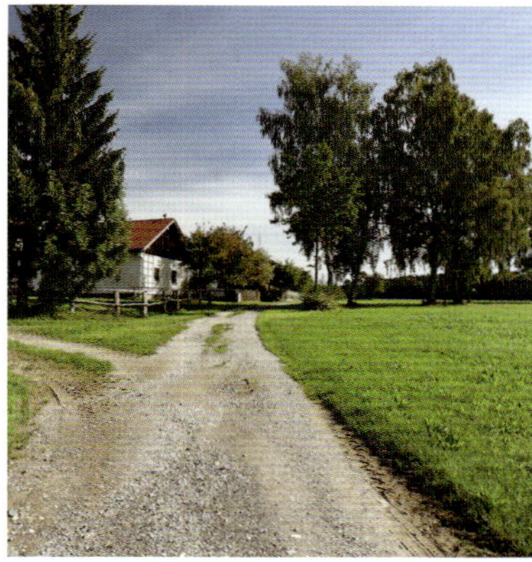

Urtl

kurz davor gabelt sich der Weg. (Achtung! In manchen Zeiten ist der Weg geradeaus, der Übergang des Baches, zugewuchert und kaum zu erkennen, es ist dann nur der rechte Weg wirklich sichtbar!) Wir gehen geradeaus, überqueren den Bach, und folgen dem Weg weiter, der bald eine Rechtskurve macht. Immer uriger wird der Weg, biegt

Geradeaus weiter über das Bächlein – zugewachsen!

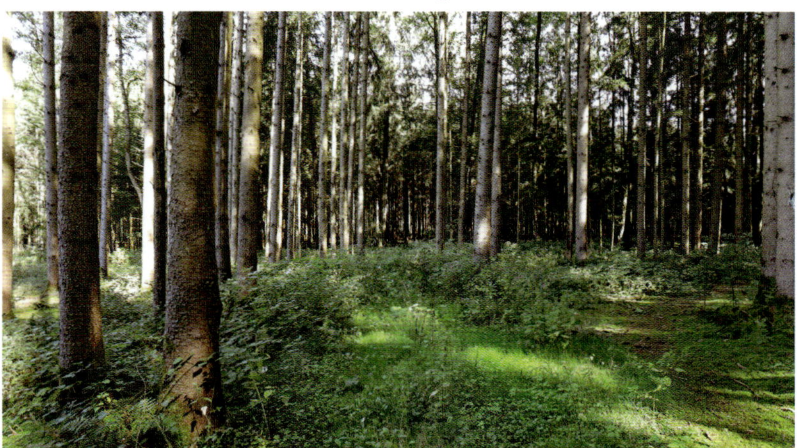

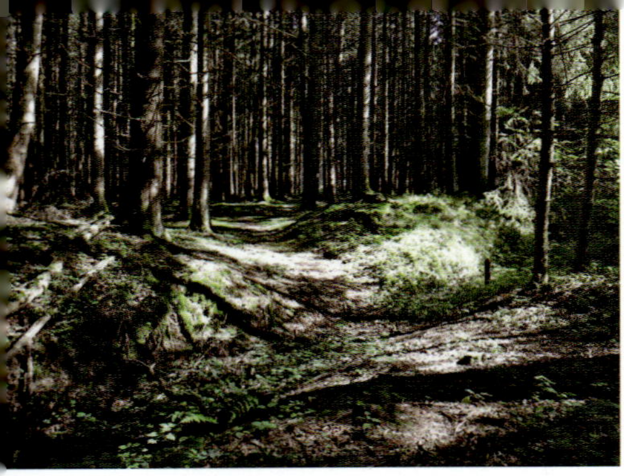

Über den Graben

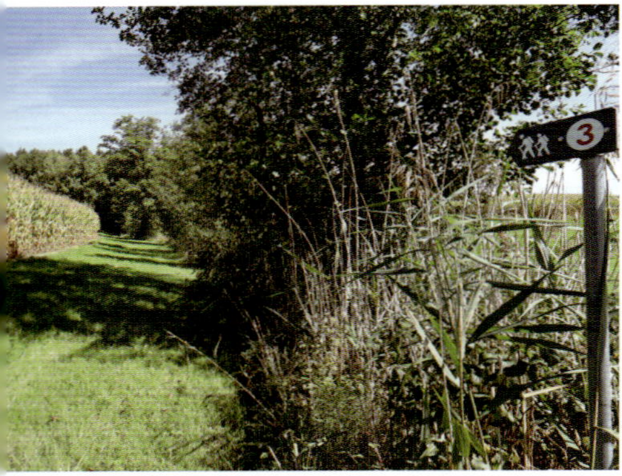

Nach dem Graben zum Wald

nach links ab, und wir überqueren erneut einen Graben.
Wer genau schaut, kann vor der Überquerung des Bächleins rechts im Wald die Reste der Keltenschanze ❸ entdecken.
Danach kommen wir zu einem Waldweg, gehen diesen nach rechts weiter und kommen so aus dem Wald. Nun wenden wir uns nach rechts, folgen dem Waldrand und biegen links auf den Kiesweg ab, der uns nach Neufahrn ❹ führt. Nun ein Stück auf der Ortsstraße nach rechts gehen (bis diese einen Knick nach rechts macht). Hier gehen wir links einen Hügel hinauf Richtung Neufahrn 22 und hinterm Bauernhof nach rechts, vorbei an einem Kreuz und geradeaus durch die Felder weiter. Wir überqueren eine Straße, gehen auf einen Wald zu, an dem wir links vorbeigehen und dahinter nach rechts am Waldrand entlang weitergehen. An der nächsten Kreuzung biegen wir nach links ab und beim nächsten Feldweg dann nach rechts und gehen so geradeaus durch den kleinen Ort Otz ❺, an dessen Ende die Straße wieder zum Feldweg wird. Auf diesem wandern wir weiter, bis wir bei der nächsten Möglichkeit nach rechts in den Wald einbiegen. Nun folgen wir dem Weg durch den Wald, bis wir zu einem Hof kommen. Wir gehen geradeaus auf der Straße den Hügel hinunter, durch eine kleine Siedlung und danach (unmittelbar vor der Brücke) nach rechts auf den Fußweg am Bach entlang. Bei den nächsten Häusern in Hallnberg ❻ angelangt gehen wir nach rechts ein Stück bergauf, bei der dann kommenden Kreuzung nach links und gleich (noch vor dem Haus) nach rechts auf den mit „Wanderweg Nr. 3“ ausgeschilderten Wiesenweg. Dieser führt uns hinterm Haus vorbei und bergab. Wir überqueren einen Graben, sehen erneut das Schild „Wanderweg 3“ und gehen nach rechts auf den Wald zu und am Waldrand entlang weiter, unter einer Stromleitung hindurch, so kommen wir auf einen Feldweg, wo wir nach rechts abbiegen. Bei der nächsten Möglichkeit gehen wir nach links weiter, überqueren eine Straße und kommen so wieder in den Ort Neufahrn ❼. Hier weisen uns bald die Schilder „Neufahrn 28–31“ sowie die Wanderwegweiser 3 und 4 den Weg nach links. Wir folgen der Straße, die

zum Waldweg wird, bis zum Teich, hinter diesem geht es links auf dem Wanderweg weiter, den Neufahrner Graben entlang. Wir gelangen zur Straße (die rechts nach Urtl führt), gehen hier nach links, hinunter zur Hauptstraße und biegen nach rechts auf die Alte Dorfstraße, die uns vor dem Bach wieder auf die Hauptstraße bringt. Dieser folgen wir ein kurzes Stück. Wir biegen bei der nächsten Möglichkeit (beim Wirt) nach links ab in die Hallnberger Straße, um gleich wieder nach rechts in die Südliche Dorfstraße zu gehen. Wir treffen auf die Auer Straße, gehen hier nach rechts, überqueren wieder die Hauptstraße und gehen auf dem Kirchenplatz weiter, an der Kirche St. Erhard ❽ vorbei. Danach halten wir uns links, folgen der Kirchenstraße und gehen bei der nächsten Kreuzung nach rechts auf dem Fußweg am Teich vorbei in die Hammerbachstraße. Diese wandern wir geradeaus weiter, bis wir unter der großen Brücke hindurch die Bahngleise unterqueren. Gleich danach geht es nach links in „Am Hof“ und vor zur Bahnhofsstraße. Hier erneut nach links, und die Straße führt uns zum Bahnhof zurück.

Essen / Einkehren:

Gasthaus Richard Büchlmann
Hauptstraße 13
85469 Walpertskirchen
Tel: 08122 2885

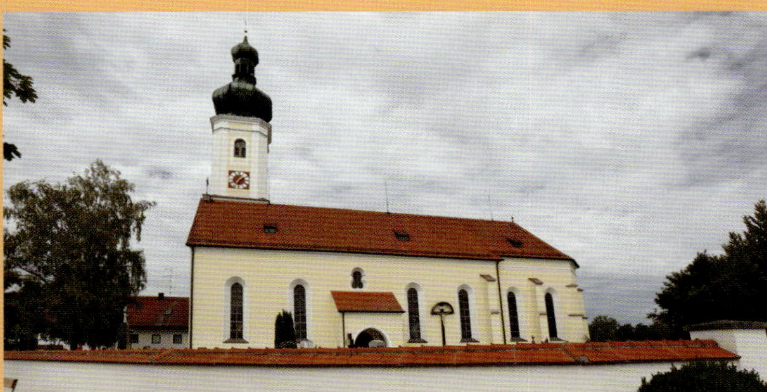

Die Pfarrkirche St. Erhard in Walpertskirchen gehört zu den ältesten Pfarreien der Erzdiözese München und Freising. Die erste urkundliche Erwähnung ist aus dem Jahre 1241. Die Pfarrkirche ist das einzige Gotteshaus im Bistum, das dem Regensburger Bischof St. Erhard geweiht ist. Der Innenraum ist reich verziert mit Fresken, Stukaturen und bunten Deckengemälden. Die ältesten Einrichtungsstücke sind die Figur des Hl. Erhard (entstanden um 1400) und die gotische Madonna (entstanden um 1500).

TOUR 12

HÖRLKOFEN

Eine erholsame und abwechslungsreiche Runde

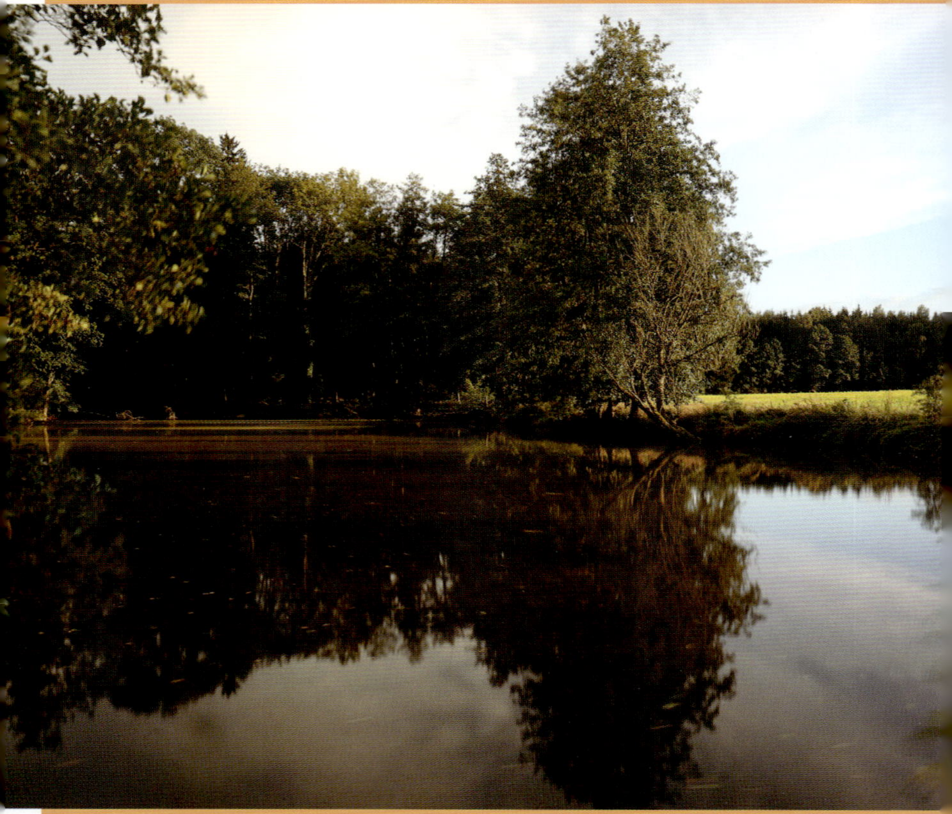

Moorsee

Leicht

10,5 km

↓↑ 50 m

3 Std.

Vom Bahnhof wie in alten Zeiten zum modernen Solarpark von Hörlkofen, vorbei an kleinen idyllischen Höfen, einem mystischen Moorsee und durch Felder und Wälder.

Wegqualität: ★★★

Öffentlich: Zug – Hörlkofen

Parken: 85457 Hörlkofen; Bahnhofstr. 16 (Parkplatz am Bahnhof – Hörlkofen)

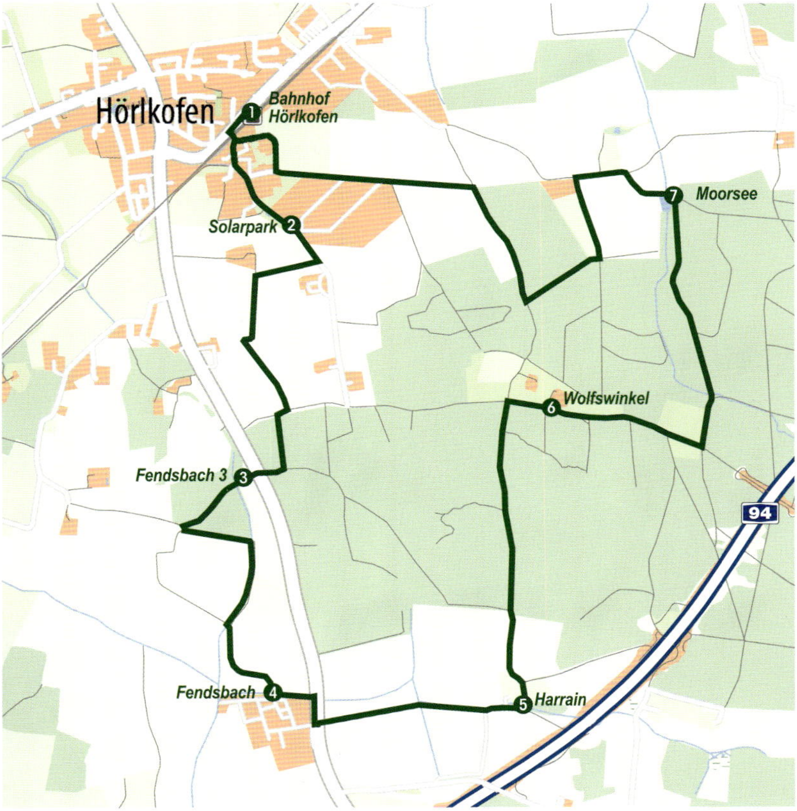

❶ Bahnhof Hörlkofen

❷ Solarpark

❸ Fendsbach 3

❹ Fendsbach

❺ Harrain

❻ Wolfswinkel

❼ Moorsee

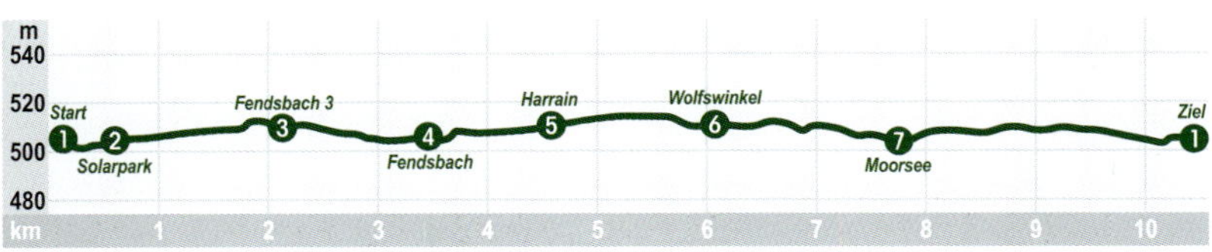

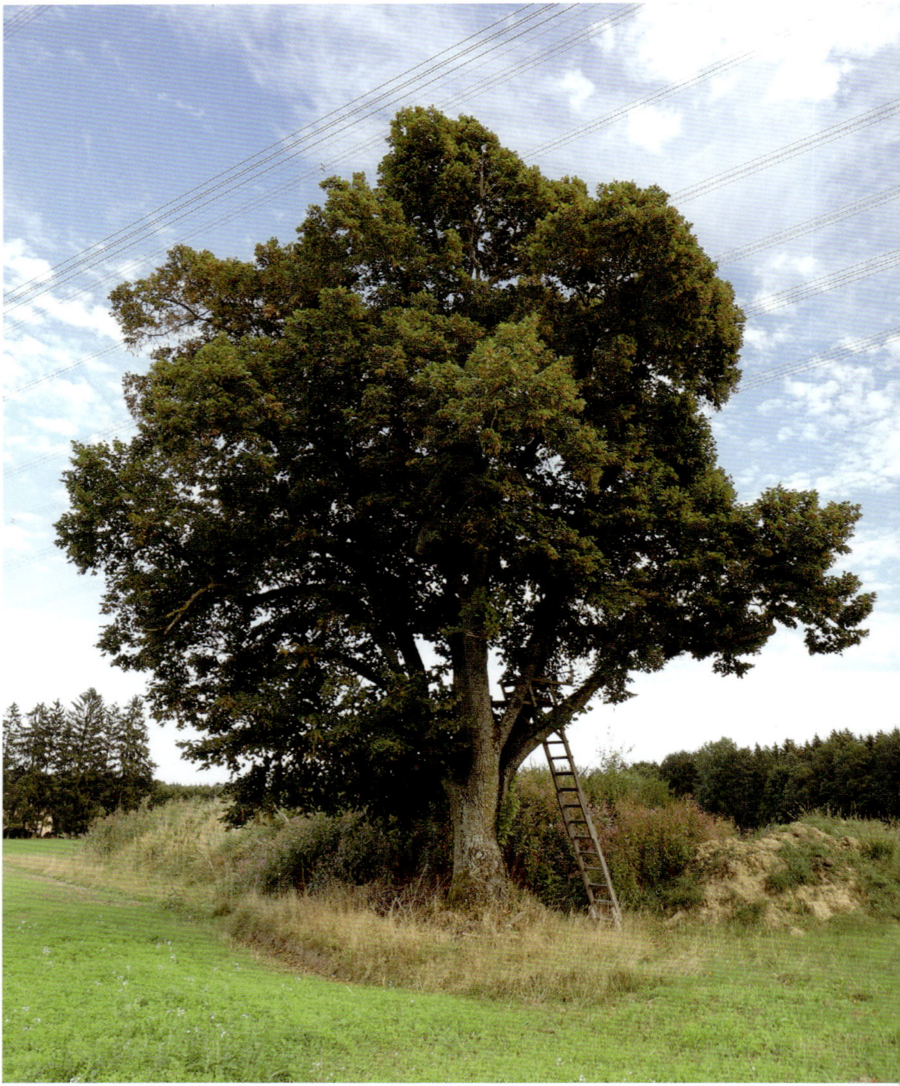

Jägerstand vorm Wiesenweg

Start: Vom Bahnsteig aus, am Bahnhofsgebäude ❶ vorbei, nach links auf den Gehweg und bei der nächsten Möglichkeit links abbiegen, über den Bahnübergang. Danach, bei der Gabelung der Straße, halten wir uns rechts und folgen der Stalleringer Straße durch den Ort. Am Solarpark ❷ vorbei (noch vor den Häusern), gehen wir nach rechts auf den Feldweg und bei der nächsten Möglichkeit nach links. Am Ende des Feldes biegt der Weg kurz nach rechts und gleich wieder nach links ab. Am Jägerstand vorbei wird es ein

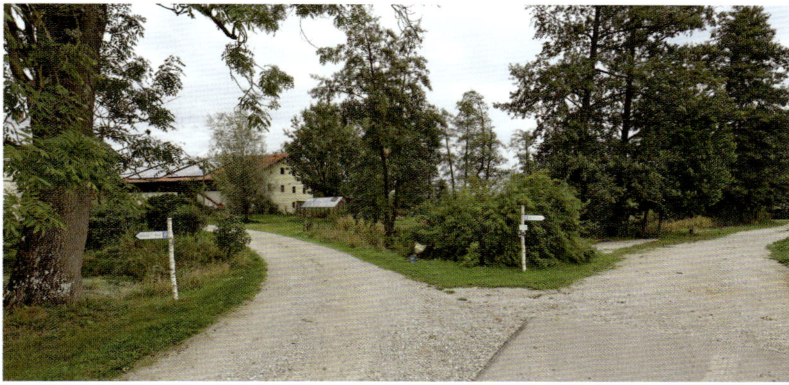

Durch Harrain

Wiesenweg, der uns vor zur Schotterstraße und zum Wald bringt. Nach wenigen Metern auf der Straße nach rechts nehmen wir links den kleinen Waldweg, so treffen wir auf einen größeren Waldweg, dem wir nach rechts aus dem Wald folgen. Wir überqueren die Straße und gehen gegenüber an Fendsbach 3 ❸ vorbei wieder geradeaus in den Wald. Wenn der Waldweg eine deutliche Rechtskurve macht, gehen wir nach links auf einem kleinen Weg aus dem Wald und am Waldrand entlang bis zum Graben der „Schwillach". Wir gehen nach rechts, entlang am Bächlein, bis wir wieder auf einen deutlich erkennbaren Feldweg treffen. Hier überqueren wir das Bächlein, gehen an der Rastbank beim Kreuz vorbei und so auf den kleinen Ort Fendsbach ❹ zu.

Auf dem weitläufigen Hofgelände mit umliegenden Feldern von Fendsbach befinden sich die Werkstätten des 1971 gegründeten „Einrichtungsverbund des Steinhöring (EVS)". Der Schwerpunkt der Arbeit liegt in der Förderung und Begleitung von Menschen jeden Alters mit geistiger oder mehrfacher Behinderung oder psychischer Erkrankung. Ziel ist ein Miteinander von Menschen mit und ohne Behinderung.

Kapelle von Harrain

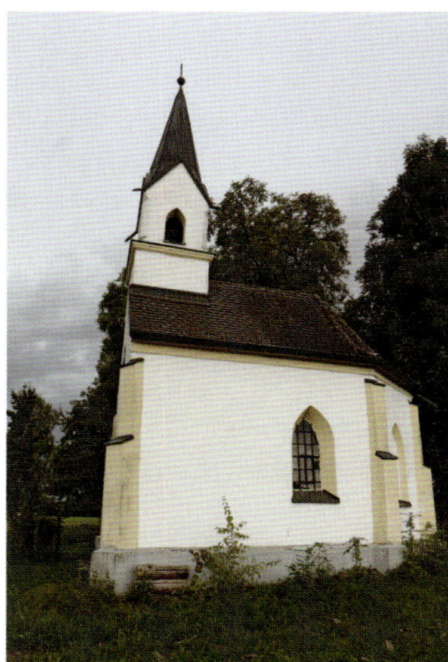

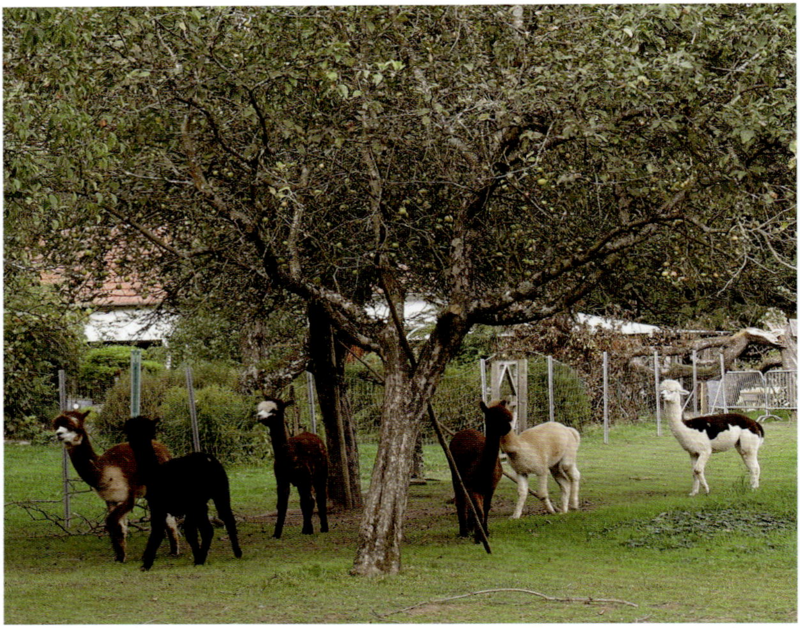

Alpakas bei Wolfswinkel

Vor dem Ort zweigen wir nach links ab und gehen vor zum Radweg an der Straße. Den Radweg gehen wir nach rechts, bis zur Bushaltestelle, überqueren dort die Straße und wandern nun immer geradeaus. Wo der Asphalt endet, gehen wir nach links und durch den kleinen Ort Harrain ❺.

Harrain wirkt wie ein einziger Hof, es gibt jedoch unterschiedliche Häuser. So befindet sich ein Pferdestall auf dem Gelände als auch eine „Bavarian-American" Kochschule und Event Location.

Danach nehmen wir den linken Weg, an der Hofkapelle und der Pferdekoppel vorbei. Wir durchqueren den Harrainer Wald und kommen danach zu einer Wegkreuzung, wo wir nach rechts abbiegen. Vorbei an Wolfswinkel, ❻ dem Alpaka-Gehege und dem Honigautomaten, geht es nun den Waldrand entlang weiter, bis wir nach der Scheune nach links abbiegen und wieder in den Wald gehen. An der Biegung gehen wir geradeaus über die kleine Brücke und weiter auf dem Pfad durch den Wald bis zu einem dunkel schimmernden Moorsee ❼. Dahinter gehen wir nach links und weiter bis zu einer T-Kreuzung, hier gehen wir dann nach links, vorbei am Hof mit Kapelle zu unserer rechten Seite. Bei der nächsten Möglichkeit (vor der Villa auf der linken Seite) biegen wir nach links ab und gehen bis zum Wald. An der Kreuzung geht es dann nach rechts

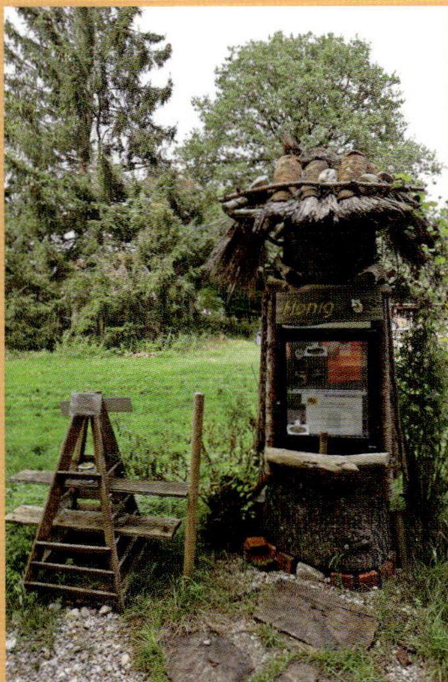

Tipp: Wald- und Blütenhonig direkt vom Imker. Selbstbedienung – Kleingeld mitnehmen!

Essen/Einkehren:

Bäckerei und Konditorei Schauer GmbH (Stehcafe)
Erdinger Str. 19
85457 Hörlkofen
Tel: 08122 2871

in den Wald hinein weiter, so treffen wir auf eine T-Kreuzung, wo wir nach rechts abbiegen und dem Weg aus dem Wald und am Waldrand entlang folgen. Die nächste Möglichkeit biegen wir nach links auf den Schotterweg ab, der uns geradewegs zurück nach Hörlkofen bringt. Am Ortsanfang geht es gleich nach rechts auf den geschotterten Pollacher Weg. So gehen wir um den Ort herum und kommen wieder zum Bahnübergang, den wir überqueren, und dann nach rechts, zurück zum Parkplatz.

Nach der Scheune links

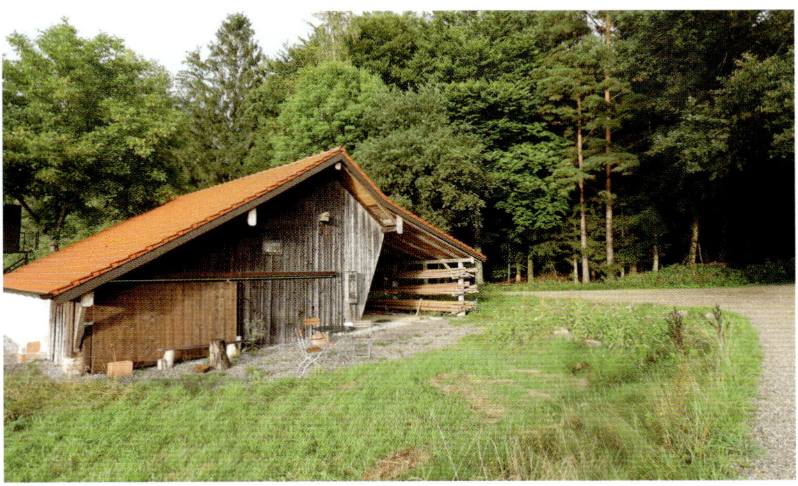

TOUR 13

WARTENBERG
Auf und ab im Hügelland

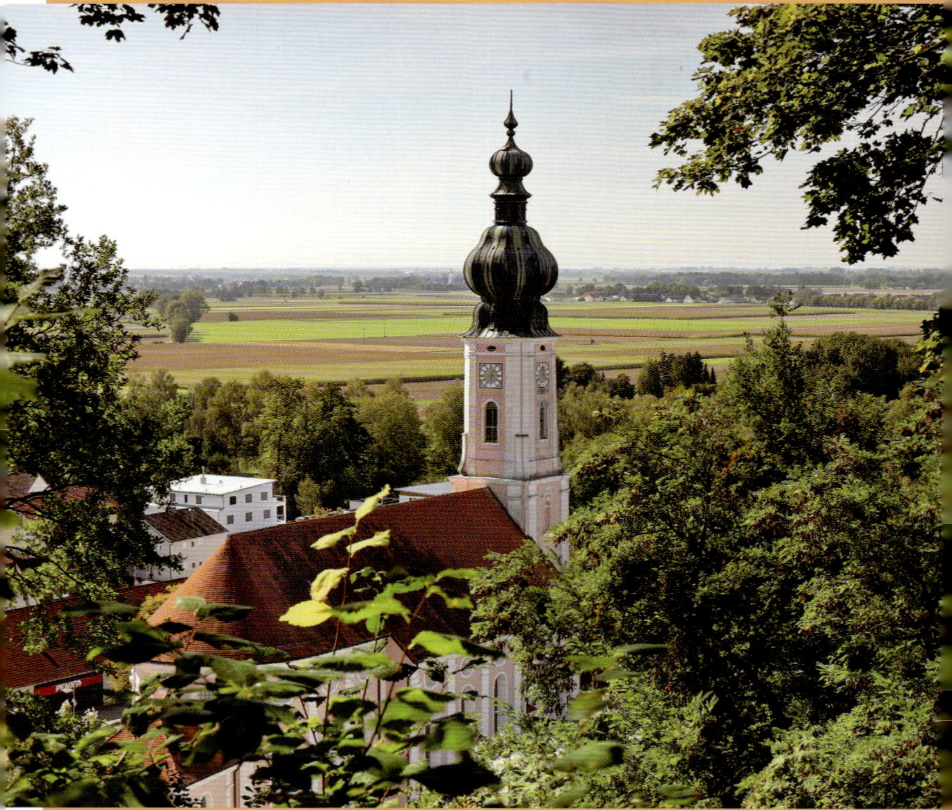

Blick auf Wartenberg

Schwer

7 km

↓↑ 200 m

2 Std.

Das stetige Auf und Ab erfordert etwas Kondition, führt aber auf guten Wegen immer wieder zu schönen Ausblicken ins Umland und zu Einblicken in den Wald.

Wegqualität: ★★

Parken: 85456 Wartenberg, „Am Burggraben" (Parkplatz)

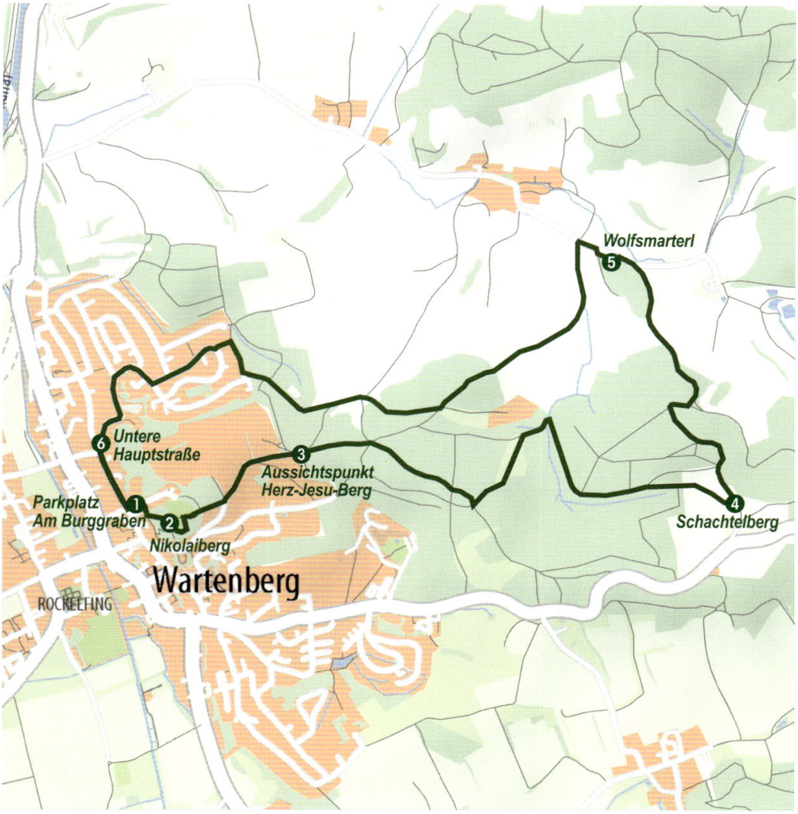

© mapz.com – Map Data: OpenStreetMap ODbL

❶ Parkplatz „Am Burggraben“
❷ Nikolaiberg
❸ Aussichtspunkt Herz-Jesu-Berg
❹ Schachtelberg
❺ Wolfsmarterl
❻ Untere Hauptstr. Wartenberg

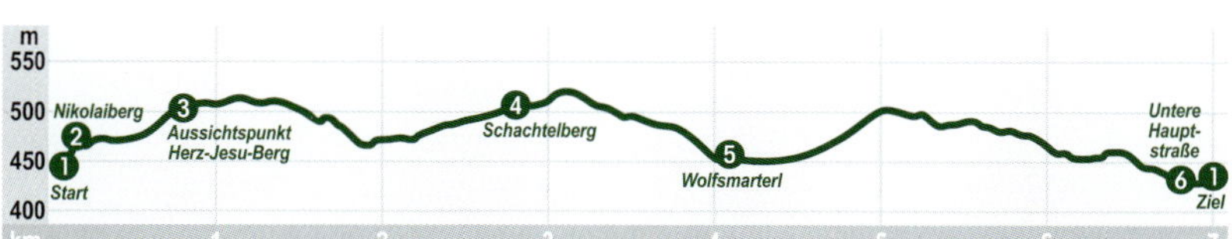

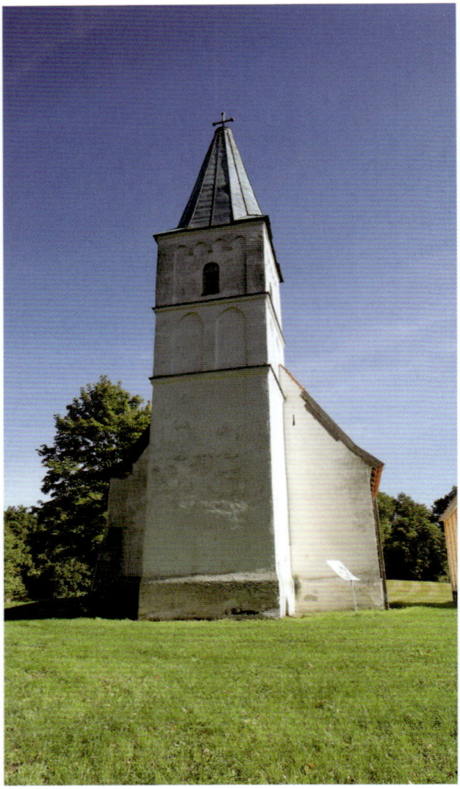

Burgkapelle

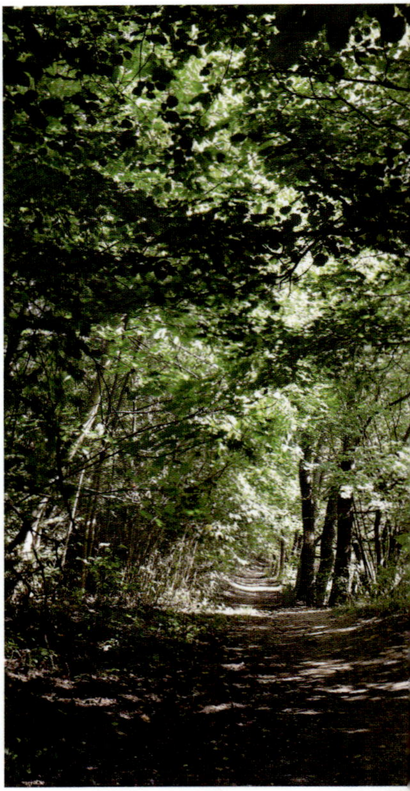

Auf dem Herz-Jesu-Berg

Start: Vom Parkplatz am Burggraben ❶ aus gehen wir ein paar Meter bergauf und dann gleich rechts auf einen Fußweg, der auch als Wanderweg 5 ausgeschildert ist. Hier geht es nun immer die Treppen hinauf, bis wir oben auf dem Nikolaiberg ❷ ankommen und vor uns die heutige Burgkapelle sehen. Weiter geht es der Aussicht wegen nach rechts, den Kreuzweg entlang, um das Plateau herum (Abkürzung: man kann auch geradeaus an der Burgkapelle vorbeigehen).
Bei der Laterne nehmen wir den Feldweg, der uns zu einer Siedlungsstraße führt, hier gehen wir nach links und dann geradeaus weiter, die Straße wird sogleich wieder zum Feldweg und geht stetig bergauf, vorbei an Wiesen und Weiden auf dem Weg Nr. 5 zum Herz-Jesu-Berg ❸. Wir behalten die Richtung bei und kommen geradewegs in den Wald. An der Weggabelung halten wir uns rechts und folgen dem Waldweg (Nr. 5). An der nächsten Waldkreuzung gehen wir noch geradeaus weiter auf dem Wanderweg (Nr. 5). Der Weg macht bald eine leichte Rechtsbiegung, und kurz darauf geht zu beiden Seiten ein Weg ab. Hier biegen wir nach links und gehen den Weg abwärts, bis der Weg eine Kehre nach rechts macht. Jetzt geht es kräftig bergauf und lange durch den Wald weiter, bis wir herauskommen und einen freien Blick über

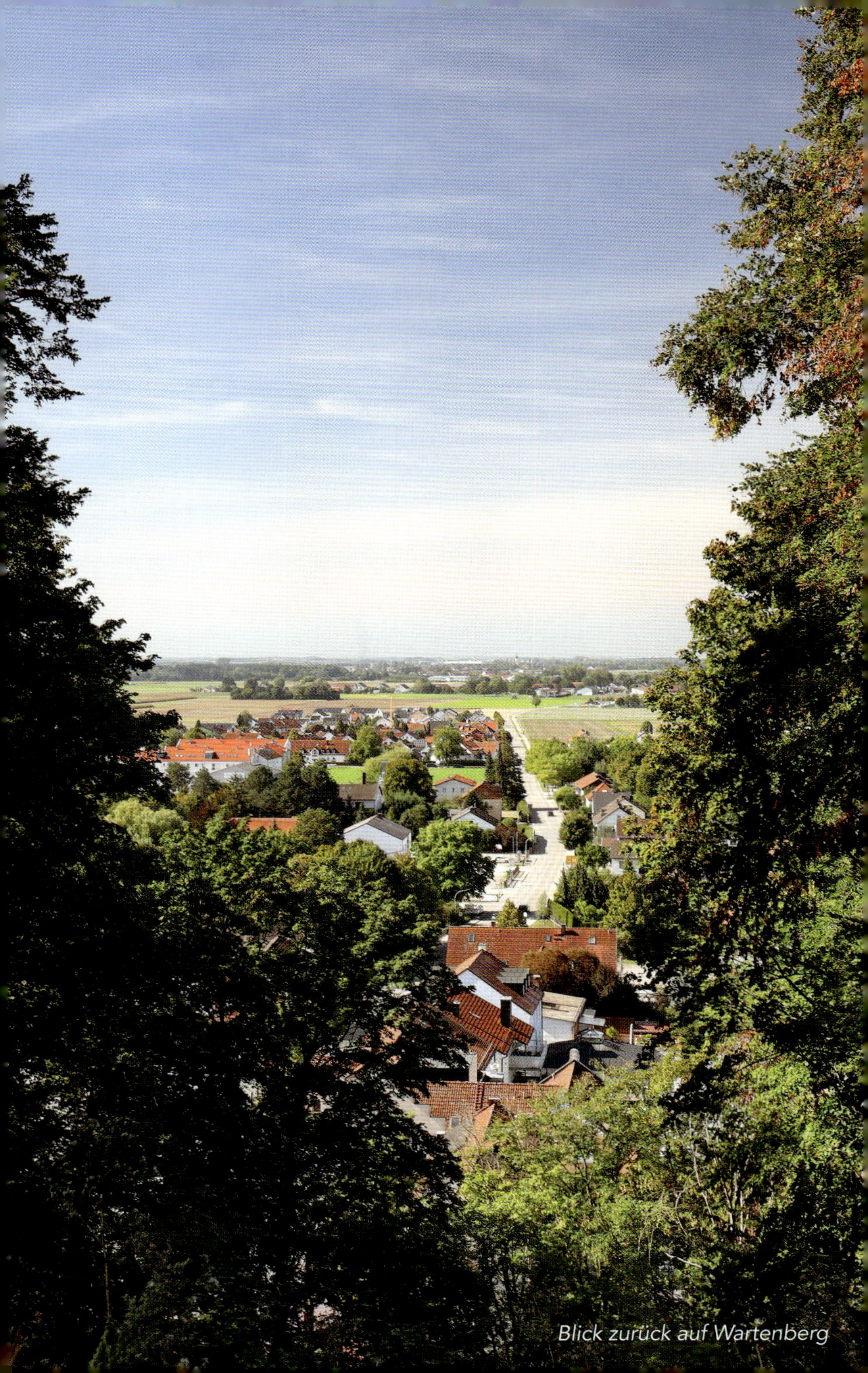

Blick zurück auf Wartenberg

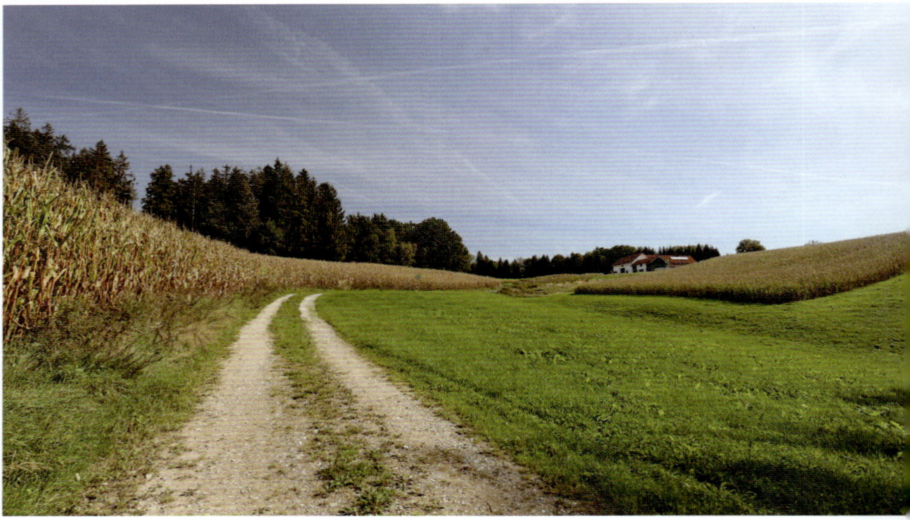

Blick auf Schachtelberg

Felder haben und rechts vor uns auf das Gehöft „Schachtelberg“ ❹. Kurz vor dem Hof kommen wir zu einer T-Kreuzung und biegen scharf nach links. Der Weg führt uns wieder auf den Wald zu. An der nächsten Gabelung nehmen wir den rechten Weg und folgen diesem. Er macht eine Links-Biegung und führt uns geradeaus durch einen Hohlweg weiter. Wenn der Waldweg eine Kehre nach rechts macht, kommen wir kurz darauf zu einer Weggabelung und halten uns links, so kommen wir hinunter auf einen Forstweg, dem wir nun längere Zeit nach links folgen, bis hinunter zur Asphaltstraße. Hier gehen wir erneut nach links (und sehen vor uns den Ort Hinterholzhausen). Nur wenige Meter später

Entlang des Forstweges

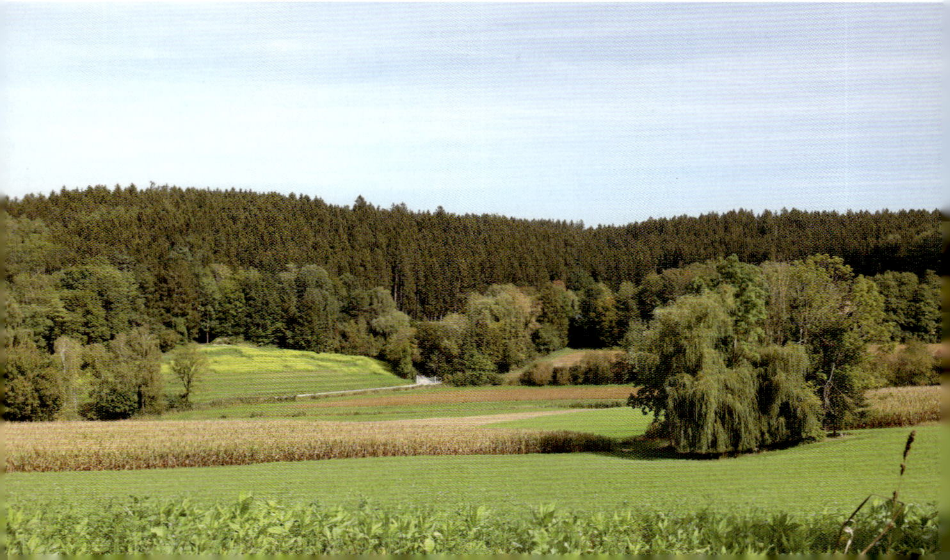

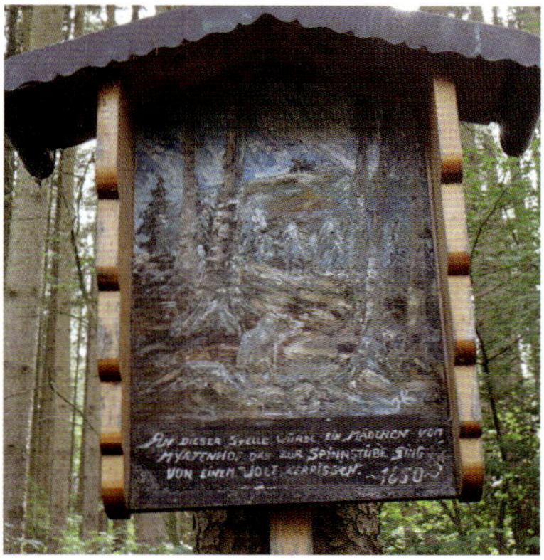

Wolfsmarterl

geht es auf einen kleinen Pfad nach links in den Wald, ein kleines Schild weist uns den Weg zum Wolfsmarterl ❺, das wir sogleich erblicken. Den Waldweg wandern wir weiter, bis wir wieder auf die Straße gelangen und nach links noch ein Stück in Richtung Hinterholzhausen gehen. Beim nächsten Feldweg biegen wir nach links ab und gehen so wieder bergauf auf den Wald zu. Wir folgen dem Weg, bis wir vor uns eine Forststraße sehen, unser Weg geht aber schon wenige Meter vorher nach rechts, durch den Wald bergab, über eine Wiese, und trifft dann auf einen Wiesenweg. Wir gehen nach links weiter und folgen dem Weg, der dann zur Straße wird. Kurz vor der 30er-Zone zweigt unser Fußweg nach rechts ab, wendet sich kurz darauf erneut nach rechts und führt uns an Häusern und Gärten entlang, bis wir bei der nächsten Möglichkeit nach links in eine kleine Straße abbiegen (geradeaus geht es eine Treppe runter). So kommen wir zum Schrader-Velden-Ring, biegen nach rechts ein und folgen der Straße, bis diese am Ende auf die Untere Bergstraße trifft, wo wir nach rechts weitergehen. Wir folgen der Siedlungsstraße bergab, bis sie unten im Ort geradeaus in die Untere Hauptstraße ❻ führt. Hier gehen wir weiter Richtung Zentrum und gelangen so wieder zum Parkplatz „Am Burggraben".

Blick auf Hinterholzhausen

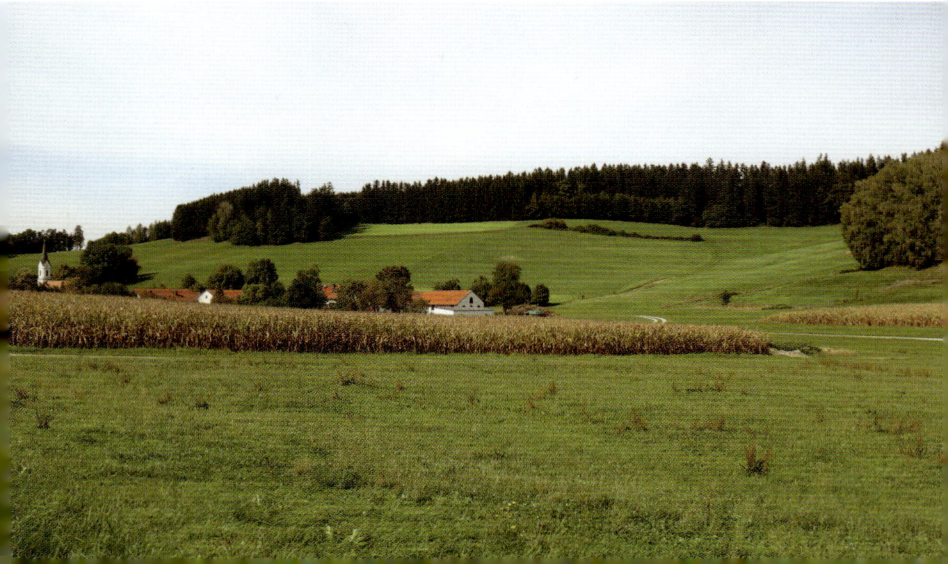

TIPP B

Extra-Tipp für Nostalgiker

ERDING

Spaziergang zum Bauernhausmuseum

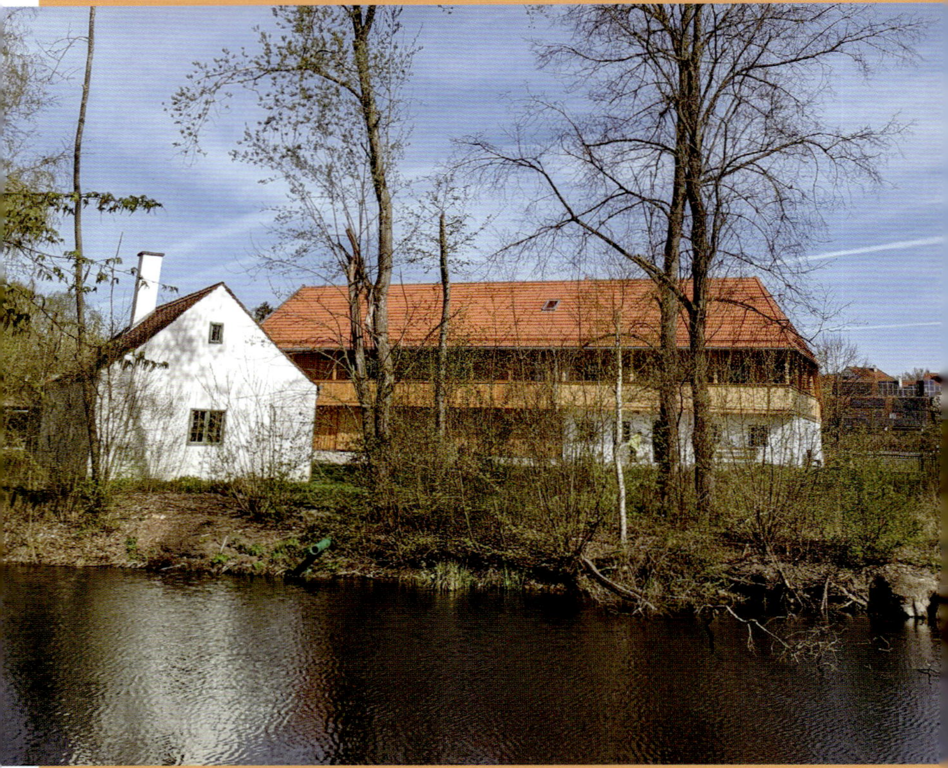

Entenweiher mit Blick auf das Eingangsgebäude und die Schmiede
Foto: Landratsamt Erding

Leicht

5 km

↓↑ 20 m

1½ Std.

Der Weg durch den Stadtpark, am Wildgehege vorbei und durch die Felder lohnt sich vor allem, wenn das Bauernhausmuseum besucht wird. Öffnungszeiten beachten!

Wegqualität: ★★★

Öffentlich: S2 – Erding

Parken: 85435 Erding; Am Bahnhof 22 (Parkplatz Bahnhof Erding)

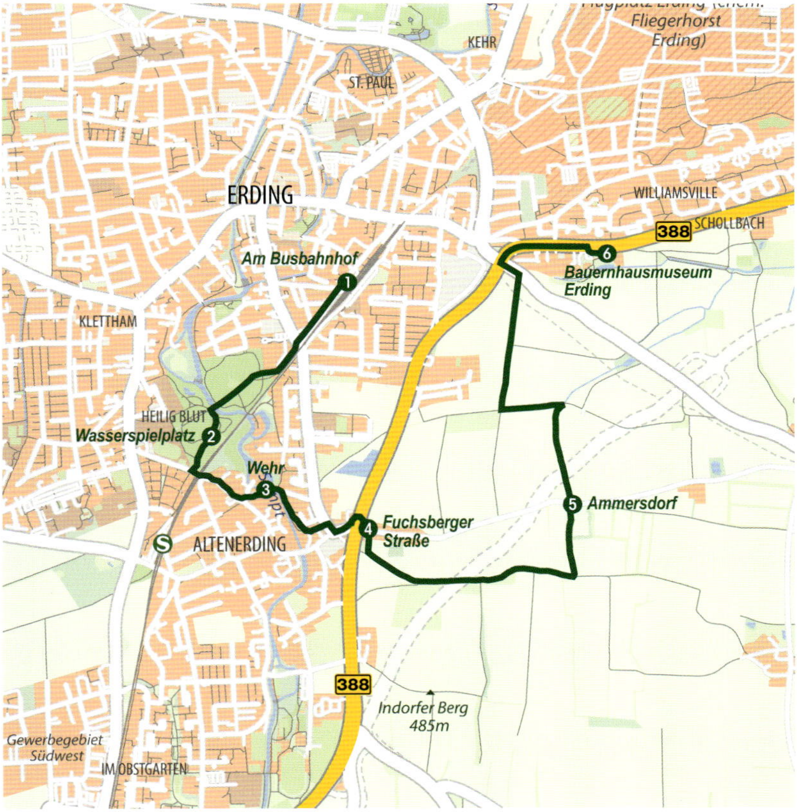

1. Am Busbahnhof
2. Wasserspielplatz
3. Wehr
4. Fuchsbergstraße
5. Ammersdorf
6. Bauernhausmuseum des Landreises Erding

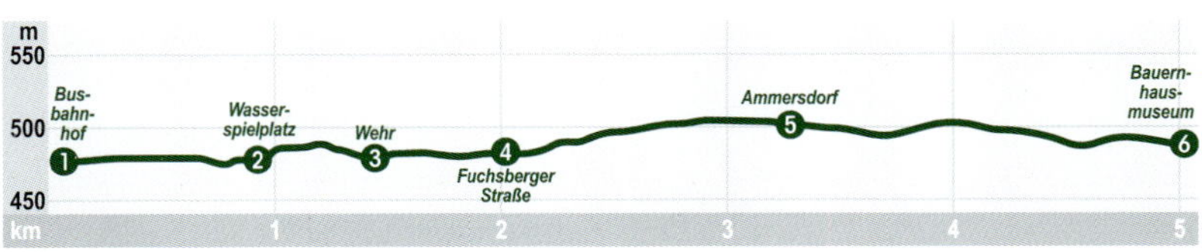

Start: Am Busbahnhof ❶. Die Bahngleise im Rücken, gehen wir nach links und entlang der Schienen in die Straße „Am Bahnhof“. So überqueren wir die Haager Straße und gehen weiter an den Schienen entlang auf dem Kiesweg in den Erdinger Stadtpark. Vorbei am Abenteuerspielplatz geht es über eine Brücke, und danach gehen wir nach links zum Tiergehege. Hier macht der Weg eine Rechtskurve und bringt uns, am Wasserspielplatz ❷ vorbei, geradeaus hinauf, an einem Glasturm vorbei, auf die Parkstraße, in die wir nach links abbiegen und Schienen überqueren. Wir folgen der Parkstraße, bis wir nach links abbiegen in „An der Lukasmühle“. Am Ende des Weges geht es ums Haus herum, dahinter nach links weiter über eine Holzbrücke, das Wehr ❸ an der Sempt. Dem Flüsschen folgen wir nach rechts in den schmalen Pompi-Weg, der uns ein Stück zwischen Gärten und der Sempt entlangführt, an einem kleinen Kreuz eine Linkskurve macht und uns so vor auf die Haager Straße bringt, in die wir nach rechts einbiegen. An der nächsten Kreuzung gehen wir nach links in die Ardeostraße. Kurz vor der großen Straße gehen wir links auf einem Fußweg hinunter und durch einen kleinen Tunnel zur anderen Seite der viel befahrenen Hohenlindener Straße. Wir kommen hoch und biegen nach links in die Fuchsbergstraße ❹ und gleich danach wieder nach rechts, so folgen wir dem Wanderschild Nr. 2 und verlassen die kleine Siedlung.

Glasturm

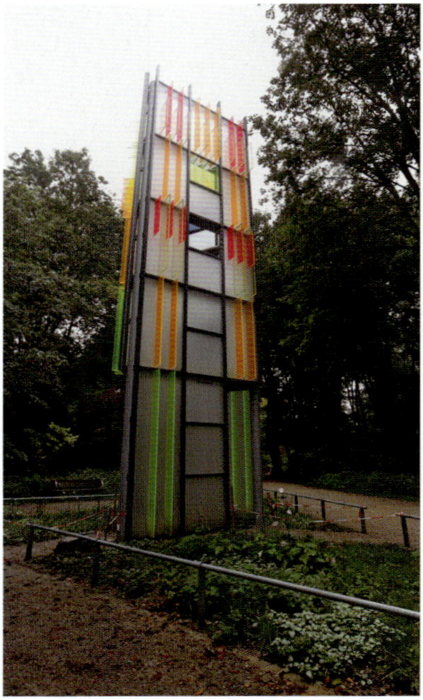

Wir gelangen zu einer T-Kreuzung und gehen nach links auf den Wanderweg am Fuchsberg weiter, der uns nach Kurzem an einem Graben entlangführt. Bei der ersten Möglichkeit biegen wir nach links ab und gehen den Graben entlang (mit Blick auf Erding) auf ein paar Häuser zu. An Ammersdorf ❺ vorbei, überqueren wir die Fuchsbergstraße und gehen geradeaus weiter. Die nächste Möglichkeit biegen wir links auf einen Wiesenweg ab (der Hauptweg macht eine Rechtskurve).
Bei der nächsten Kreuzung (mit Rastbank) gehen wir nach rechts und sanft bergab zur viel befahrenen Dorfener Straße. Um diese zu überqueren, gehen wir wenige Meter den Gehweg nach links und über die Ampel. Geradeaus weiter, auf dem Fußweg an der Taufkirchener Straße entlang, vorbei an ein paar Häusern, kommen wir so zum Bauernhausmuseum des Landkreises Erding ❻.

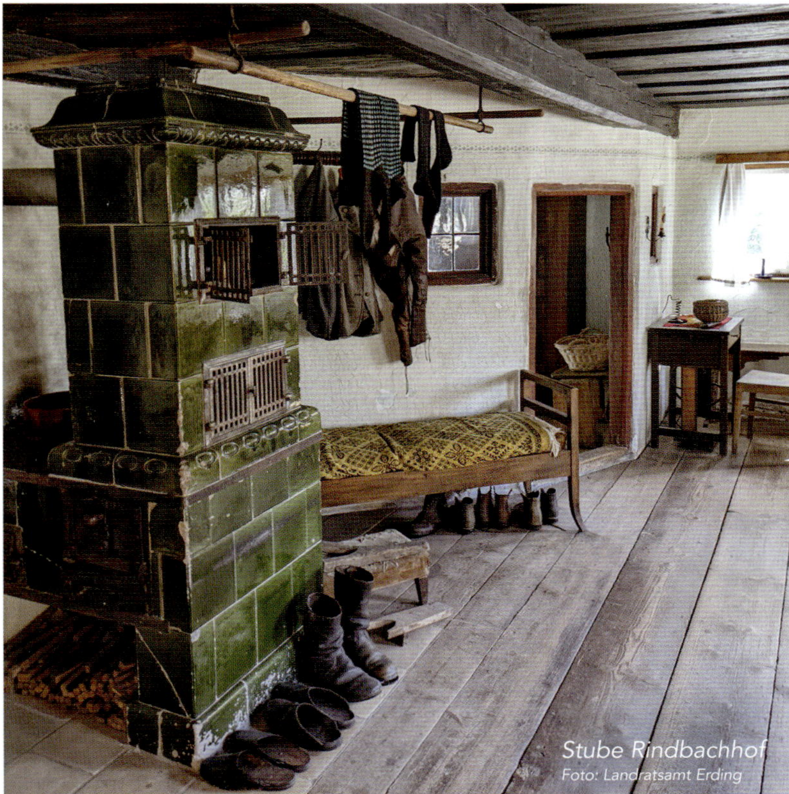

Bauernhausmuseum
des Landkreises Erding
Taufkirchener Str. 24, 85435 Erding
Tel: 08122 933-20

Öffnungszeiten:
Von Ostersonntag bis Ende Oktober;
Sa, So und feiertags: 10 – 17 Uhr,
Bauernmarkt: Freitag 12 – 16.30 Uhr
Auf ca. 2 ha Gelände befindet sich das Freilichtmuseum mit 15 historischen Gebäuden, u. a. mit der kleinbäuerlichen Hofanlage Rindbach. Anhand dieser geschichtlichen Bauten erhält man einen Eindruck über die Arbeitsweisen in der Zeit des 19. und Anfang des 20. Jahrhunderts. Die Schmiede und die Ausstellung im Getreidekasten Niederneuching vermitteln einen Einblick in den Arbeitsalltag damaliger Zeiten. Gegen eine Gebühr kann man die historische Kegelbahn für 30 Minuten buchen und kegeln wie in alten Zeiten. Im Museumscafé nebenan gibt es auch Getränke und Speisen.

TIPP C

Extra-Tipp für Technikfans

ERDING

Rundtour auf dem Umweltweg des Münchner Flughafens

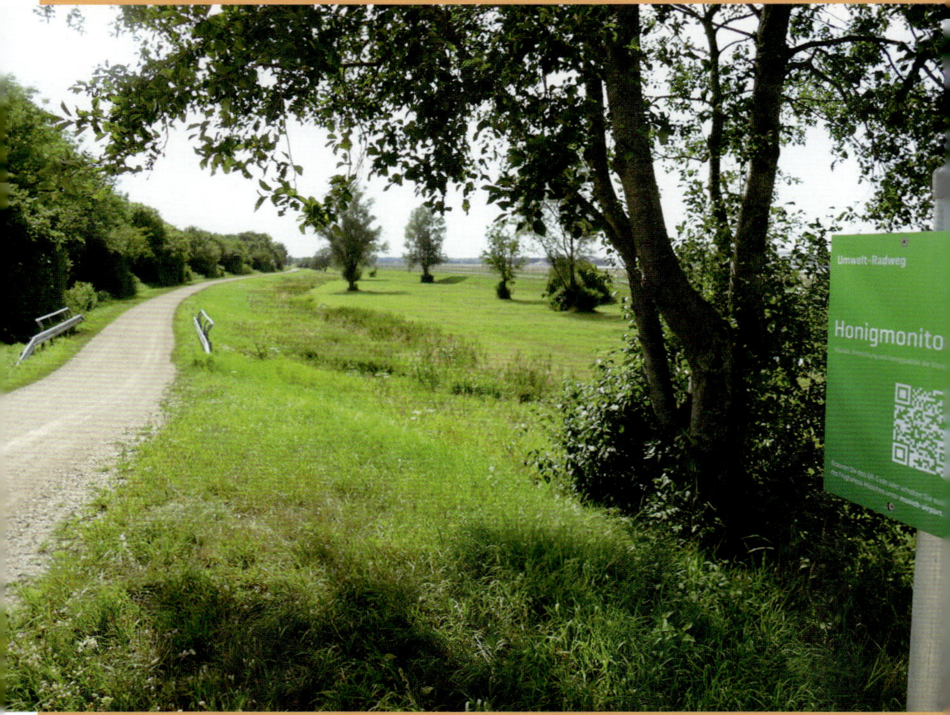

Rundweg um den Flughafen

Mittel

18 km

↓↑ 72 m

4–5 Std.

Wegqualität: ★★★

Öffentlich: S1 – Besucherpark

Parken: P+R Luitpoldstr.; 85356 Freising (Parkplatz am Bahnhof Freising)

Fahrrad: 2–3 Stunden

Start: S-Bahn Station „Flughafen-Besucherpark". Insgesamt 16 Stationen umfasst der 2019 eröffnete Rundweg des Münchner Flughafens. Auf der interaktiven Tour erfahren Besucher mehr über die vielfältigen Umweltschutz-Maßnahmen des Airports. Radfahrer und Spaziergänger können entlang der 18 Kilometer langen Strecke beschilderte Stationen zu Umweltthemen entdecken. Wer mit seinem Smartphone den auf dem Schild abgebildeten QR-Code einscannt, wird auf eine Themenseite auf der Website des Flughafens geleitet. Dort erfahren die Besucher weitere Details zur Klimaschutz-Strategie des Flughafens, Wissenswertes über das Vogelschutzgebiet oder was sich hinter „Honigmonitoring" verbirgt. Mit etwas Glück kann an einer Station des Weges eine echte Biberfamilie beobachtet werden. Im Frühjahr bietet sich die Gelegenheit, eine ganz besondere Vogelpopulation zu beobachten, denn auf den Flughafenwiesen brüten unter anderem der Große Brachvogel und der Kiebitz.

Der vom Flughafen angelegte, bequeme Rundweg ist gut ausgeschildert. Zusätzlich stehen auf der Website **https://www.munich-airport.de/umweltradweg** auch Karten und Navigationsdateien zur Verfügung.

Zurück am Besucherpark bietet sich dann noch die Möglichkeit, das „Besucherzentrum" zu besichtigen, einen ADAC-Hubschrauber und historische Flugzeuge anzuschauen, oder eine Runde Minigolf zu spielen sowie den Erlebnisspielplatz mit der „Tower-Rutsche" zu erobern. Auf dem Hügel des Besucherparks lässt sich nochmals ein Blick auf die Riesen der Lüfte werfen und von der großen weiten Welt träumen.

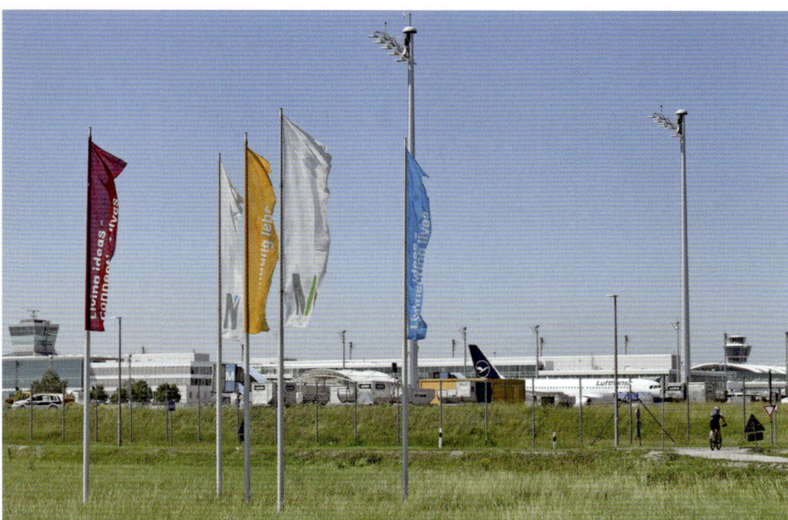

TOUR 14

MOOSBURG
Von der Stadt aufs Land

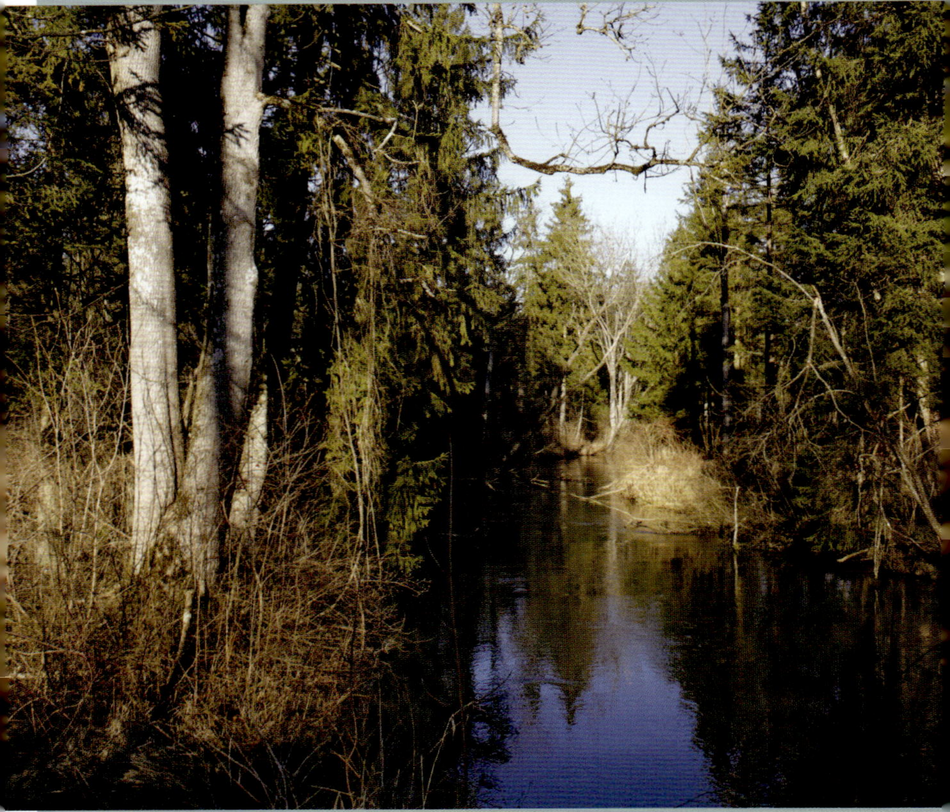

Amper bei Moosburg

Mittel

12 km

↓↑ 40 m

3 Std.

An den Ufern der Moosburger Flüsse: Erst an der Amper, dann an der Isar entlang weiter in die Innenstadt von Moosburg.

Wegqualität: ★★★

Öffentlich: Zug – Moosburg

Parken: 85368 Moosburg a.d. Isar; Bahnhofstr. 45 A (Parkplatz am Bahnhof von Moosburg an der Isar)

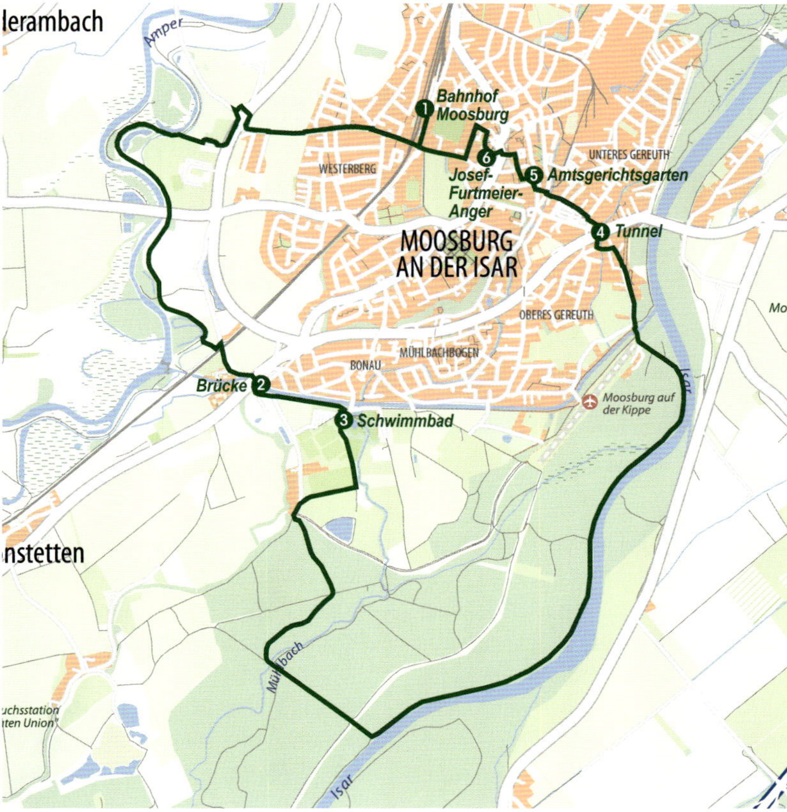

1. Bahnhof Moosburg
2. Brücke
3. Schwimmbad
4. Tunnel
5. Amtsgerichtsgarten
6. Josef-Furtmeier-Anger

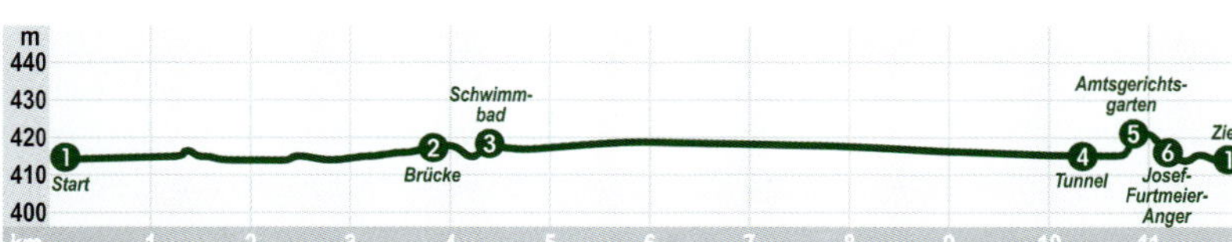

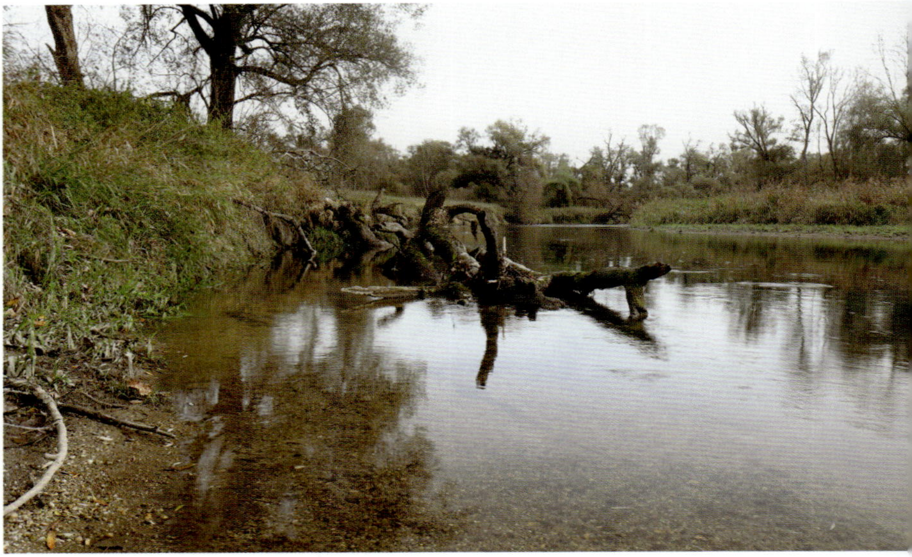

Amper bei Moosburg

Start: Vor dem Bahnhofsgelände ❶ stehend, mit Blick Richtung Stadt, gehen wir nach rechts. Kurz nach dem Parkplatz biegen wir rechts über den Bahnübergang in die Georg-Schweiger-Straße ein. Dieser folgen wir an Siedlungshäusern vorbei, raus aus Moosburg, bis es für Fußgänger kurz vor der Westumfahrung Moosburgs nach rechts bergab geht, wo man durch die Unterführung die Straße unterquert.

Auf der anderen Seite kommen wir auf die Georginestraße, der wir ein paar Meter nach links folgen, bevor wir eine Straße überqueren und dann auf dem Weg (Schild: Sackgasse – Radweg endet nach 200 m) hinter der Lärmschutzwand entlang weitergehen, bis wir bei der nächsten Möglichkeit nach rechts abbiegen. Wir gehen auf einen Hof zu. Unmittelbar davor geht es rechts vorbei und um den Hof herum auf einem Feldweg zum Damm an der Amper, auf welchem wir nach links wandern. Hier spazieren wir nun ein Stück auf dem Damm entlang, kommen auf eine Wiese, auf welcher wir uns links halten, und gehen den Wiesenpfad am Gehölzrand entlang in einem großen Bogen nach links.

So kommen wir wieder auf einen Dammweg, dem wir folgen – unter einer Straße hindurch, geradeaus über eine kleine Wegkreuzung (rechts geht es zu einer schönen Stelle am Bach – zum Träumen, Pause machen, oder für Kinder ... Wasserplantschen im seichten Ufer). Nachdem der Weg eine deutliche Rechtsbiegung gemacht hat, biegen wir gleich links ab auf einen Wiesenpfad, der über einen Graben geht. Links vor uns sehen wir den Bahnübergang, den wir überqueren, und folgen dann der Straße vorbei an einem Gehöft. An der Gabelung der Straße halten wir uns rechts und unterqueren eine große Straße. Wir bleiben nah am Wasser und gehen geradeaus die Böschung hoch auf die Kreuzstraße. Nun gehen wir rechts über die

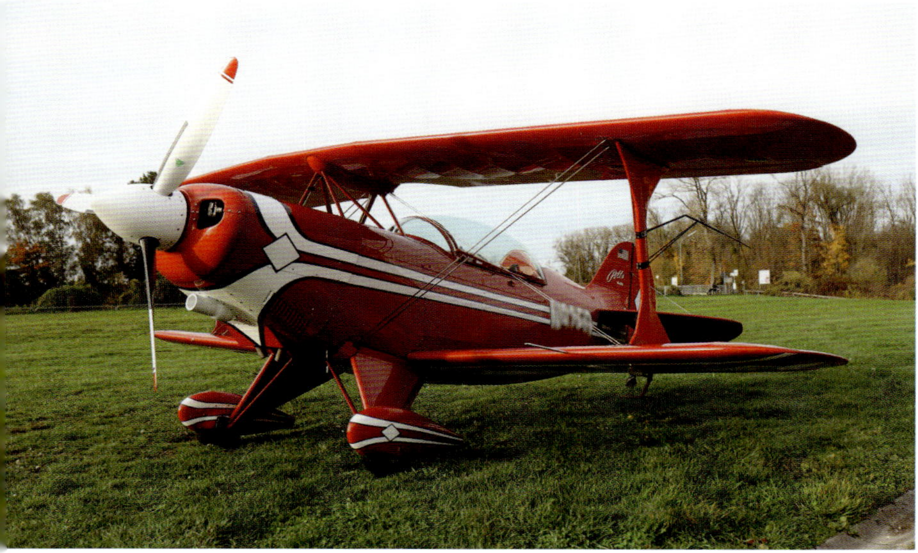

Sportflugplatz

Brücke ❷ und gleich danach links in die Wasserwerkstraße.
Am Isar-Amper-Überlaufkanal entlang wandern wir geradeaus auf dem Fußweg weiter, bis zum Moosburger Schwimmbad ❸. Hier biegen wir rechts auf die Stadtbadstraße ab, kommen vorbei an Parkplätzen und wandern links weiter, auf einen Feldweg – vorbei am Driescher Sportpark, FC-Moosburg, vorbei am Skaterpark, vorbei am Naturkindergarten –, und direkt hinter den Fußballplätzen geht es rechts am Zaun entlang auf einen Trampelpfad, der uns wieder auf die Wasserwerkstraße bringt, in welche wir nach links einbiegen und geradeaus über den Damm gehen. Danach folgen wir dem Fahrradwegweiser „Oberhummel 6,0 km" und dem Pfeil „Nordic Walking" nach links in den Wald. Diesem Waldweg folgen wir längere Zeit, gehen über eine Brücke und ein Stück geradeaus weiter. Wir queren bald einen Weg und den Damm dahinter und gehen direkt auf das Isarufer zu, wo uns ein Fahrradwegweiser „Moosburg 3,5 km" nach links schickt. Nun flanieren wir 2,5 km immer an der Isar entlang. Wenn der Weg sich von der Isar entfernt, kommen wir zu einem Parkplatz.
Die Tour geht rechts über die Brücke und gleich danach rechts hoch auf den Damm, so gehen wir auf dem Pfad ein Stück neben

Abstecher: Hier geht es links zum Sportflugplatz „auf der Kippe", des „Fliegerclubs Moosburg". Auf der gemütlichen und einladenden Gastterrasse (mit Getränkeverkauf) kann man bei guten Wetterbedingungen den Segel- und Motorflugzeugen beim Starten und Landen zusehen. Für Kinder gibt's einen kleinen Spielplatz, und so bietet sich hier ein entspanntes Plätzchen zum Verweilen an.

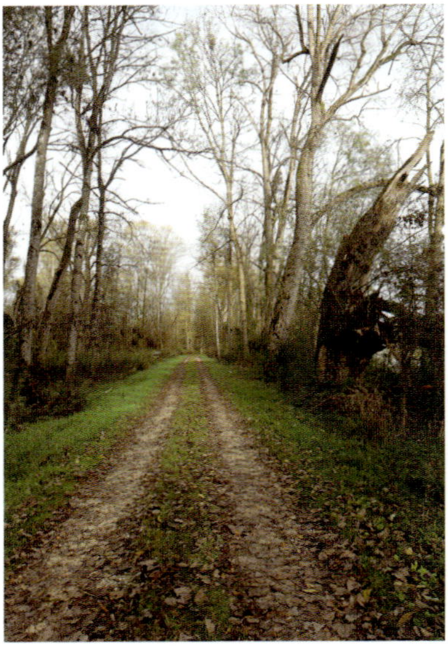

Isarweg

Auf dem Narrensteig

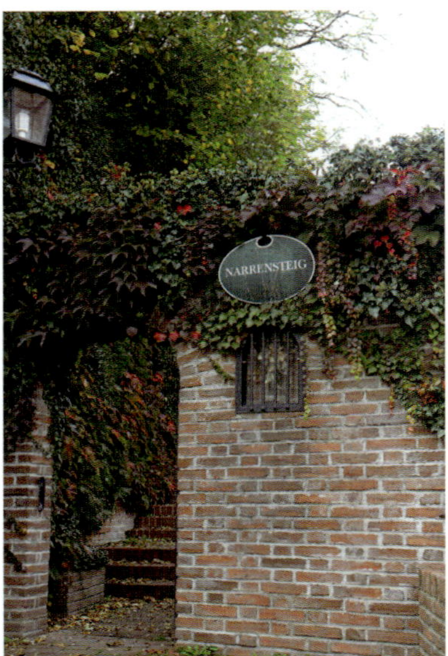

der Fischerstraße her. Wenn der Dammweg sich von der Straße entfernt, gehen wir runter und geradeaus weiter auf der Fischerstraße. Bevor die Straße zur Sackgasse wird, biegen wir nach links ab, den Radwegweisern Richtung Stadtmitte und „Landshut 18 km" folgend. Kurz danach geht es weiter nach rechts und auf eine große Kreuzung mit Ampelanlage zu.
Noch vor der Ampel geht es nach rechts bergab, in Richtung einer kleinen Unterführung. So kommen wir durch den Tunnel ❹ sicher auf die andere Straßenseite und gehen links weiter auf die Viehmarktstraße, wo wir die Mehrzweckhalle auf dem Viehmarktplatz erblicken. An dieser Moosburger Festwiese, die meist als Parkplatz genutzt wird, gehen wir rechts vorbei und geradeaus in die Viehmarktstraße (eine Sackgasse – „Fahrradstraße – Anlieger frei"). So überqueren wir auf einer Brücke den Mühlbach. Am Ende weist uns ein Fahrradschild Richtung „Stadtmitte" den Weg weiter nach rechts und gleich wieder nach links (Richtung also beibehalten) in das Viehmarktgässl. Wir kommen zur Landshuter Straße, überqueren diese, gehen noch ein kurzes Stück geradeaus weiter und biegen dann rechts in den Weingraben ein.

Alternative: Sollte der Amtsgerichtsgarten geschlossen sein, so gehen wir auf „Weingraben" weiter nach links und bei der nächsten Möglichkeit nach rechts ins Fingergässl, so kommen wir zur Herrenstraße, die wir wenige Meter nach rechts weitergehen, um dann links durchs Kirchengässchen direkt auf die bekannten Moosburger Kirchen St. Kastulus und St. Johannes zuzugehen.

Geradeaus durch das Tor die Treppe hoch spazieren wir auf dem Narrensteig durch den Amtsgerichtsgarten ❺. So gelangen wir ins Gerichtsgässl, überqueren die Herrenstraße und gehen durchs Kirchengässchen direkt auf die bekannten Moosburger Kirchen St. Kastulus und St. Johannes zu.

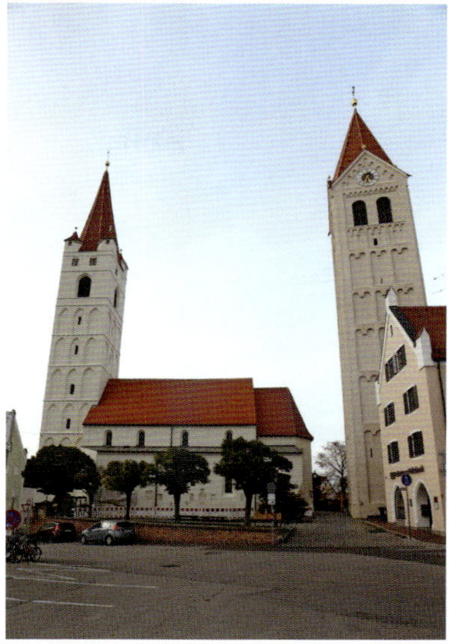

Hansl und Kastl

Rechts von uns sieht man die Kirchtürme **„Hansl und Kastl“** der beiden Kirchen St. Johannes (urkundlich schon erwähnt im Jahr 754) und St. Kastulus Münster (erbaut 1170). In St. Kastulus befindet sich ein Hochaltar des Landshuter Künstlers Hans Leinberger, geschaffen 1511. Besonders sehenswert ist auch das romanische Portal (Haupteingang) aus dem frühen 13. Jahrhundert, das neben lateinischen und griechischen Beschriftungen auch irisch-schottische Elemente zeigt.

Skulpturengarten

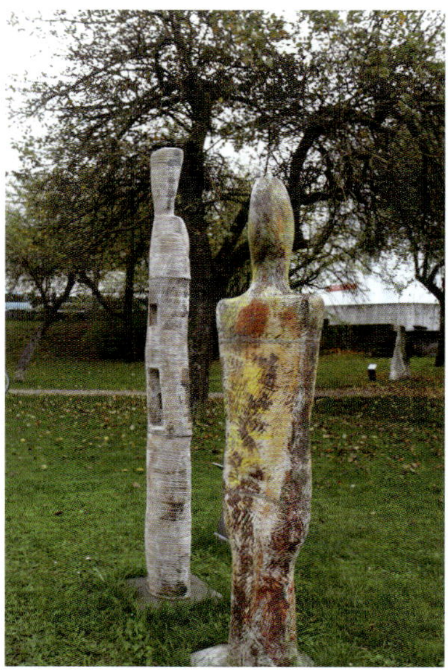

Nach links und über den Platz vor den Kirchen „Auf dem Plan“ kommen wir zum Stadtplatz (nach links geht es ins kleine Zentrum von Moosburg), wir aber überqueren die Straße und gehen gegenüber in die Rentamtstraße. Sofort nach dem ersten Gebäude, vor einem Parkplatz, führt uns ein kleiner Weg rechts in einen öffentlichen Garten, den Josef-Furtmeier-Anger ❻ – eine kleine Grünanlage mit Skulpturen –, welchen wir durchqueren und so ums Gebäude herum auf einen Weg kommen, dem wir nach links folgen. Bei der Poststraße biegen wir nach links ab und gehen vor bis zur Bahnhofsstraße. Hier nach rechts, so gelangen wir wieder zum Bahnübergang, vor dem es rechts wieder zum Bahnhof geht.

TOUR 15

LANGENBACH

Durchs Ampertal zur Wallfahrtskapelle Maria Rast

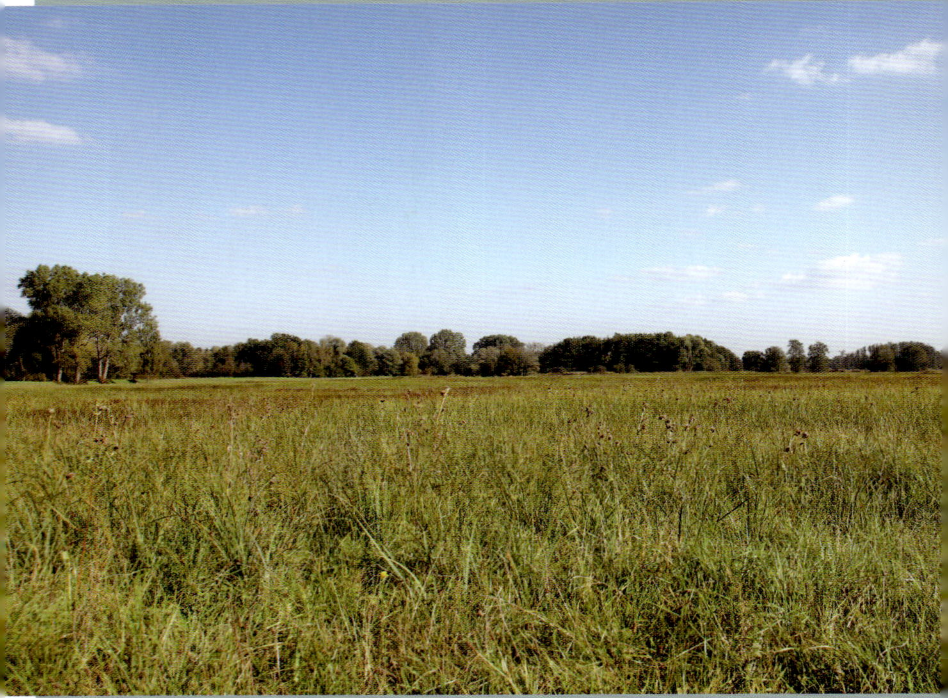

Blick über die Felder

Schwer

15 km

↓↑ 120 m

4¾ Std.

Natur – Kultur; tierische Begegnungen – Kirchen; eine große, abwechslungsreiche Runde, die einem aufmerksamen und interessierten Wanderer viel zu bieten hat. (Variante auf breitem Weg auch mit Kinderwagen oder als Radtour machbar.)

Wegqualität: ★★★

Abkürzung: 12,9 km, 90 Höhenmeter, 4 Stunden

Öffentlich: Zug – Langenbach

Parken: 85416 Langenbach; Bahnhofstr. 5 (Parkplatz am Bahnhof Langenbach)

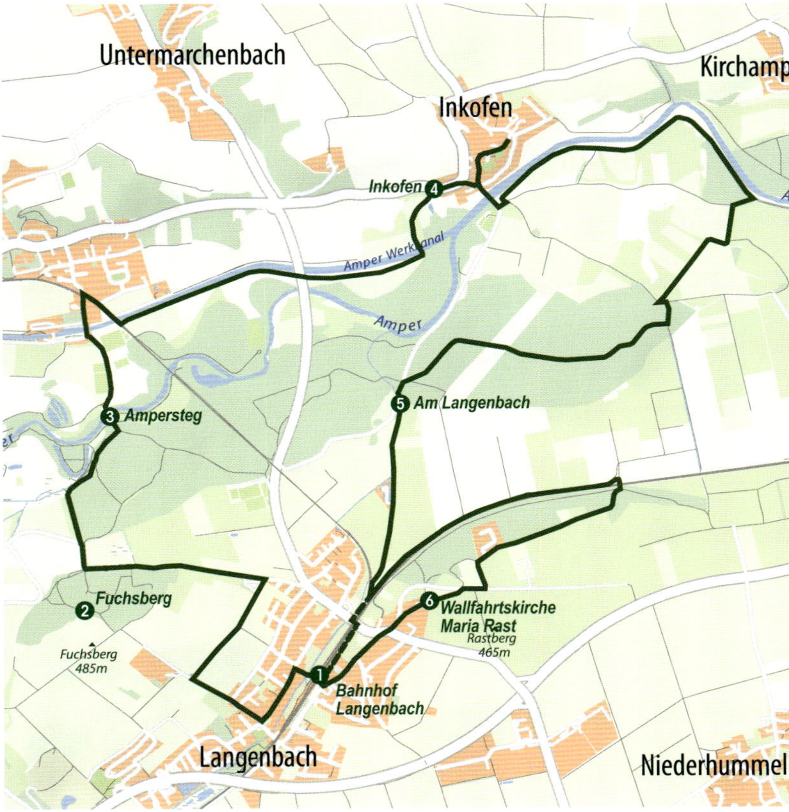

❶ Bahnhof Langenbach

❷ Fuchsberg

❸ Ampersteg

❹ Inkofen

❺ Am Langenbach

❻ Wallfahrtskirche Maria Rast

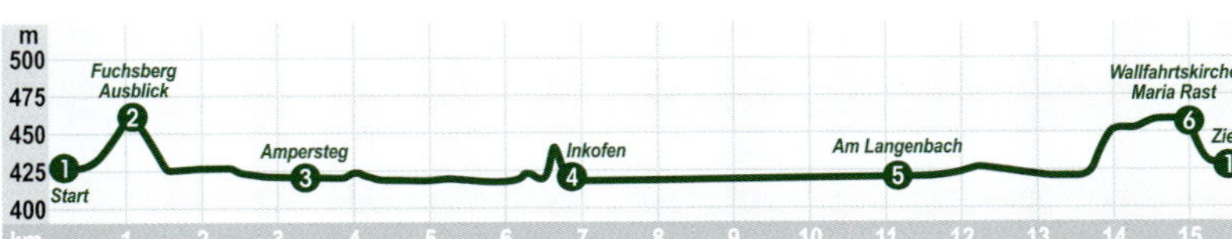

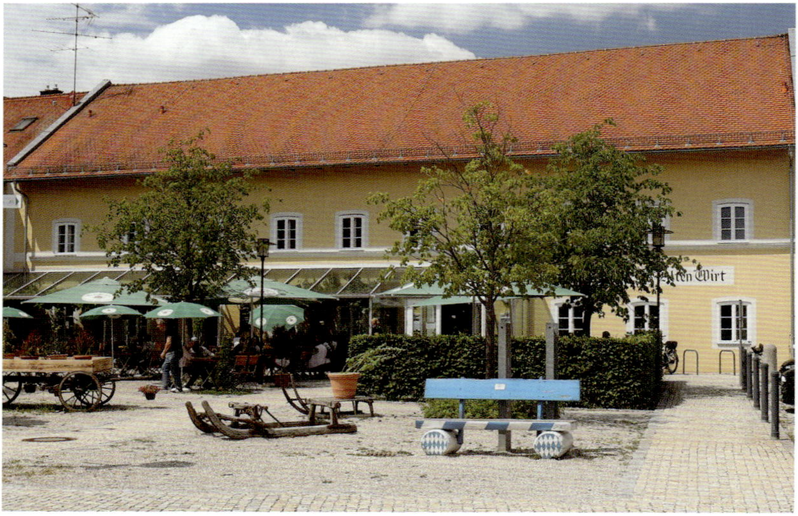

Gasthof Alter Wirt

Start: Bahnhof Langenbach ❶. Vom Bahnhof Langenbach gehen wir den Weg nach der Fußgängerunterführung über eine kleine Metallbrücke in die Siedlung. Hier biegen wir nach links ab, in die Dorfstraße, gehen bis zum Gasthof „Alter Wirt" und unmittelbar davor nach rechts in die Eichenstraße. Den Hügel hinauf wandern wir aus dem Ort, bis wir nach rechts auf einen Schotterweg abbiegen, der uns hinauf auf den Fuchsberg führt ❷, zu einer Bank mit schönem Ausblick über Langenbach. Weiter auf diesem Weg bergab bis zur Oftlfinger Straße. Dieser wenig befahrenen Asphaltstraße folgen wir nach links, sie macht eine Rechtskurve, und wir gehen auf eine Bank vor einem Wäldchen zu.

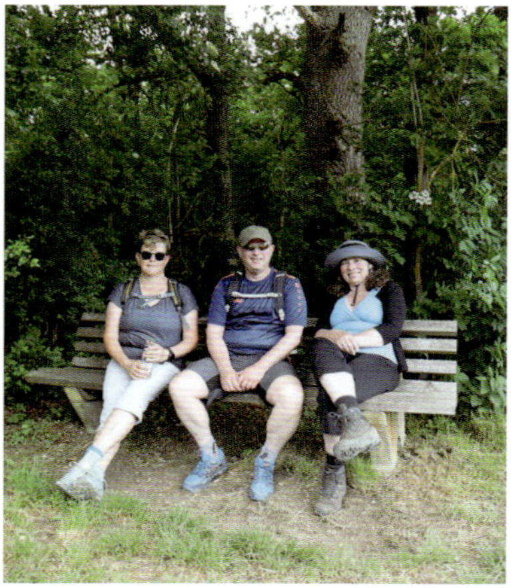

Variante auf breitem Weg: Rechts neben der Bank geht es auf einem Schotterweg durch den Wald. Diesem folgen wir, bis wir auf einen Forstweg kommen, auf dem wir nach links weitergehen ...

Auf der Bank der 2 Möglichkeiten

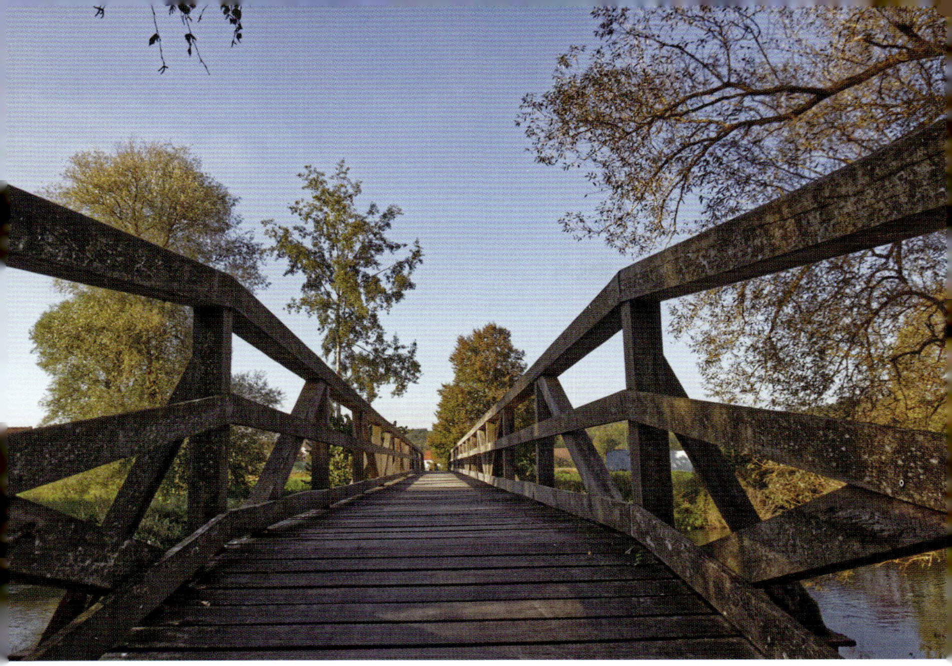

Haag – Ampersteg

Folgt man der Tour, geht es links neben der Bank weiter, auf einen kleinen, mit Gras zugewachsenen Weg, am Waldrand entlang. Diesem folgen wir und biegen kurz vor dem Graben rechts auf einen wunderschönen Waldpfad ab. Durch idyllischen Wald, an der Amper entlang, gelangen wir auf einen Forstweg, auf dem wir nach links weitergehen ...

Wir überqueren den Ampersteg ❸ und wandern danach nach rechts, an der Pferdekoppel vorbei Richtung Haag. Nach dem Sportplatz überqueren wir die Bahngleise, wenden uns dann scharf rechts, folgen ein Stück den Bahngleisen und überqueren die Brücke über den Amperkanal.
Gleich danach folgen wir dem Fahrradwegweiser „Moosburg 8,5 km" nach links. Jetzt geht es (ca. 2 km) immer am Bach entlang, unter einer Straße durch und dann, nach einer Linksbiegung, über eine Brücke und durch Felder bis zur Straße nach Inkofen ❹. Wir gehen nach rechts in den Ort und halten uns bei der Gabelung rechts leicht bergab.

Abstecher: Hier, wo es eigentlich rechts über die Amperbrücke weitergeht, kann man links zwischen den Häusern (etwa 250 Meter) auf einem kleinen Weg und über Stufen zur Pfarrkirche gehen und beim Wirt „Gasthaus Ahorner einkehren".
Die Kirche St. Michael wurde im frühen 15. Jh. erbaut. Besonders schön ist der 5-geschossige Kirchturm, der mit einem achteckigen hohen Spitzhelm bedeckt ist. Die sehenswerte Kanzel mit den 4 Evangelisten entstand 1744. Das alte Holzkreuz an der linken Kirchenwand ist aus dem 16. Jh.

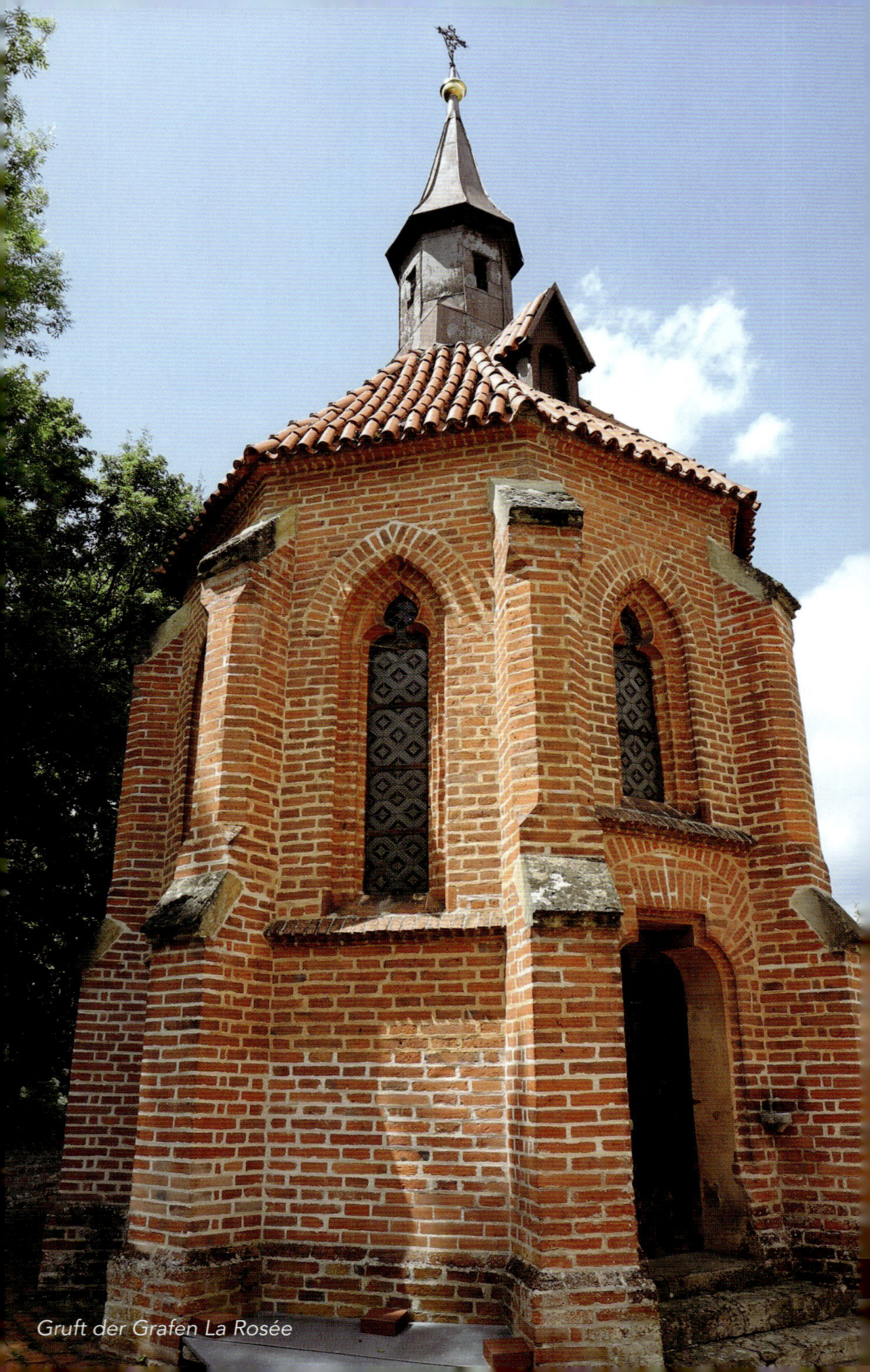

Gruft der Grafen La Rosée

Im Kirchhof hat die Familie des Grafen La Rosée 1834 eine neugotische Grabkapelle gebaut, die bis heute als Familiengruft dient. Das von Mauer und Graben umgebene Schloss Inkofen wurde in dieser Form in der zweiten Hälfte des 16. Jh. am Steilhang erbaut. Es ist bis heute bewohnt und in Besitz der Nachkommen von La Rosée. Von außen kann man die schöne Auffahrt zum Schloss und das Wappen der Erbauer über dem Eingang betrachten.

Die Tour geht rechts weiter, über die Amperbrücke, und führt gleich danach scharf links auf dem Pfad direkt an die Amper. An dieser flanieren wir ca. 1 km entlang, vorbei an einem von rechts kommenden Feldweg. Nach dem Wald, wenn wir über freie Felder blicken, biegen wir scharf rechts in einen Feldweg ein. Die nächste Möglichkeit gleich wieder links, weg von der Amper durch die Felder. Diesem Weg folgen wir bis zu einer Abzweigung mit mehreren Möglichkeiten. Dort links und gleich wieder rechts (also quasi fast geradeaus - Richtung beibehalten!) biegen wir ein auf einen Waldweg. Bei der nächsten Möglichkeit gehen wir rechts auf den Waldweg, der durch einen ursprünglichen Wald mit natürlichen Überflutungsgebieten und daher häufig sumpfigen Gebieten neben dem Weg führt. Nach ca. 1,5 km kommen wir auf eine Straße, an der wir nur ganz kurz nach links gehen. Gleich wieder links in den Feldweg einbiegen, an dessen rechter Seite der Langenbach ❺ fließt, an dem wir uns orientieren, bis wir nach ca. 1 km auf eine Weggabelung, die zwischen zwei Gleisen liegt, treffen.

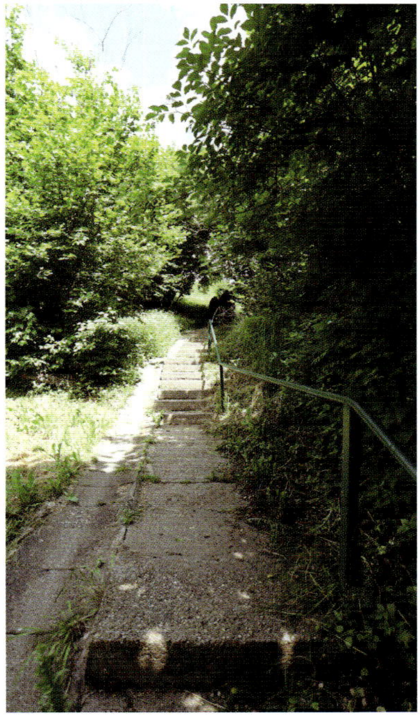

Schlossweg in Inkofen

Abkürzung: Wir biegen nach rechts ab und gehen an den Gleisen entlang, überqueren sogleich eine Schiene und folgen den Gleisen weiter in den Ort Langenbach. Hier überqueren wir den Bahnübergang und gehen an der linken Seite entlang der Gleise zum Ausgangspunkt. ❶

Wir biegen nach links ab und folgen den Gleisen, an Feldern entlang, bis der Weg sich gabelt. Auf dem rechten Weg geht es eine Böschung hoch, danach nach rechts, und so überqueren wir auf der Brücke die Bahngleise. An der Waldkreuzung danach gehen wir geradeaus weiter bergauf. Der Weg wendet sich nach rechts und führt uns zurück Richtung

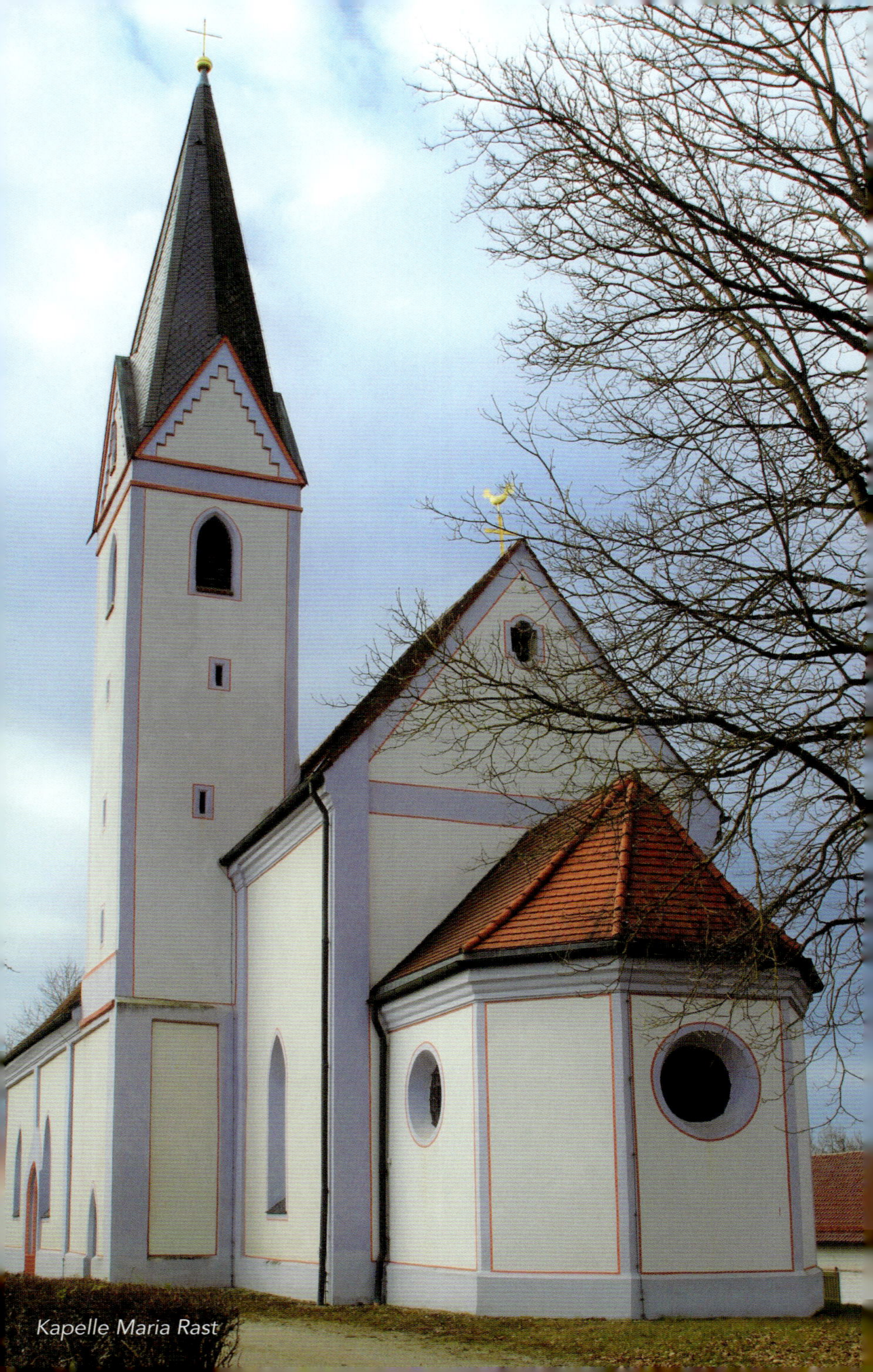

Kapelle Maria Rast

Langenbach. Wir kommen vorbei an einem großen Hof zu unserer Linken und danach an einer kleinen Siedlung (an der Lohe) zu unserer Rechten.
Hier wird der Feldweg zur Asphaltstraße, welcher wir weiter nach links folgen, bis wir ein Stück später auf die alte Bundesstraße treffen, in die wir nach rechts abbiegen. Vorbei an einer von links kommenden Straße, zweigen wir bei der nächsten Möglichkeit auf die Straße zum Rastberg ab, welche zur Wallfahrtskirche „Maria Rast" ❻ und weiter in den Ort Langenbach führt. Hier überqueren wir die viel befahrene Moosburger Straße und gehen die Bahnhofstraße zurück zum Parkplatz.

Essen/Einkehren:

Gasthaus Ahorner
Schlossweg 2
85410 Haag an der Amper (Inkofen)
Tel: 08761 1022

La Castagna
Bahnhofstr. 16
85416 Langenbach
Tel: 08761 753914

Gasthof „Zum Alten Wirt"
Freisingerstraße 8
85416 Langenbach
Tel: 08761 72240

Wallfahrtskapelle Maria Rast in Langenbach
Die wunderschöne, hell gestaltete, beeindruckende Kapelle, mit einem außergewöhnlichen Gnadenbild Marias, war lange ein viel besuchter Wallfahrtsort und durch viele Wundertaten bekannt.
Sage: In der Schlacht von Gammelsdorf kam es am 9. Nov. 1313 zwischen Ludwig IV. (Ludwig dem Bayern) aus dem Hause der Wittelsbacher und Friedrich dem Schönen aus dem Hause der Habsburger zu einer Schlacht um die Vorherrschaft in Niederbayern. Während des Aufmarsches machte Ludwig (v. 1328 bis zu seinem Tod 1348 Kaiser des Heiligen Römischen Reiches Deutscher Nation) hier auf dem Hügel Rast und gelobte der Mutter Gottes, bei einem Sieg über Friedrich hier eine Kirche zu stiften. Bis heute heißt die Kapelle „Maria Rast".
In den Glasfenstern der Kapelle sieht man die Wappen der Städte Landshut, Moosburg, München, Ingolstadt und Straubing eingearbeitet, die damals Ludwig dem Bayern beigestanden haben. Sehenswert sind auch die 12 Tafelbilder aus der 1. Hälfte des 17. Jahrhunderts, auf denen die Charakterköpfe der 12 Apostel dargestellt sind, sowie der Vincentus-Schrein, der ein Kinderskelett enthält. Der Hochaltar mit der geschnitzten Madonna mit Kind aus der Landshuter Schnitzerschule (Hans Leinberger) wurde etwa 1480 erschaffen.

TOUR 16

HAAG AN DER AMPER

Abwechslungsreiche Runde um Haag

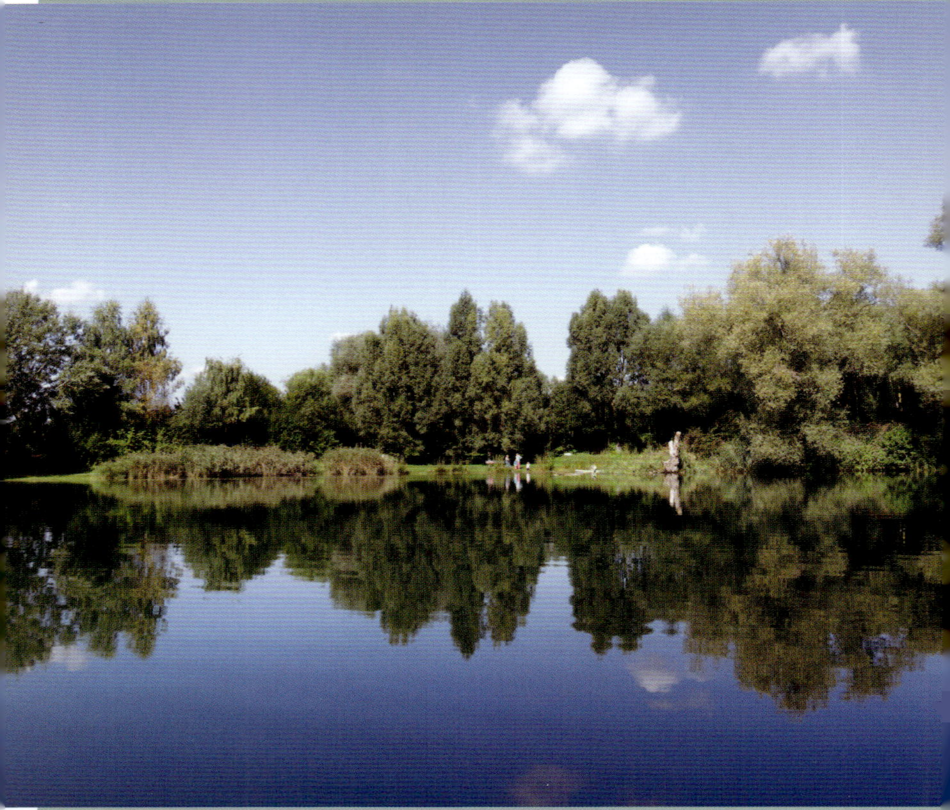

Haager Weiher

Mittel

9,5 km

↓↑ 130 m

3 Std.

Weitblick vom Hügel, schmale Waldpfade, Naturbegegnungen, bei schönem Wetter ein Bad im Weiher und zum Schluss die Einkehr beim Wirt oder im Biergarten – hier fehlt es an nichts.

Wegqualität: ★★

Parken: 85410 Haag an der Amper; Dorfplatz 1 (an der Freisinger Straße, neben der Schule und dem Rathaus)

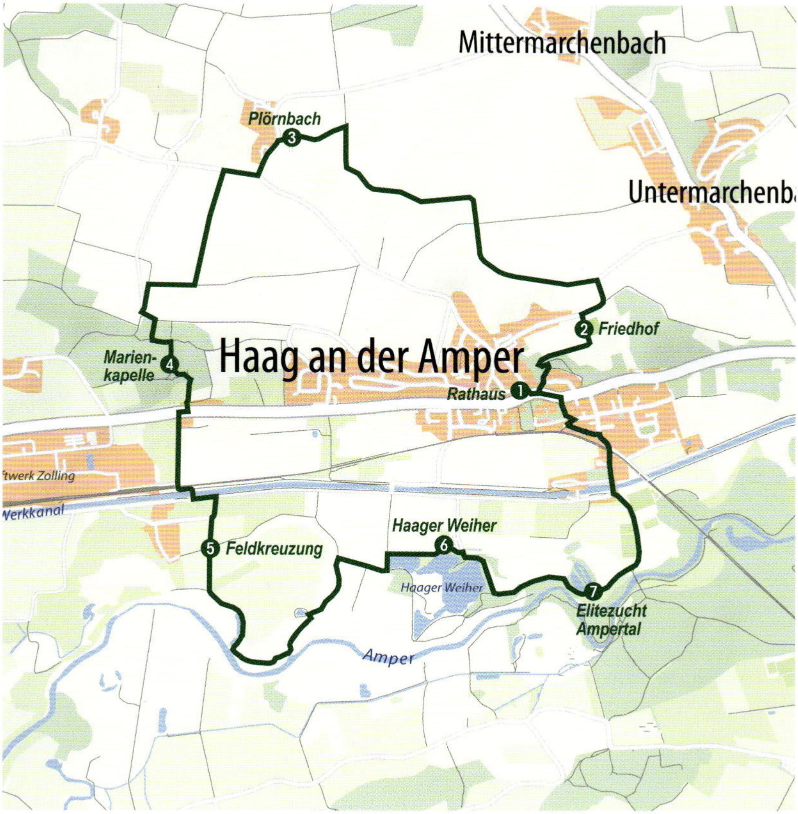

❶ Rathaus

❷ Friedhof

❸ Plörnbach

❹ Marienkapelle

❺ Feldkreuzung

❻ Haager Weiher (Parkplatz)

❼ Elitezucht Ampertal

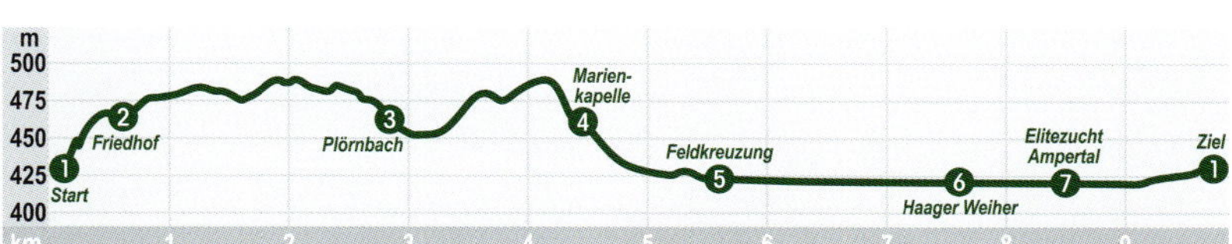

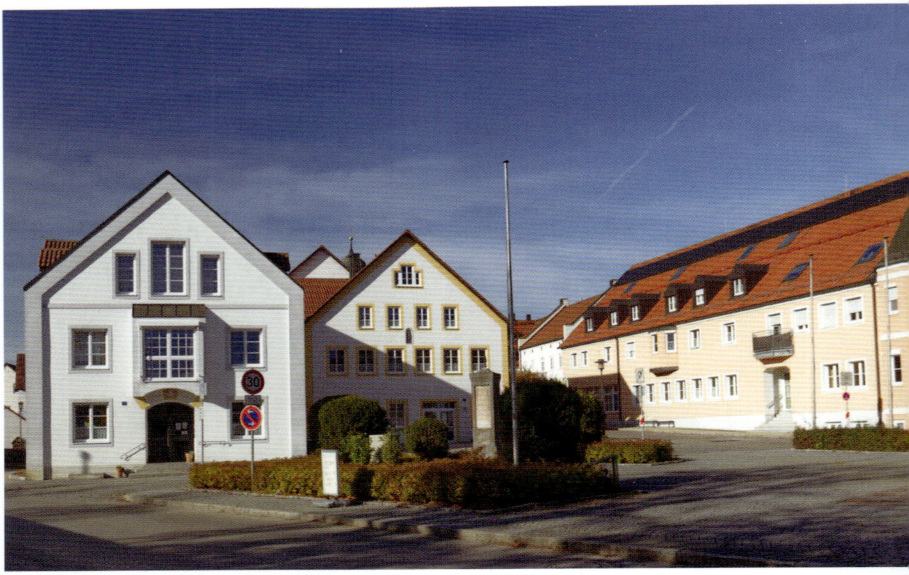

Haager Dorfplatz mit Rathaus

Start: Vor dem Rathaus in Haag an der Amper. Vor dem Rathaus ❶ stehend, gehen wir, über den Dorfplatz, vorbei an der Mariensäule und dem Brunnen. Wir überqueren die Plörnbacherstraße und biegen kurz danach in einen Weg (Schild: Richtung Friedhof) ein. Links am Spielplatz vorbei geht es nun bergauf und kurz darauf links auf dem Waldweg den Bräuberg hinauf.

Oben angekommen, öffnet sich der Blick auf eine Wiese mit einer Rastbank. Dem Wiesenweg, der eine Linkskurve macht, folgen wir, kommen am Friedhof ❷ vorbei und biegen gegenüber der Pferdekoppel rechts auf die Bergstraße ab.

Die Straße macht eine Biegung nach links, und vorbei an der Scheune treffen wir auf die Straße, die rechts nach Inkofen (3 km) geht. Wir gehen hier links auf den Feldweg und folgen diesem, dabei überqueren wir eine kleine Straße, bleiben aber immer (ca. 2 km) auf diesem Feldweg, der oben über freies Gelände auf der Hügelkette entlangführt.

Wenn wir auf eine Straße zugehen, sehen wir links eine Baumreihe, vor dieser biegen wir links auf den kleinen Weg, den Hügel hinunter. Dieser wird zu einer kleinen Straße, und durch einen kurzen Hohlweg ❸ kommen wir nach Plörnbach.

Vorbei an ein paar Gehöften kommen wir auf eine Straße, an der wir nach links gehen. Nach dem kleinen Ort kommen wir wiederum auf eine Straße, gehen dort kurz nach rechts und biegen bei der nächsten Möglichkeit links auf einen Plattenweg, der zwischen Feldern einen Hügel hinaufführt, mit Blick auf die oben stehende Saalweide. An dieser vorbei, endet kurz darauf unser Feldweg, und wir treffen auf einen Weg. Hier gehen wir rechts und folgen diesem Weg, der schon nach Kurzem eine Linkskurve macht und ganz leicht bergauf in Richtung Wald führt.

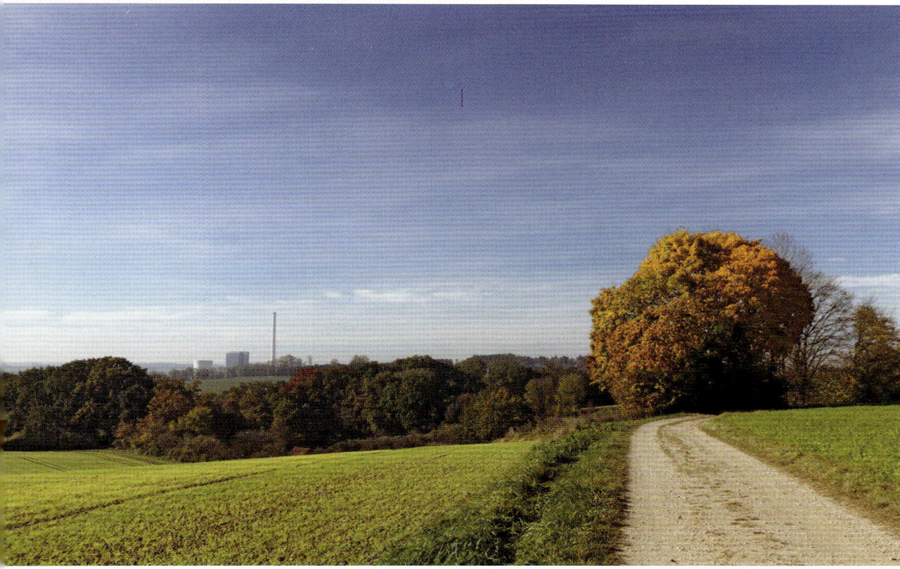

Höhenweg von Haag nach Plörnbach, das Heizkraftwerk im Blick

Vor dem Wald gehen wir nach links und ein kurzes Stück (ca. 50 m) am Waldrand entlang. Auf einem kleinen Weg biegen wir rechts in den Weihrinner Wald (Augen auf! Je nach Jahreszeit kann der Anfang etwas schwer zu finden sein). Der idyllische Pfad endet auf einem Waldweg, dem wir links bergab folgen. Unten macht er eine Rechtsbiegung und führt uns zur Holzbründl-Kapelle ❹.

Holzbründl-Kapelle im Weihrinner Wald: An dieser Kapelle entspringt eine kleine Quelle. Die schön gestaltete Kapelle beherbergt eine Lourdes-Madonna. Zwei Bänke laden zum Verweilen und zur Einkehr ein. Es ist nicht bekannt, wann die Kapelle erbaut wurde. Als Entstehungszeit kann aber die 2. Hälfte des 19. Jh. angenommen werden.

An dieser vorbei, nach der Rechtsbiegung des Weges, zweigen wir links auf einen kleinen Pfad ab (Augen auf!). Auf diesem abwechslungsreichen Trampelpfad geht es den Wald hinunter, über ein kleines Rinnsal, bis zum Weiler Weihrinnen.
Dort überqueren wir die Hauptstraße, gehen nach rechts und hinterm Ort links auf einer Asphaltstraße Richtung Unterschwaig weiter. Rechts von uns sehen wir das Kraftwerk von Zolling.

Biomasseheizkraftwerk (das der Strom- und Wärmegewinnung dient): Die Bahngleise der Hallertauer Lokalbahn, die wir gleich überqueren, waren früher die öffentliche Anbindung von Langenbach über Haag nach Wolnzach und Mainburg. Heute werden sie nur noch vom Heizkraftwerk Zolling genutzt. Die Bahngleise hinter Zolling wurden abgebaut, und größtenteils verläuft hier nun der sogenannte „Bockerlradweg".
Das Kraftwerk spielt eine wichtige Rolle für die gesicherte Energie- und Wärmeversorgung von Zolling und Freising. Auf dem Gelände ist

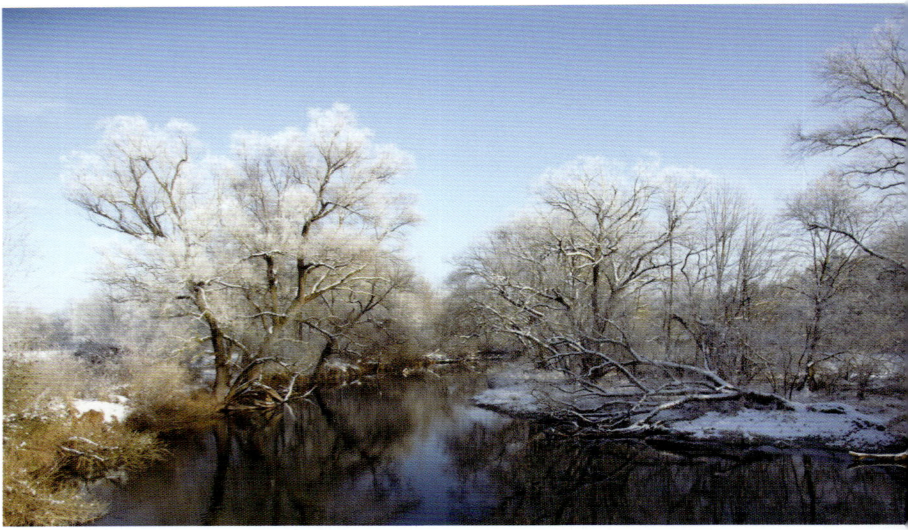

Amper im Winter

neben dem Steinkohlekraftwerk auch eine Gasturbine sowie ein Biomasseheizkraftwerk (dieses erzeugt bereits heute klimaneutral Strom). Bis 2030 soll der Ausstieg aus der Kohleverstromung vollzogen werden. Bis 2035 soll im Energiepark Zolling Strom und Wärme ausschließlich klimaneutral erzeugt werden.

Wir überqueren den Amperkanal und gehen nach der Brücke links hinab und biegen gleich wieder rechts auf die Straße ab (Schild: Richtung Unterschwaig). Wir verlassen die Asphaltstraße, indem wir geradeaus weiter auf den Feldweg gehen.

Variante: Runde mit wildem Stück an der Amper: (Tipp: GPS-Daten nutzen!) Immer diesem Weg folgen, geradeaus über eine Feldkreuzung, vorbei an einem von rechts kommenden Feldweg, bis zu einer Weggabelung. Dort gehen wir rechts leicht eine Böschung hinauf, vorbei am Weiher von Unterschwaig bis hinter zur Amper. Hier geht der Weg nach links, an der Amper entlang.
(Im Winter und Frühling wunderschön, im Sommer ist dieser Weg etwas abenteuerlich. Je weiter man dem Weg folgt, desto mehr ist er zugewachsen, bis kaum erkennbar, zugewachsen mit Brennnesseln und 2 Meter hohem Springkraut. Naturidylle pur.)
Der Weg führt uns nach links, etwas von der Amper weg und rechts neben einer Böschung weiter, raus aus dem kleinen Urwäldchen. Danach geht's gleich links über den Damm und geradeaus auf einen Feldweg. Bei der nächsten Kreuzung biegen wir nach rechts ab (dort treffen wir auf die Originalroute) und gehen vor zu einem Schotterweg.

An der nächsten Feldkreuzung ❺ gehen wir nach links. Der Weg führt uns in einem Bogen an der alten Amper entlang. Vorbei an dem Weg, der zur Straße zurückführt, folgen weiter dem Weg an der Amper entlang, der in einer Rechtskurve weiterführt. Die nächste Möglichkeit, auf einen richtigen Feldweg nach links abzubiegen (dort treffen wir auf

die Variante „Runde mit wildem Stück an der Amper"), nehmen wir wahr und gehen vor zu einem Schotterweg.
Hier gehen wir links und nach dem Haager Weiher gleich wieder rechts auf einen Pfad, der uns direkt zum Badeufer des Weihers führt und dann vorbei am Toilettenhäuschen und zum Parkplatz ❻. Hier gehen wir wieder rechts zum Weiher und folgen dem Uferweg nach links. Den See zu unserer Rechten, gehen wir weiter, bis an dessen Ende der Weg nach links auf einen Pfad führt. An mit Büschen gesäumtem Weg entlang, vorbei an Feldern, macht der Weg dann eine Rechtskurve und bringt uns zu einem Hof mit Weiderindern der Elitezucht Ampertal ❼. Durch den Hof, an den Kühen vorbei, kommen wir auf eine Schotterstraße. Am Sportgelände vorbei gehen wir auf der Hagenaustraße über 2 Brücken und über Bahngleise hinein nach Haag.
An der ersten Möglichkeit nach den Bahngleisen biegen wir links auf den Siedlungsweg am Bahnhof ein. Vorbei an einer kleinen Verkehrsinsel, weiter über einen Fußweg, bis die Straße rechts abbiegt in die Graf-Lodron-Straße.
Hier gleich wieder links, auf einem kurzen Kiesweg, gehen wir Richtung Biergarten (das Schloss von Haag an unserer rechten Seite) und gehen dann die Straße leicht bergauf zurück zum Zentrum von Haag.

Essen / Einkehren:

Gasthaus „Ampertal"
Freisinger Straße 7a
85410 Haag an der Amper
Tel: 08167 1556

Schlossbiergarten
Nur Außengastronomie!
Freisinger Straße 1
85410 Haag an der Amper
Tel: 08167 350

Elitezucht Ampertal

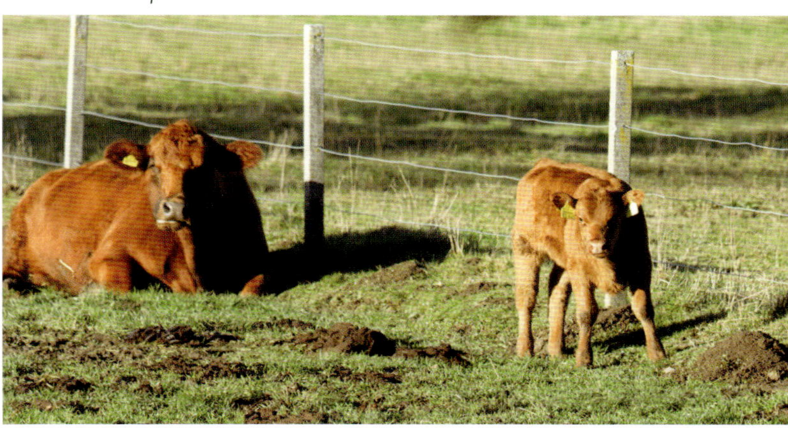

TOUR 17

FELDKIRCHEN

Ruhiger Spaziergang nach Inzkofen

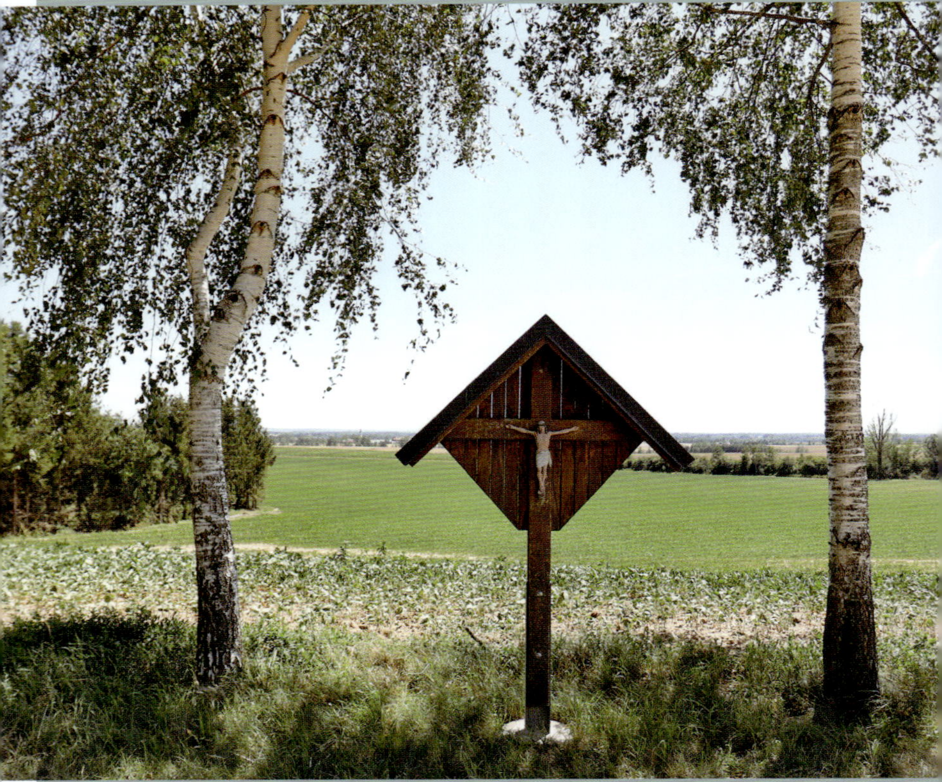

Wegkreuz

Leicht

4 km

↓↑ 40 m

1 Std.

Gemütlicher Spaziergang mit wenig Schatten, ideal zum Sammeln von Sonnenstrahlen und zum Genießen der Natur und des Ausblicks ins Ambacher Tal – bei klarem Wetter Blick vom Bankerl aus bis zum Wendelstein und zur Zugspitze.

Wegqualität: ★★★

Parken: 85368 Moosburg; Isarstraße 6 (an der Straße bei der Kirche Mariä Heimsuchung in Feldkirchen)

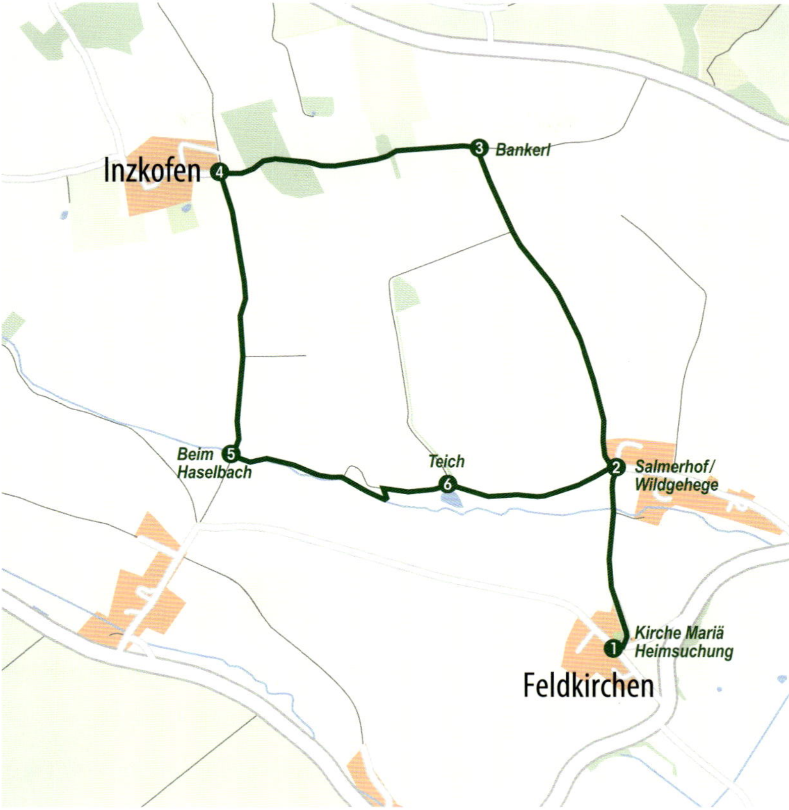

❶ Kirche Mariä Heimsuchung – Feldkirchen

❷ Salmerhof/Wildgehege

❸ Bankerl

❹ Inzkofen

❺ Beim Haselbach

❻ Teich

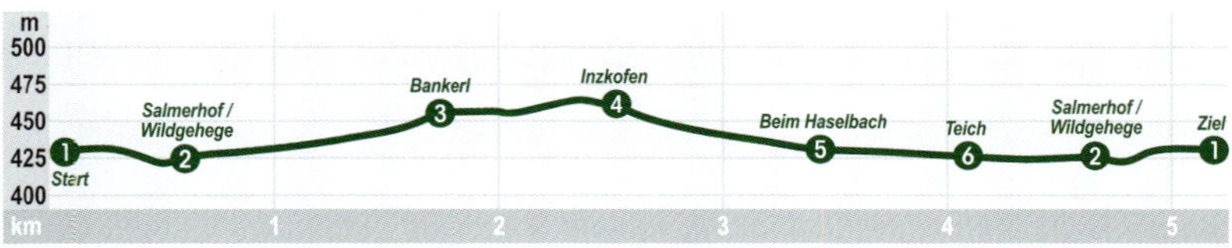

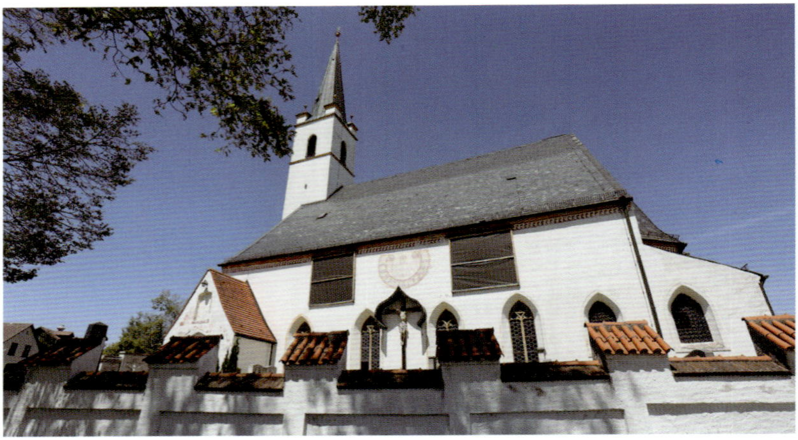

Mariä Heimsuchung in Feldkirchen

Start: Vor der Kirche „Mariä Heimsuchung" in Feldkirchen. Um die Kirche ❶ herum gehen wir auf der Straße, die kurz darauf zum Feldweg wird, den Hügel hinunter, bis wir nach ca. 500 Metern, kurz vor der Kreuzung, zu unserer Rechten an einem Wildgehege vorbeikommen. Am Ortsrand von Dornhaselbach mit Blick auf den gegenüberliegenden „Salmerhof" ❷ gehen wir kurz nach links. Vor der zerschundenen einzelnen Weide biegen wir rechts in den Hans-Eichinger-Weg ein, der uns zwischen Feldern leicht bergauf führt. Von Weitem sehen wir schon eine Rastbank, zwischen 2 Eichen. Oben auf dem

Weide

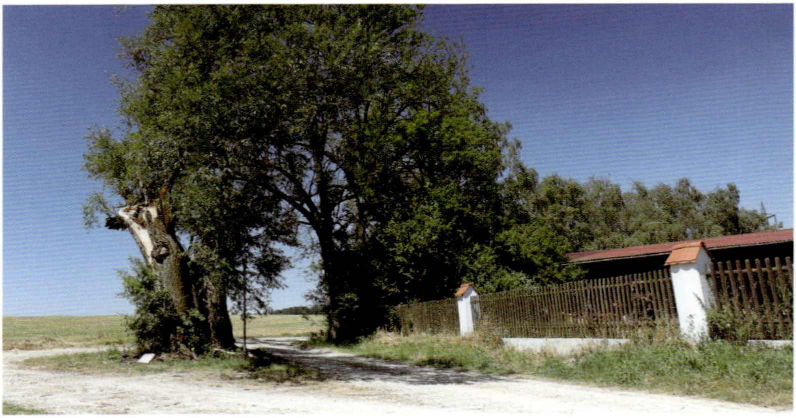

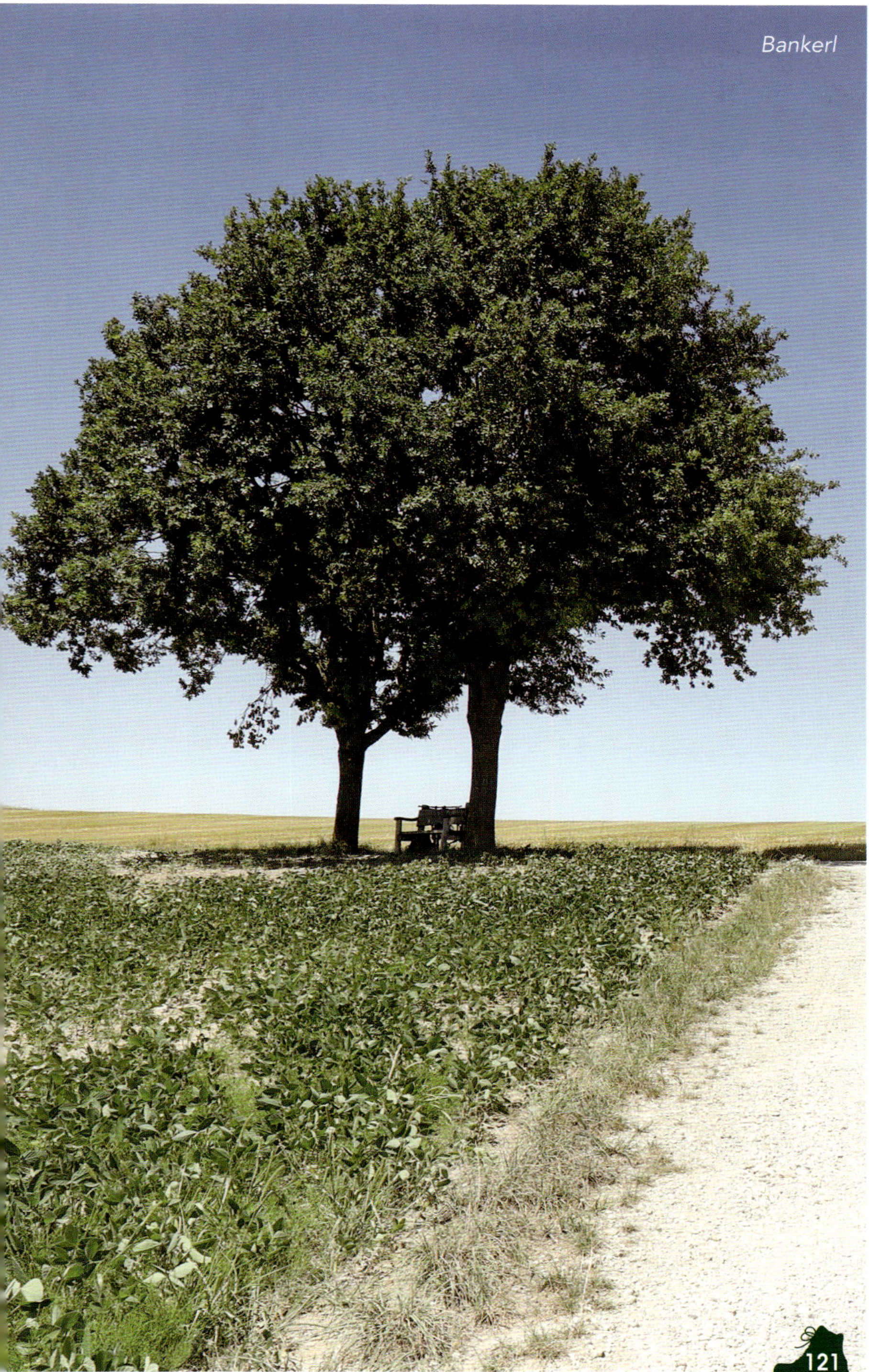
Bankerl

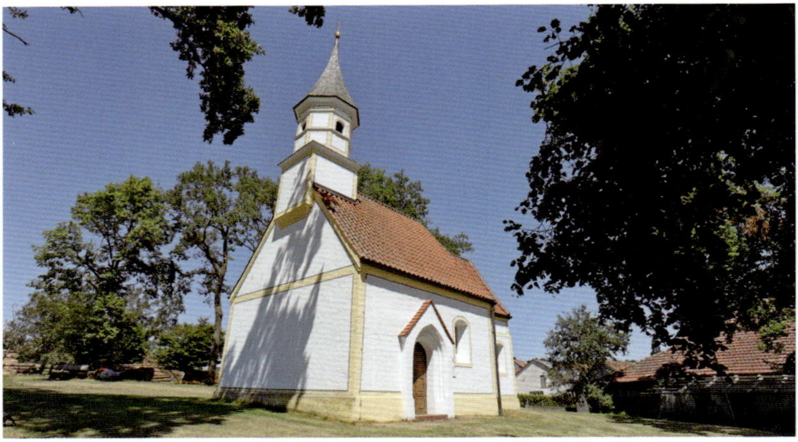

Jakobuskapelle

Hügel wenden wir uns nach links und vom „Bankerl" ❸ aus haben wir einen herrlichen Blick in das Ambacher Tal und bei klarem Wetter sogar einen Weitblick bis in die Alpen.

An der Bank vorbei, weiter durch Felder, vorbei an einem Wegkreuz, kommen wir dann durch ein kleines Wäldchen. Kurz darauf befinden wir uns am Ortsanfang von Inzkofen ❹.

Abstecher zur Jakobuskapelle: Dazu gehen wir geradeaus durch den Weiler und finden, nach etwa 300 Metern, links unter mächtigen Bäumen die reizvolle und sehenswerte kleine Kirche.

Wiesenweg

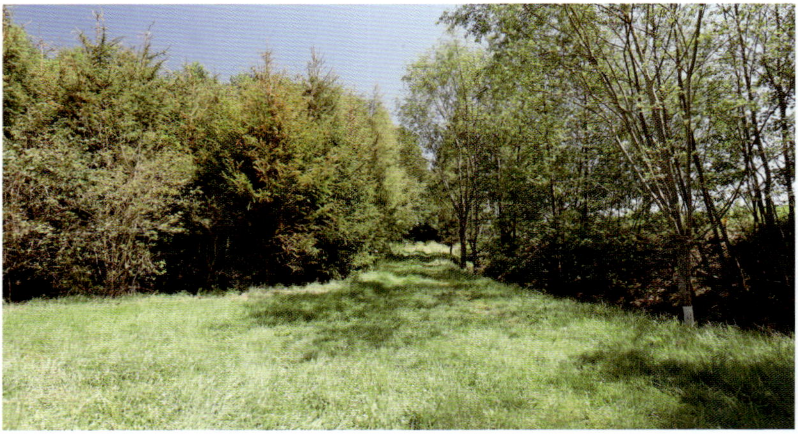

Jakobus und sein Bruder Johannes gehörten zu den ersten Jüngern von Jesus. Wegen ihres stürmischen Temperaments bei der Gewinnung von Anhängern für den christlichen Glauben wurden sie „Donnersöhne" genannt. Jakobus war der erste Märtyrer, seine Enthauptung ist auf dem Altarblatt in dieser Kapelle dargestellt.

Jakobus der Ältere, dem diese bäuerlich ausgestattete Kapelle geweiht ist, wird auch um gutes Wetter und für das Gedeihen der Äpfel angerufen, ebenso soll er gegen Rheuma helfen. An den Seiten des mächtigen Chorbogens sind an der Wand 2 Fresken mit gemalten Altären, auf welchen die Bauernheiligen St. Xaver (links) und St. Isidor in ländlicher Tracht (rechts) dargestellt sind, im Hintergrund sieht man Engel landwirtschaftliche Werkzeuge tragen und Felder besäen und beackern.

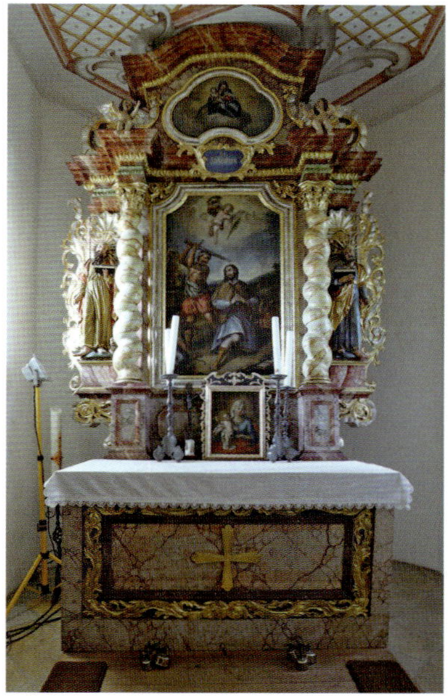

Altar der Jakobuskapelle

Hier, am Anfang des Ortes, biegen wir gleich links ab, auf einen gepflasterten Weg, der bereits nach ein paar Metern wieder zum Feldweg wird und uns zwischen Wiesen und Feldern sanft bergab führt bis zum Haselbach ❺. Diesen kleinen Wasserlauf überqueren wir nicht, sondern gehen direkt vor der Brücke nach links, über eine Wiese am Feldrand den Bach entlang. Anfänglich ist dies kaum als Weg zu erkennen, führt uns aber dann auf einen deutlich erkennbaren Wald- und Wiesenweg, der immer den Bach begleitet. An der Weggabelung bleiben wir auf dem rechten Weg, der weiter dem Bach folgt, und kommen durch ein kleines Wäldchen und an dessen Ende auf eine Wiese. Hier erblicken wir links von uns einen breiten Feldweg, auf den wir wechseln. Diesem Weg folgen wir nach rechts, kommen an einer Streuobstwiese und einem kleinen idyllischen Teich ❻ vorbei und gehen so wieder geradewegs auf Dornhaselbach zu und zurück zum Wildgehege ❷. Hier kennen wir uns schon aus und nehmen den Weg, der nach rechts wieder den Hügel hinauf, zurück zur Kirche Mariä Heimsuchung ❶, unserem Ausgangspunkt, führt.

Die **Kirche „Mariä Heimsuchung"** in Feldkirchen ist eine dreischiffige Hallenkirche aus dem 14. Jahrhundert und wurde um 1500 umgestaltet.

TOUR 18

REICHERSDORF
Durch Wald und Feld bei Thulbach

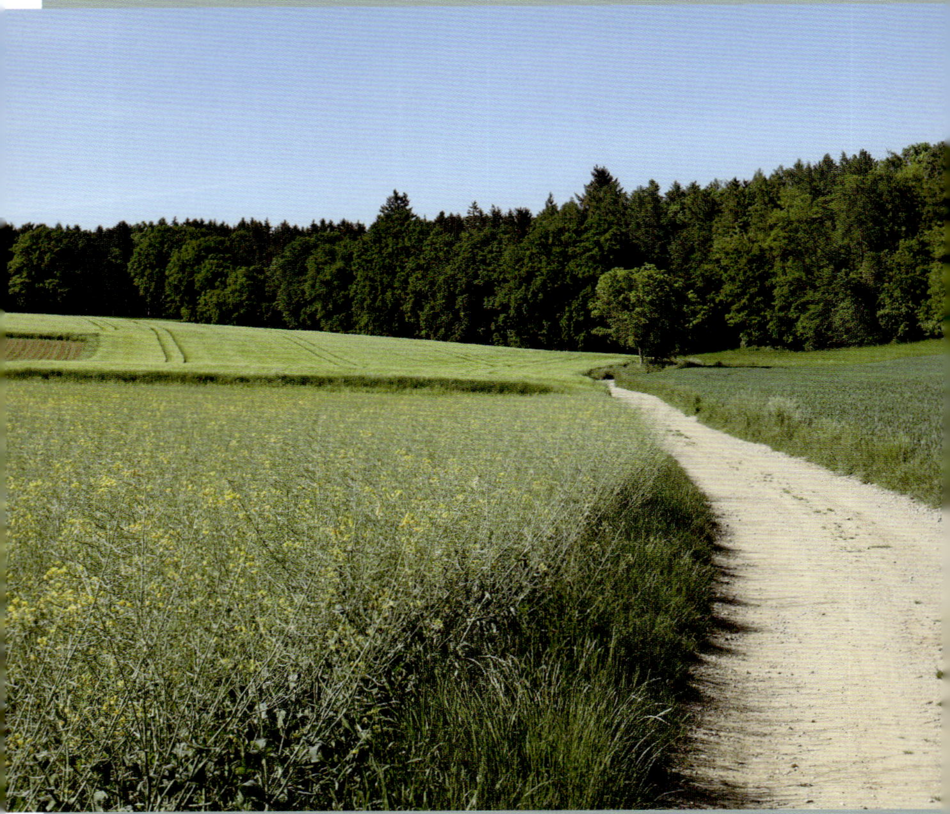

Von Volkmannsdorf zum Wald

Mittel

9,6 km

↓↑ 160 m

2¼ Std.

Durch geheimnisvollen dunklen Nadelwald hinaus und um die Felder – häufig sieht man hier Rehe äsen; Fernglas mitnehmen!

Wegqualität: ★★

Parken: Am Straßenrand von 85408 Reichersdorf (5)

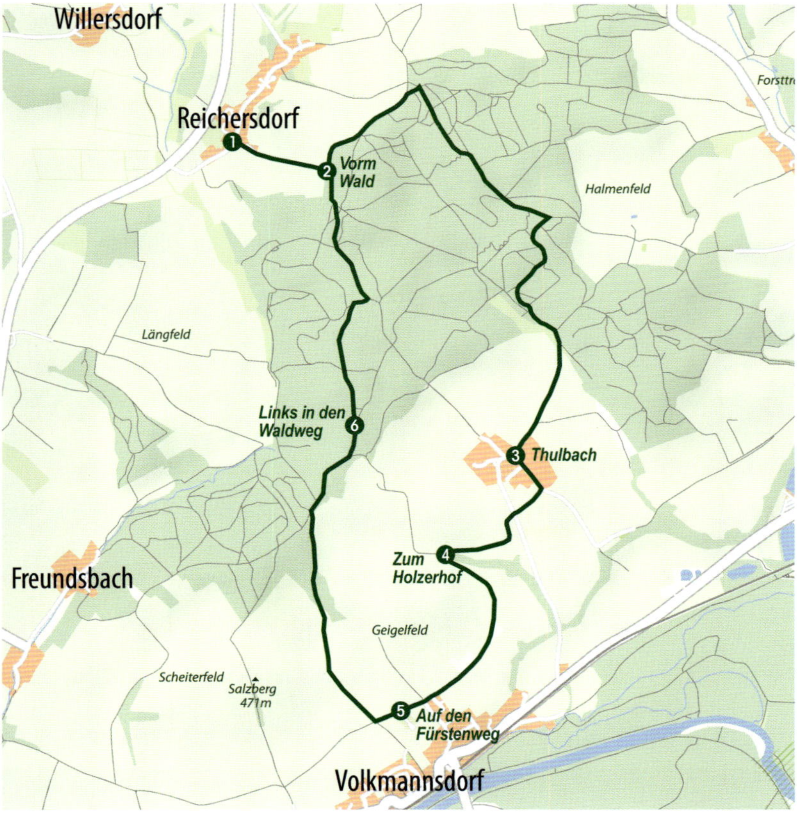

1. Reichersdorf
2. Vorm Wald
3. Thulbach
4. Zum Holzerhof
5. Auf den Fürstenweg
6. Links in den Waldweg

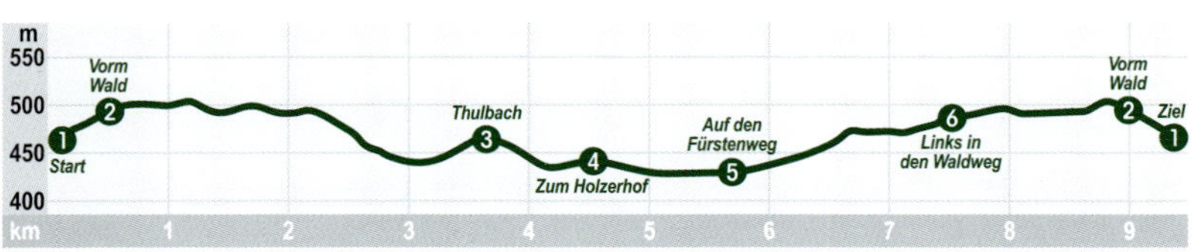

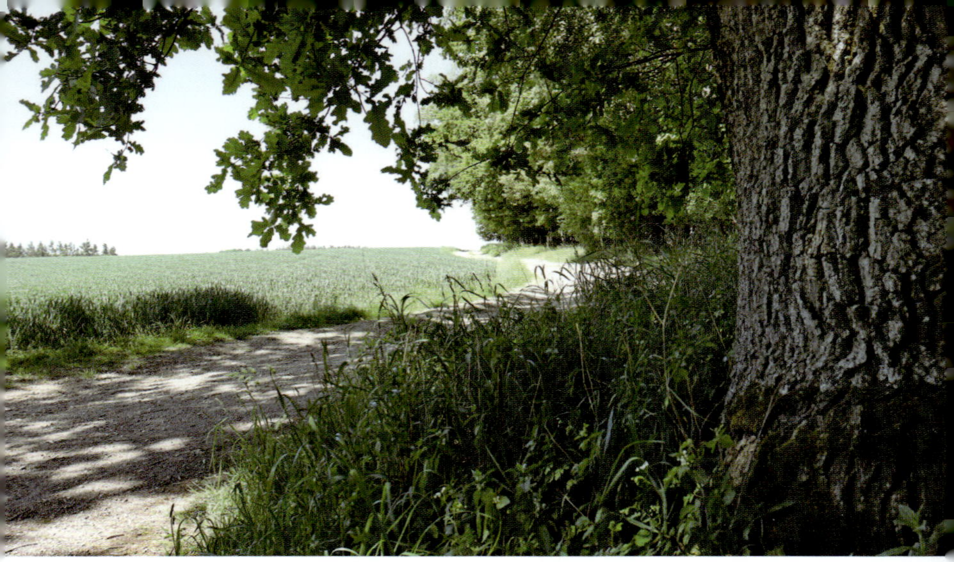

Am Waldrand entlang

Wir parken im Ort am Straßenrand und biegen in die Seitenstraße Richtung Reichersdorf 4 ab, wo uns auch ein Radwegweiser mit „Thulbach 2,0 km" ❶ den geteerten Weg leicht bergauf weist. So kommen wir aus dem kleinen Ort und kurz darauf am Hof Reichersdorf 4 vorbei. Hier wird die Straße zum Feldweg, und gleich vor dem Wald ❷ biegen wir bei der großen Eiche nach links ab. Nun geht es am Waldrand entlang weiter, vorbei an einem Weg, der nach rechts in den Wald führt. Immer

Weggabelung in den Wald

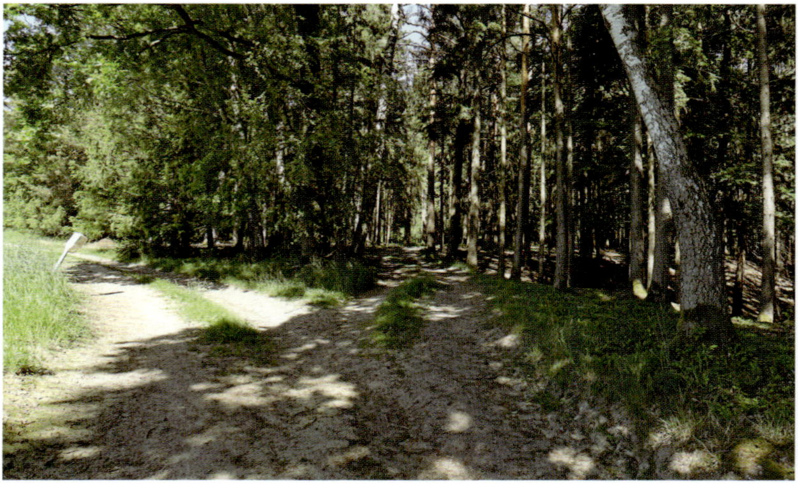

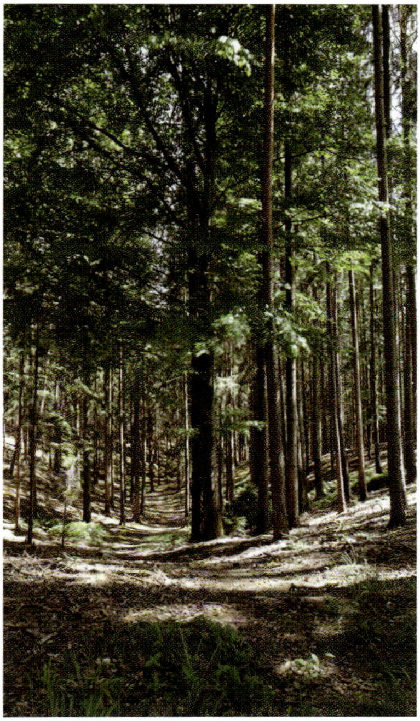

Blick in die Waldschlucht

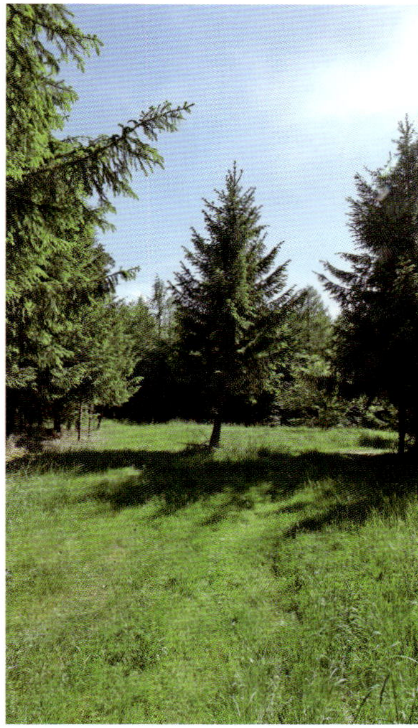

Weggabelung auf der Lichtung

am Waldrand entlang, bis wir direkt auf den Wald zugehen. Erst bei dieser Gabelung (der linke Weg führt weiter am Waldrand entlang zu einem Jägerstand) gehen wir – auf dem rechten Weg – in den Wald, rechts von uns blicken wir in eine Waldschlucht. Nur wenige Meter später stehen wir an einer Waldkreuzung und biegen hier scharf nach rechts in einen Waldweg ein. Diesem Weg folgen wir, vorbei an einem Weg, der nach links abbiegt.

Hier gehen wir nach rechts weiter und folgen dem breiten Weg bis zu einer großen Waldkreuzung, wo der linke Weg für forstwirtschaftlichen Verkehr frei ist und bergab führt. Wir gehen hier noch geradeaus weiter, ignorieren kurz darauf noch einmal einen Pfad, der nach rechts in den Wald führt, und biegen danach scharf rechts ab auf den Forstweg, hinein in den Wald. Hier, durch Hänsels und Gretels dichten Nadelwald, bleiben wir immer auf dem Weg und folgen diesem, der zuerst eine Linkskurve macht, und danach in der Rechtskurve auf einer kleinen Lichtung mit einem einzelnen Baum gabelt sich der Weg. Wir nehmen hier den rechten Weg, der uns bergab führt und wieder eine Linkskurve macht. Nun sehen wir rechts unten von uns schon die Straße, auf die wir zugehen. Dieser Straße folgen wir in

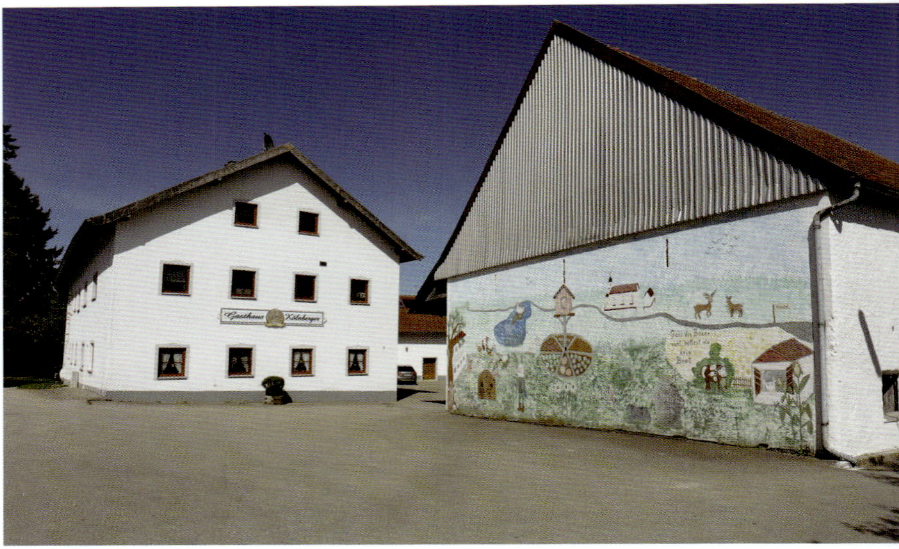

Gasthaus Kölnberger mit bemalter Stallwand. Immer wenn jemand auf dem Hof ist, gibt es Getränke und evtl. eine Brotzeit.

gleicher Richtung (nach links) weiter und in einer Kurve nach rechts, so gehen wir bergauf auf den Ort Thulbach ❸ zu.
Hinter dem charmanten Bauerngasthaus Kölnberger mit bemalter Stallwand gehen wir nach links und auf der Straße aus dem Ort. Nach dem letzten Hof führt uns dann beim Ortsschild ein Feldweg nach rechts leicht bergab. Kurz darauf überqueren wir eine Fahrstraße und folgen dem Feldweg

Rastbank hinter Thulbach

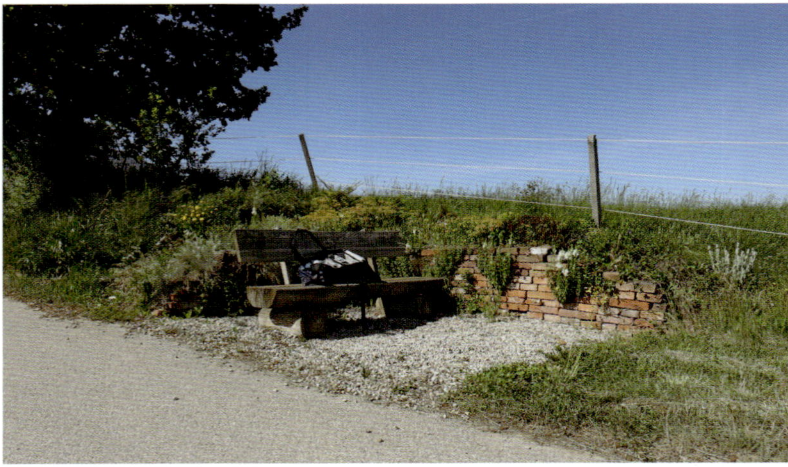

weiter, der erst eine Linksbiegung und dann eine Rechtsbiegung macht. Nun geht es geradeaus, wie uns ein Schild informiert, auf den Privatweg des Holzerhofes ❹. Der Weg geht in einer Linkskehre weiter und führt uns dann in einem großen Rechtsbogen Richtung Volkmannsdorf. Am ersten Hof wird der Feldweg zur geteerten Geiglbergstraße. Auf dieser geht es an Volkmannsdorf vorbei, geradeaus auf den Fürstenweg ❺, und bei der nächsten Kreuzung biegen wir nach rechts auf den Feldweg ab, der uns wieder hinaufführt und zurück zum Wald. Durch einen kurzen Hohlweg bergauf und dann am Waldrand entlang mit herrlichem Ausblick. So kommen wir zu einer Waldkreuzung (von links kommt ein Weg hoch). Hier gehen wir rechts und folgen dem Hauptweg (vorbei an Kieswegen), bis wir nach ca. 450 Metern links in einen Waldweg ❻ abzweigen.

Essen / Einkehren:

Bauernwirtshaus Kölnberger
Thulbach 2
85368 Wang
Tel: 08765 434

Diesem folgen wir, bis er uns wieder auf einen größeren Weg hinausführt, wo wir nach rechts weitergehen. Kurz darauf dann biegen wir erneut nach links ab und folgen nun dem breiten Waldweg bis zu der uns bekannten Stelle „Vor dem Wald" ❷, wo unsere Naturtour begonnen hat.
Jetzt noch das kurze Stück die Straße in den Ort nach Reichersdorf ❶ zurück, wo das Auto parkt.

Rehe am Waldrand

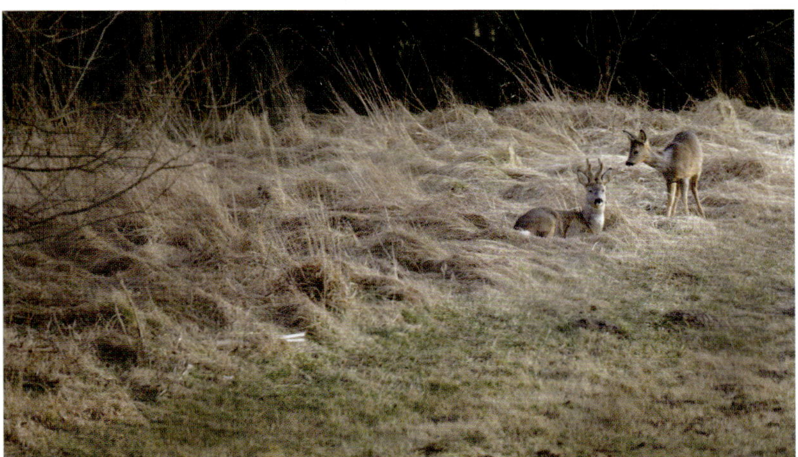

TOUR 19

BRUCKBERG

Entlang der Isar, durch geschützte Auwälder

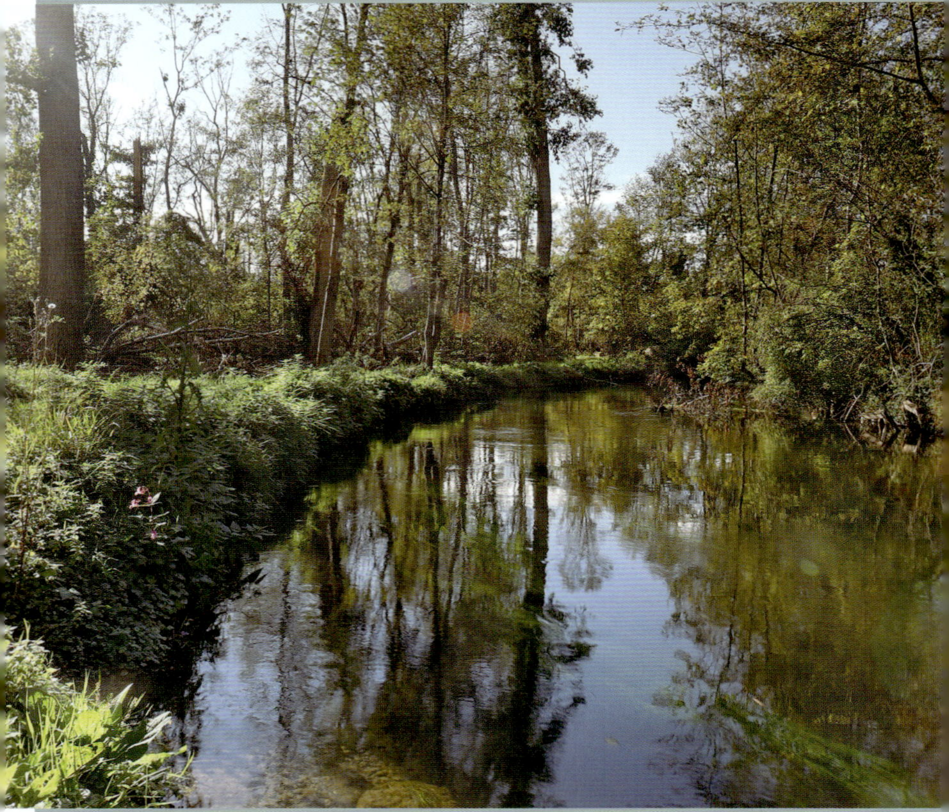

Mühlbach neben unserem Pfad

Mittel

13,5 km

↓↑ 60 m

3 Std.

Isarufer und Auwälder, geschützter „Naturwald", eine ruhige Genusstour für Naturliebhaber.

Wegqualität: ★★★

Öffentlich: Zug – Bruckberg

Parken: 84079 Bruckberg; Bahnhofstr. 19 (Parkplatz am Bahnhof Bruckberg)

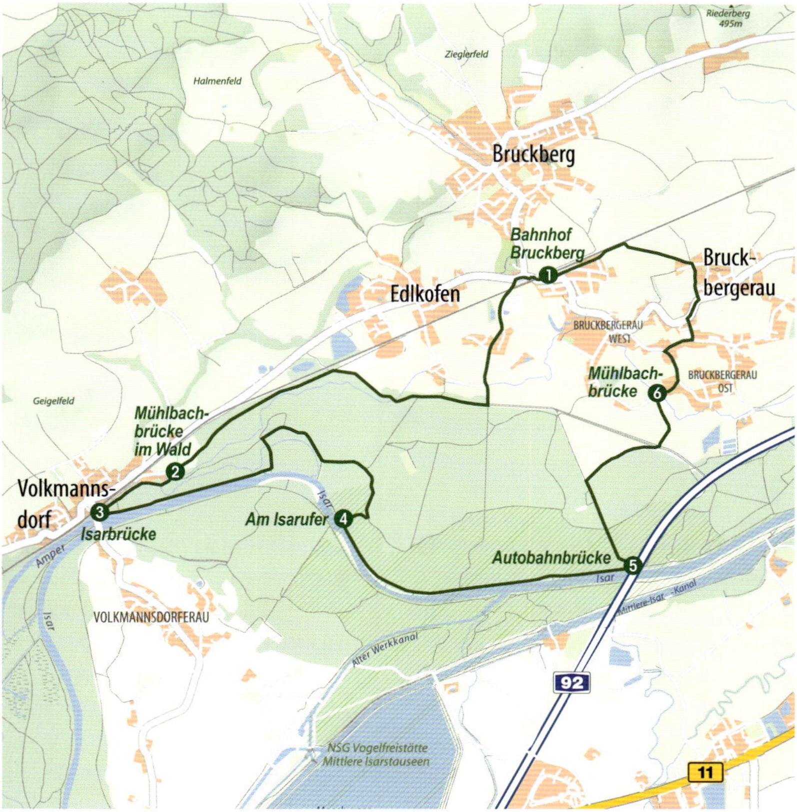

❶ Bahnhof Bruckberg

❷ Mühlbachbrücke im Wald

❸ Isarbrücke Volkmannsdorf

❹ Am Isarufer

❺ Autobahnbrücke

❻ Mühlbachbrücke (Bruckbergerau-Ost)

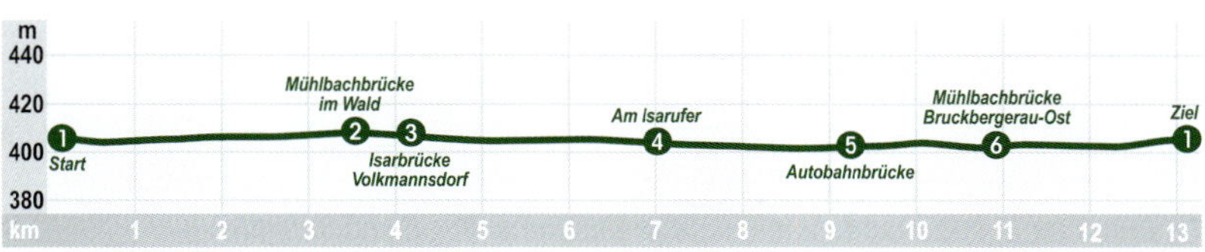

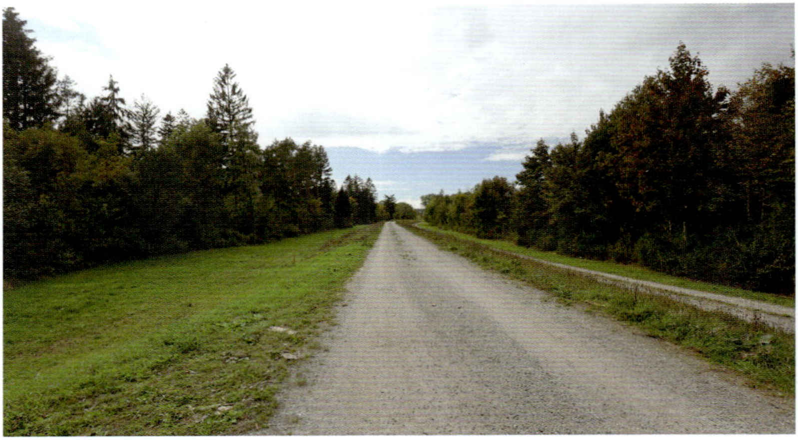

Dammweg

Start: Vom Bahnhofsgebäude Bruckberg ❶ aus überqueren wir die Bahnhofstraße und gehen auf dem Fuß- und Radweg ums Feuerwehrgerätehaus herum. Gleich danach geht es links in die Industriestraße, vorbei an ein paar Häusern, immer geradeaus, bis wir den Mühlbach überqueren. Jetzt noch ein kurzes Stück und dann nach rechts auf dem Damm weitergehen. Immer am Dammweg entlang überqueren wir bald zum zweiten Mal den Mühlbach und gelangen so zu den Bahngleisen.

Vor den Schienen nach links (rechts die Bahngleise, links der Bach), dann wandern wir gut 1 km geradeaus weiter und bei der nächsten Möglichkeit (beim Beginn der Asphaltstraße) biegen wir nach links in den Wald hinein ab und überqueren auf einer kleinen Brücke zum dritten Mal den Mühlbach ❷.

Sofort danach biegen wir nach rechts in einen kleinen Waldweg ein und gehen den Bach entlang weiter auf den schmäler, kleiner und idyllischer werdenden Pfad. An Gartengrundstücken vorbei gehen wir über einen kurzen Betonweg und weiter auf dem Pfad durch den Wald, bis vor zur Isarbrücke ❸. Hier bestaunen wir die Fischtreppe, hören das Rauschen der „Volkmannsdorfer Schleierfälle“ und wenden uns dann wiederum, um den Weg an der Isar entlang zurückzugehen. Dieser Weg führt uns in einer Linkskurve von der Isar weg und über eine kleine Brücke. Danach kommen wir auf den Radweg, dem wir nach rechts folgen. Dieser Weg führt uns in großem Bogen nach rechts. Wenn rechts ein kleiner Weg vor zur Isar führt, gehen wir in der Kurve nach links weiter. So kommen wir zu einer Weggabelung und bleiben auf dem rechten Weg, der geradeaus weitergeht. An der nächsten Weggabelung biegen wir dann scharf nach rechts ab und kommen vor zum Isarufer ❹ mit einer Infotafel der Tierwelt dieses Gebietes. Wir gehen nach links weiter, flussab-

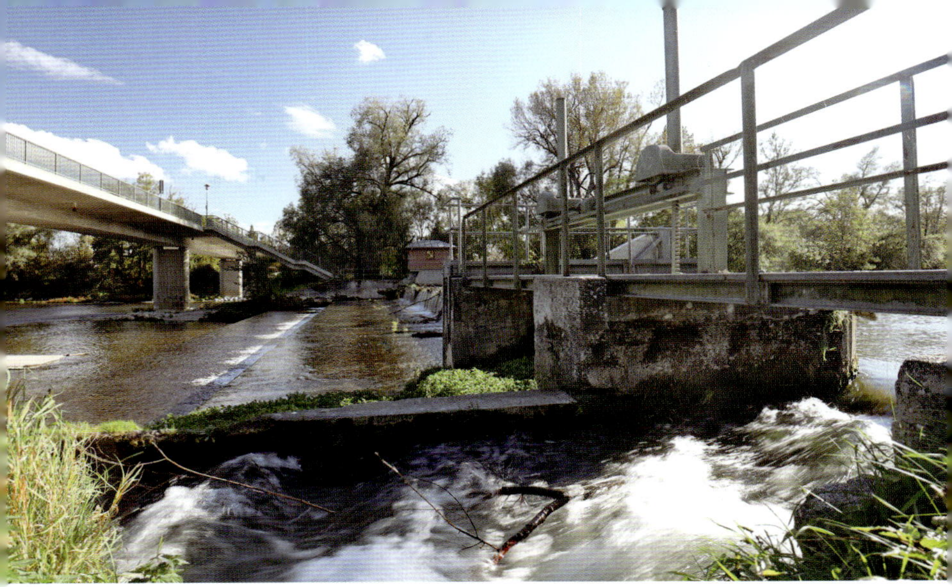

Wehr bei Volkmannsdorf

wärts, der Isar entlang bis vor zur Autobahnbrücke ❺.
Hier geht es in einer scharfen Linkskehre zurück und von der Isar weg. Wir überqueren einen Schotterweg und gehen geradeaus auf dem Waldweg weiter. So gelangen wir aus dem Wald und auf den Damm mit einer Bank unter einem Baum. Hier wenden wir uns nach rechts und folgen dem Dammweg, überqueren den Damm, auf den wir treffen, und gehen auf der anderen Seite bergab und danach in einer Linkskurve auf einen

An der Isar

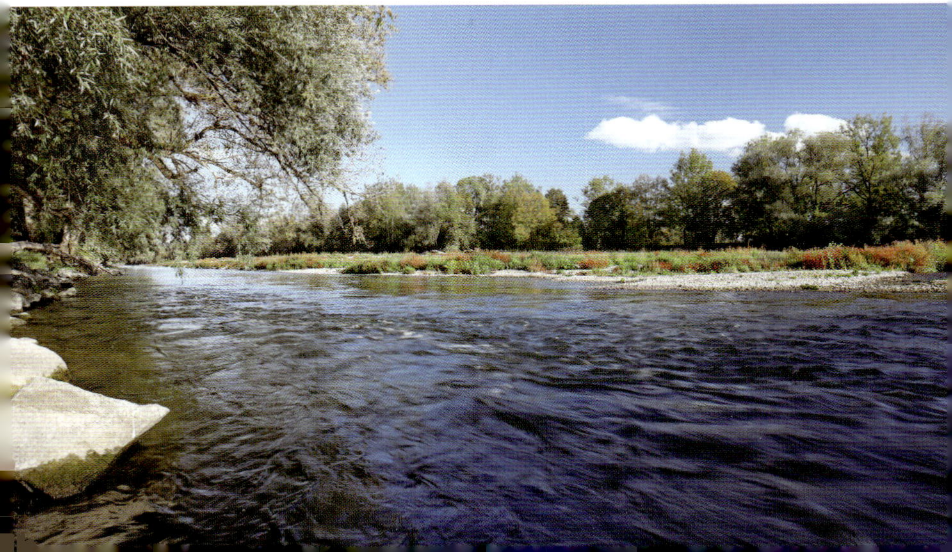

Hof zu. Ab dort ist die Isarstraße asphaltiert, und wir gehen weiter, bis wir bei der nächsten Möglichkeit rechts wieder einmal den Mühlbach ❻ überqueren. Weiter folgen wir der Isarstraße, welche uns in einem Linksbogen durch eine kleine Siedlung führt, ein kurzes Stück durch freies Gelände und wiederum in eine Siedlung. Hier zweigen wir nach rechts in die Obere Auenstraße ab und bei der nächsten Möglichkeit (bei der Schul-

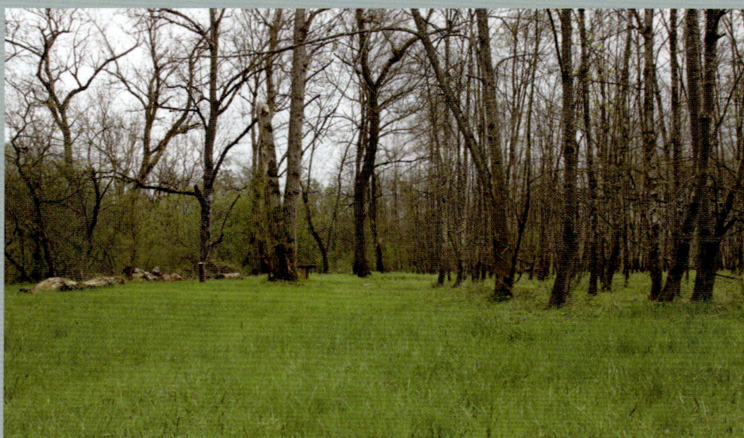

Info: Die Auwälder an der mittleren Isar stehen unter Schutz und sind seit Kurzem offiziell „Naturwald“. Das bayerische Forstministerium hat rechtsverbindlich festgelegt, dass sich dort die Natur in Zukunft selbst überlassen bleibt und vor menschlichen Eingriffen geschützt wird.

Die in Bayern selten gewordene Schwarzpappel sieht man auf dieser Wanderung häufig am Ufer der Isar. Sie lässt sich gut am tief zerfurchten Stamm und den dreieckigen, spitz zusammenlaufenden Blättern erkennen. Der artenreiche Auwald, durch den wir wandern, führt uns auch vorbei an Schwarzerlen, Eschen, Silberweiden, Birken und allerlei Wildstauden.

1999 brach das Hochwasser ein ca. 400 Meter langes Stück des Uferweges ab. Dieser wurde nicht erneuert, um seltenen Vögeln, wie dem Eisvogel und der Uferschwalbe, Brutrevier und Rückzugsmöglichkeit zu geben, so führt uns der Weg seitdem an dieser Stelle etwas weiter entfernt von der Isar entlang. Für Interessierte, finden sich am Weg immer wieder Tafeln, die uns über dieses schöne Stück Natur, das wir erwandern, informieren.

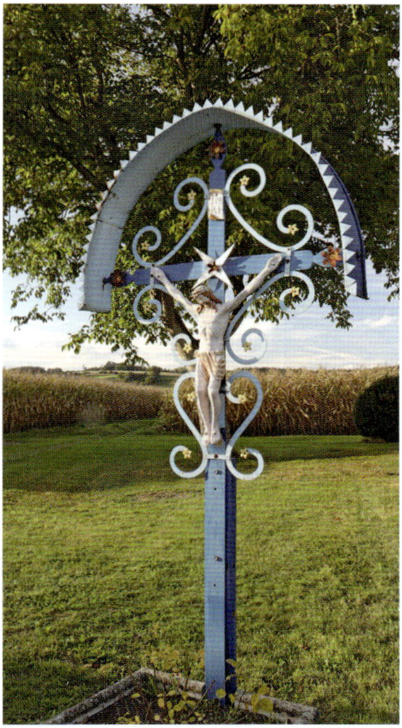

Wegkreuz am Ende der Moosstraße

Essen/Einkehren:

Hotel-Restaurant Eberlwirt oHG
Landshuter Str. 32
84079 Bruckberg
Tel: 08765 93070

bushaltestelle) biegen wir nach links in die Parkstraße ein. So kommen wir vor zur Landshuter Straße und gehen die Hauptstraße ein kurzes Stück auf dem Fuß- und Radweg nach rechts und gleich bei der nächsten Möglichkeit nach links in die Moosstraße. Wir wandern bis zum Ende der Häuser und beim Wegkreuz links auf der Moosstraße weiter, die bald zum Feldweg wird und uns zu den Bahngleisen bringt. Dort biegt der Weg nach links ab, und an den Gleisen entlang kommen wir zurück zum Ausgangspunkt, dem Bahnhof Bruckberg.

Dammweg vor Bruckberg

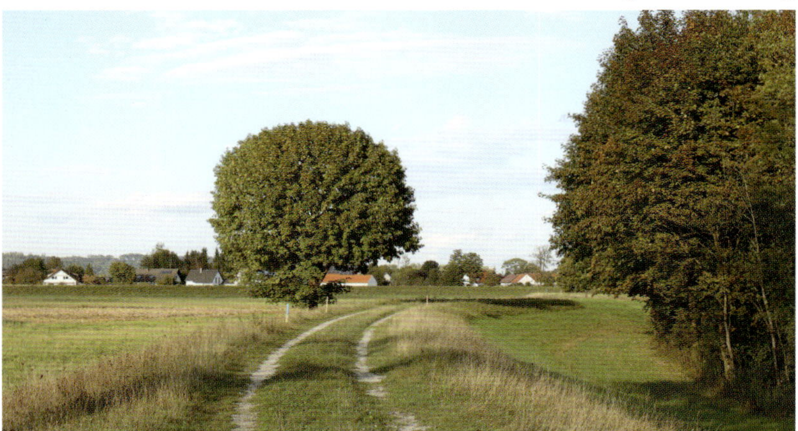

TOUR 20

BUCH AM ERLBACH

Vom Stommer Weiher nach Berghofen

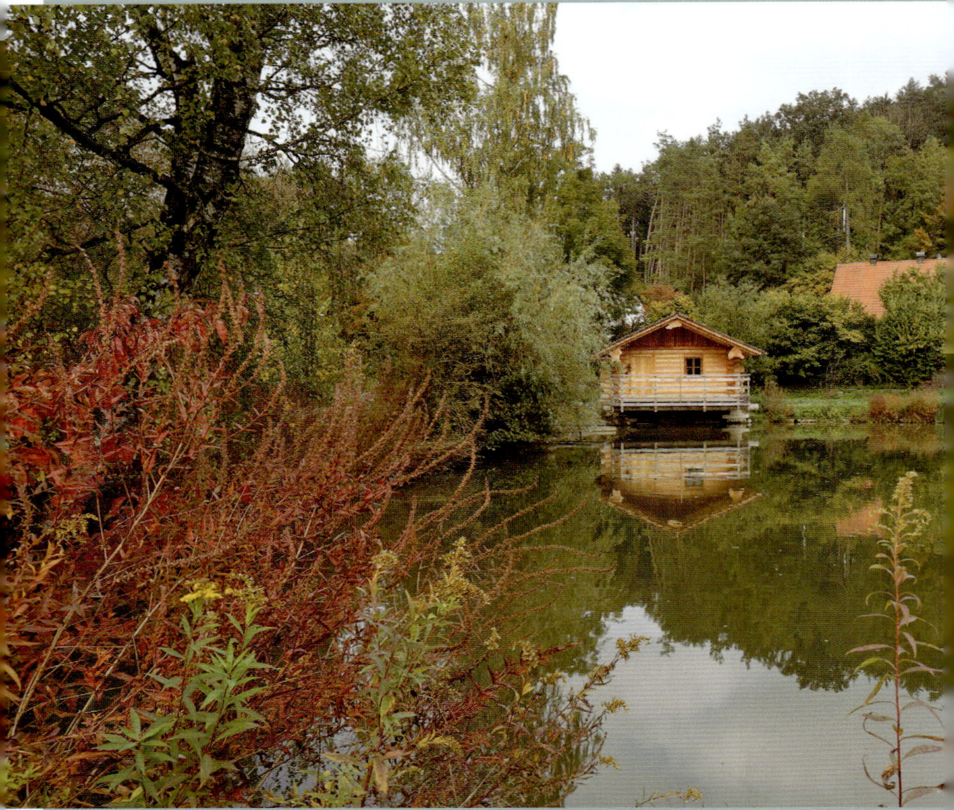

Stommer Weiher

Schwer

10 km

↓↑ 180 m

2½ Std.

Vom Weiher über den Landshuter Höhenweg nach Berghofen, über Feldwege ins Tal nach „Thal" und über Waldwege durch den Wald und über die Hügelkette zurück nach Buch am Erlbach.

Wegqualität: ★★

Parken: Parkplatz „Höhenwanderweg" 84172 Buch am Erlbach; Erlbacherstr. 50 (beim Kindergarten)

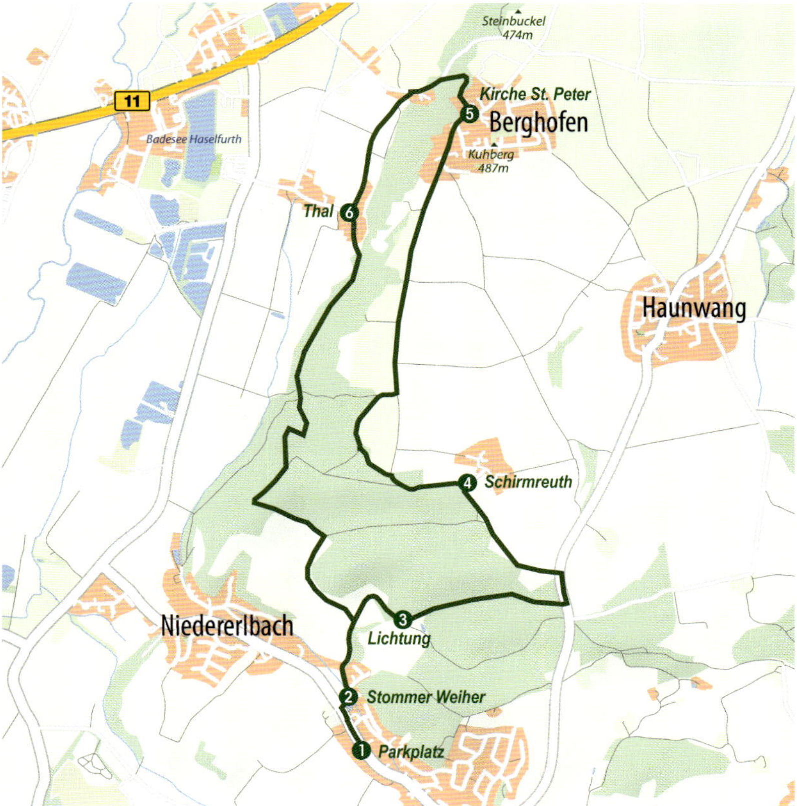

❶ Parkplatz Höhenwanderweg

❷ Stommer Weiher

❸ Lichtung

❹ Schirmreuth

❺ Kirche St. Peter und Paul in Berghofen

❻ Thal

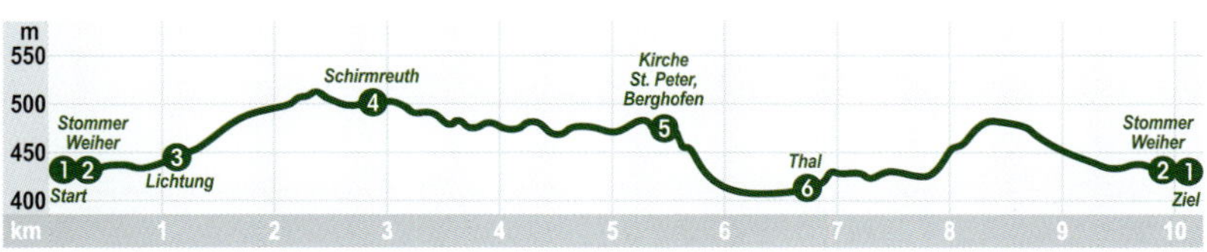

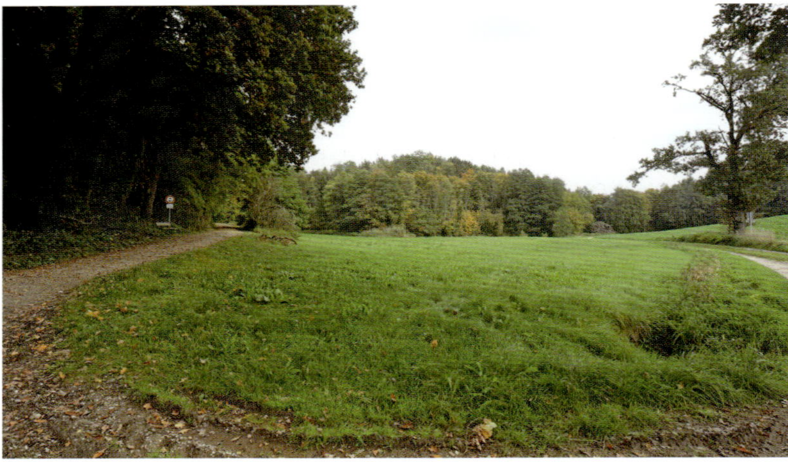

Vor der Lichtung nach links

Start: Am Parkplatz „Höhenwanderweg" neben dem Kindergarten ❶. Vom Parkplatz gehen wir nach rechts, vorbei an der Straße „Am Waldhang" und nach dem Stommer Weiher ❷ biegen wir rechts in die Brunnenstraße ein. Wenn die Brunnenstraße rechts den Berg hinauf geht, halten wir uns links und gehen auf dem Feldweg, der als Landshuter Höhenweg schon ausgeschildert ist, links vom Wald entlang weiter.

An der nächsten Abzweigung gehen wir (wo die grüne Hauptroute nach links weist) geradeaus weiter auf die blaue Runde B4. Bald darauf macht der Weg eine Kurve nach rechts, wo wir an einem Wegkreuz vorbeikommen. Nun geht es ein kurzes Stück

Der bestens ausgebaute, teils asphaltierte **„Landshuter Höhenwanderweg"** (Hauptroute – grüne Beschilderung) ist 128 km lang und führt von Buch am Erlbach über Landshut einmal quer durch den Landkreis bis nach Hüttenkofen bei Niederaichbach. Von der Hauptroute aus gehen noch 17 Rundwege (blaue Beschilderung) ab und geben einzigartige Perspektiven auf Gebirgszüge und das Isartal frei.

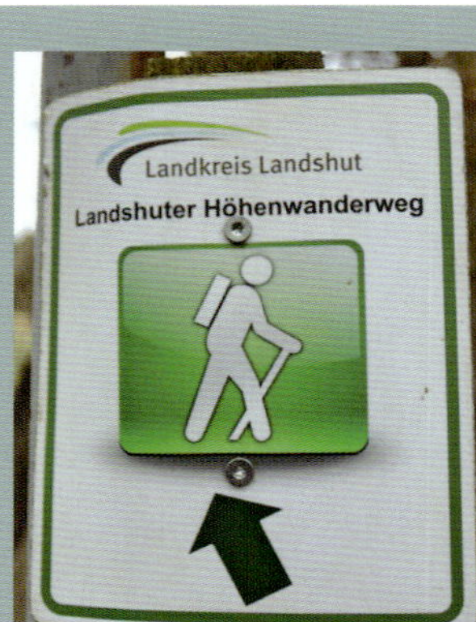

durch den Wald und danach zu einer Weggabelung vor einer Lichtung ❸. Hier verlassen wir den Wanderweg B4 und gehen auf dem breiten Weg links bergauf und in den Wald, bis wir zu einer Fahrstraße kommen. Diese überqueren wir und gehen ein kurzes Stück auf dem Fahrradweg nach links. Bei der nächsten Möglichkeit, auf der anderen Straßenseite einzubiegen, überqueren wir die Straße und folgen der wenig befahrenen Ortsstraße (Schild Richtung Schirmreuth). Wenn der Weg nach rechts in eine Sackgasse in den Ort Schirmreuth ❹ geht, wandern wir links weiter auf der grünen Hauptroute ein Stück am Waldrand entlang und dann durch den Wald. So kommen wir zu einer Weggabelung, wo wir rechts auf der Hauptroute bleiben. Bei der nächsten Weggabelung aber verlassen wir die Hauptroute, indem wir geradeaus auf dem Waldweg weitergehen (die Route Landshuter Höhenweg macht hier eine Kurve nach rechts).

Unser Weg führt uns gleich aus dem Wald heraus und immer am Waldrand entlang weiter, bis wir auf einen Weg stoßen, wo ein Privatweg links den Berg hinunter geht und eine Informationsstafel steht. Wir wandern

Abseits des Landshuter Höhenwegs

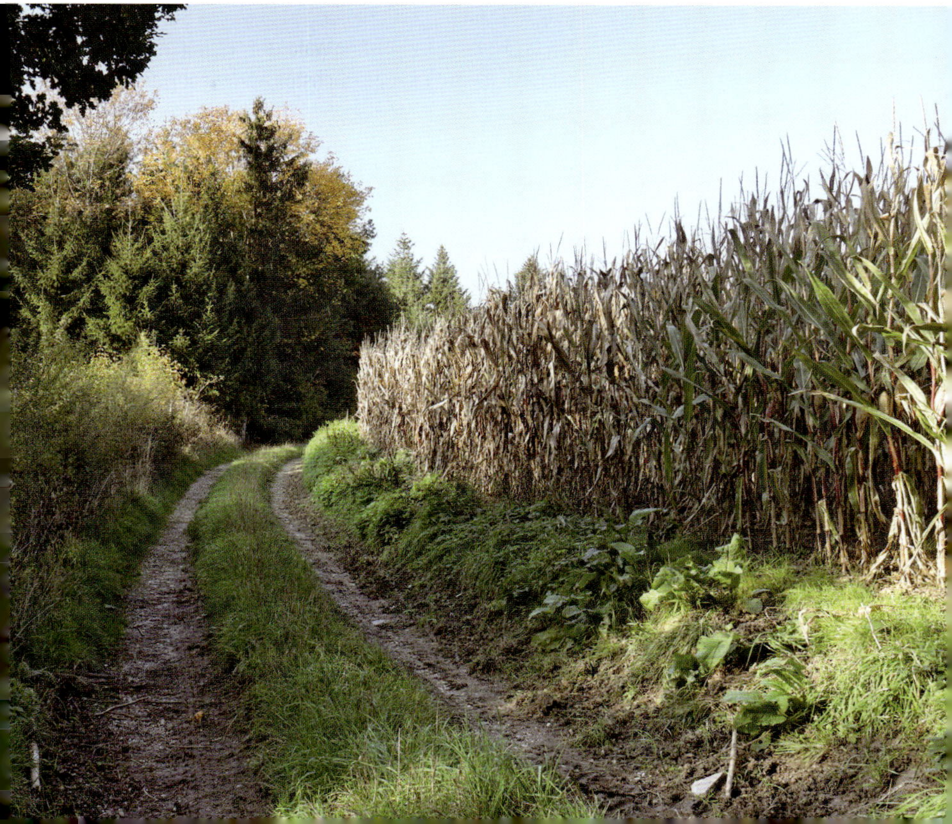

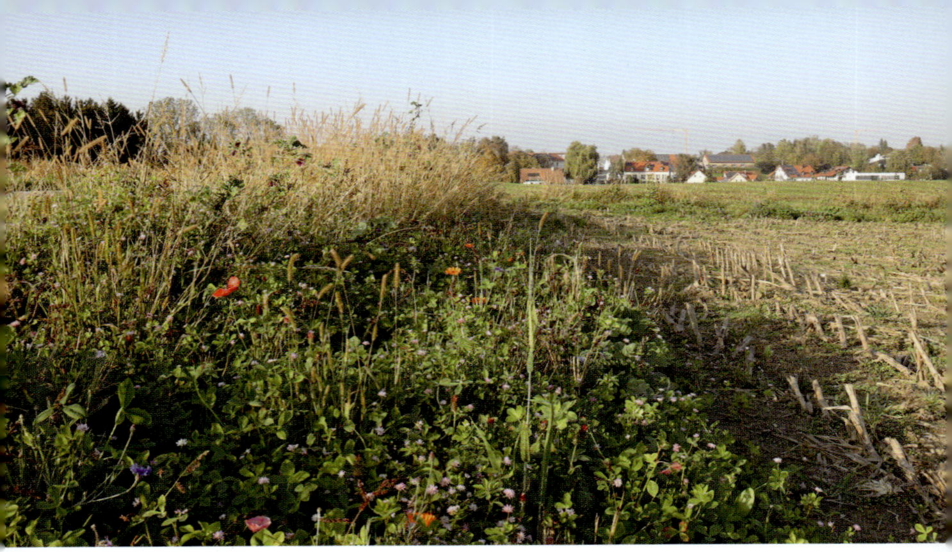

Blühstreifen und Blick auf Berghofen

nach rechts und gelangen so wieder auf den Landshuter Höhenweg, in den wir nach links abbiegen und auf dem wir weitergehen, auf geradem Weg, in den Ort Berghofen, wo wir, wenn möglich, die Kirche St. Peter und Paul ❺ besichtigen.

Gleich nach der Kirche geht es links die alte Bergstraße bergab, die nach dem Ort zu einem Waldweg wird. Dieser führt in einer Kurve nach unten und endet an der neuen Bergstraße. Nun müssen wir ein kurzes Stück an der Hauptstraße nach links gehen um die

Die **Kirche St. Peter und Paul** in Berghofen gehört zu den bedeutendsten spätmittelalterlichen Kirchenbauten Niederbayerns.
Besonders die beeindruckenden Wandmalereien, welche die Stationen aus dem Leben von Petrus zeigen und bereits um 1420 entstanden und alle Innenwände der Kirche bedecken, wurden mehrfach restauriert und faszinieren den Besucher. Deckenbalken des Kirchendaches wurden wissenschaftlich untersucht und man stellte fest, dass dieses Holz im Jahre 1351/52 geschlagen wurde. Die steinerne Kirche ist also vermutlich noch älter.

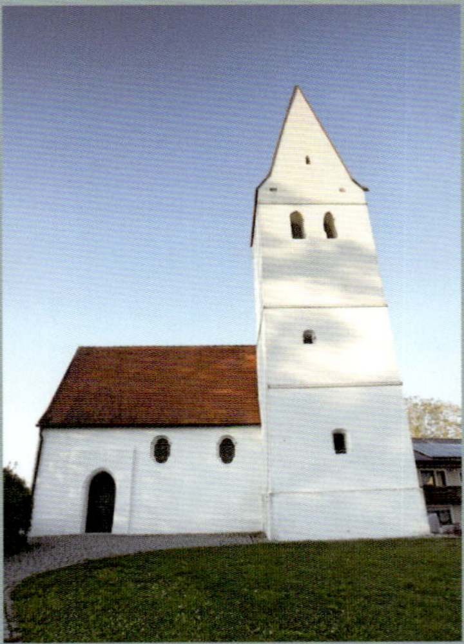

Kurve und vorbei an einer kleinen Sackgasse. Die nächste Möglichkeit (vor einem Stadel) biegen wir nach links ab, auf den Feldweg, der uns geradewegs in den Ort Thal ❻ bringt. Im Ort gehen wir nach links in die Sackgasse St.-Vitus-Straße, die uns leicht bergauf und aus dem Ort in den Wald führt. Immer rechts am Wald entlang geht der Weg weiter, und so kommen wir zu einer Waldkreuzung, die wir überqueren, und folgen dem Weg bergauf. Der Weg macht eine Linksbiegung, und bei der nächsten Abzweigung gehen wir nach rechts weiter bergauf. An der nächsten Gabelung halten wir uns links und gehen auf dem Weg, auf den wir treffen, nach links weiter. Diesem Weg folgen wir, überqueren einen Waldweg und gehen geradeaus in einen kleineren Waldpfad. Dieser endet nach Kurzem auf einem größeren Waldweg. Hier biegen wir nach rechts ab und gehen weiter, bis wir nach der Hügelkuppe an eine Weggabelung kommen. (Geradeaus geht es zu einem Aussichtsplatz.)

Essen / Einkehren:

Gasthaus Kuttenlochner
Hauptstraße 34a
84172 Buch am Erlbach
Tel: 08709 1797

Pizzeria da Giova
Hauptstraße 47
84172 Buch am Erlbach
Tel: 08709 5079985

Unsere Runde geht nach links, den Berg hinunter weiter und bringt uns aus dem Wald heraus. An der nächsten Waldabzweigung gehen wir nach rechts weiter bergab und treffen so auf den uns schon bekannten Weg. Wir biegen nach rechts ab und kommen wieder nach Buch am Erlbach zum Stommer Weiher ❷. An diesem vorbei und an der Straße ein kurzes Stück nach links, und wir sind wieder am Parkplatz ❶.

Auf dem Feldweg nach Thal

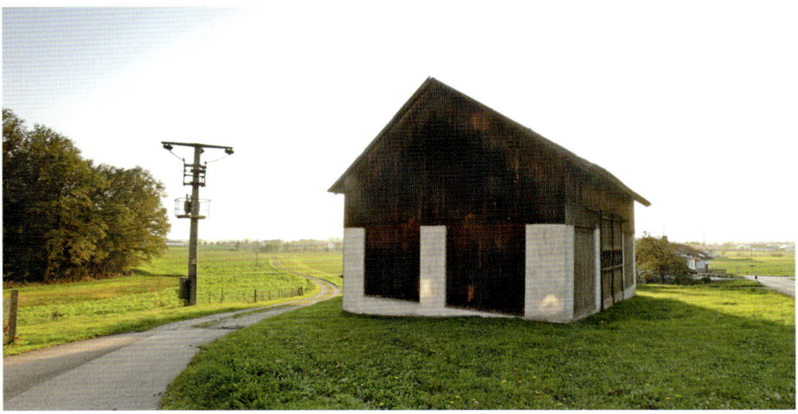

TIPP D

Extra-Tipp für Vogelliebhaber

MOOSBURG

Spaziergang um den Moosburger Stausee

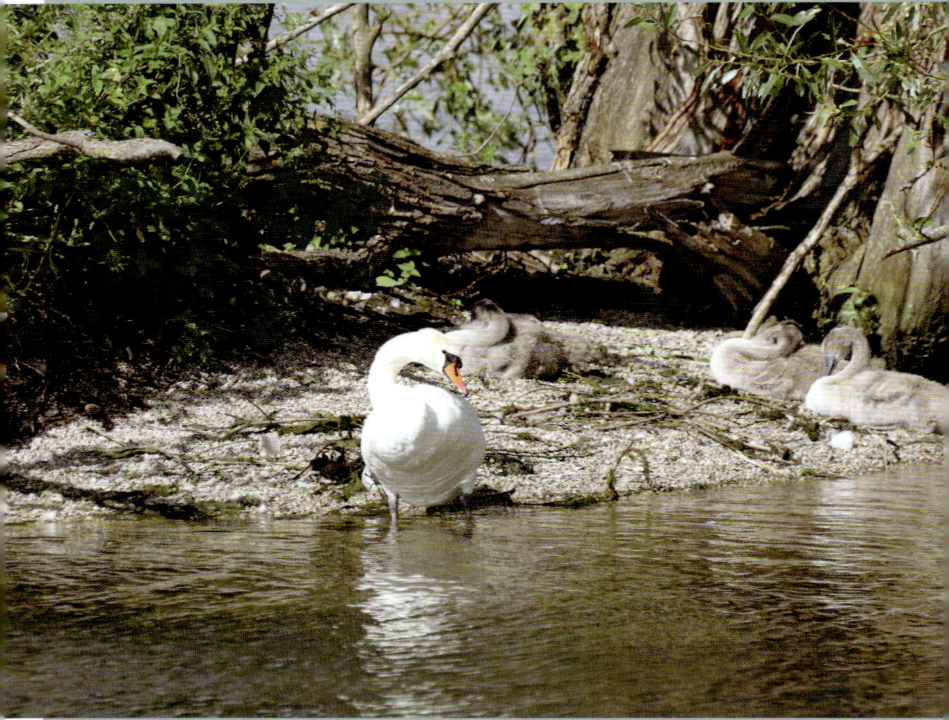

Schwanenfamilie am Moosburger Stausee

Leicht

4,7 km

1¼ Std.

Wegqualität: ★★★

Parken: Parkplatz neben der Straße, am See entlang (gegenüber dem Grundstück: Sempt 5; 85368 Moosburg)

Der Moosburger Stausee gehört (wie der Echinger Stausee) zum „Naturschutzgebiet Vogelfreistätte Mittlere Isarstauseen" und zählt zu den wertvollsten Wasservogelschutzgebieten Bayerns.

Der See ist für durchziehende Vogelarten im Frühling und Herbst als Rastplatz von internationaler Bedeutung. Als Überwinterungsmöglichkeit wird er vor allem von Enten und Gänsen genutzt. Für Vogelbeobachter bietet der See, den man auf bequemem Uferweg umrunden kann, zu jeder Jahreszeit spannende Einblicke von allen Seiten in die heimische Schwimmvogelwelt, da das Ufer des Moosburger Stausees kaum bewachsen ist. Da der See groß ist, empfiehlt sich für genaue Beobachtungen ein Fernglas oder ein Spektiv. Fotografen werden hier eine reiche Auswahl an Motiven für die Tierfotografie finden.

Ganzjährig zu beobachten:	**in den warmen Monaten:**	**Wintergast:**	**Durchzügler (Frühling/Herbst)**
Blesshuhn	Baumfalke	Bergpieper	Bekassine
Eisvogel	Drosselrohrsänger	Pfeifente	Bruchwasserläufer
Gänsesäger	Flussseeschwalbe		Flussuferläufer
Kiebitz	Halsbandschnäpper		Löffelente
Schnatterente	Kleines Sumpfhuhn		Zwergmöwe
Tafelente	Kolbenente		
Wasserralle	Nachtreiher		
	Pirol		
	Wespenbussard		

Impressum

Über die Autoren:
Cornelia „Cony" Fuchs wurde 1967 in Sünching geboren und lebt seit 2015 in Haag an der Amper. Die Erzieherin spaziert gerne mit ihrem Partner Jonny durchs schöne Ampertal und genießt die wilden Ecken dieser Region.

Dieter „Jonny" Herrmann lebt seit 1993 im Landkreis Freising. In seiner Freizeit beobachtet und fotografiert er die Natur in seiner Heimatregion, dem Amper- und Isartal in und um Freising. Zusammen mit seiner Partnerin Cornelia Fuchs hat er viele spannende Wanderungen entdeckt.

Kartographie:
Kartographie Battenberg Gietl Verlag, Regenstauf

Bildnachweis:
Wanderschuh: VRD, fotolia.com

Bibliografische Information der Deutschen Nationalbibliothek

Die Deutsche Nationalbibliothek verzeichnet diese Publikation in der Deutschen Nationalbibliografie; detaillierte bibliografische Daten sind im Internet über http://dnb.dnb.de abrufbar.
ISBN 978-3-89251-540-1

MIX
Papier aus verantwortungsvollen Quellen
FSC® C014138
FSC
www.fsc.org

Für uns, die Battenberg Gietl Verlag GmbH mit all ihren Imprint-Verlagen, ist Nachhaltigkeit ein wichtiger Teil unserer Unternehmensphilosophie. Daher achten wir bei allen unseren Produkten auf den Einsatz umweltschonender Ressourcen und Materialien.
Dieses Buch wurde auf FSC®-zertifiziertem Papier gedruckt. FSC (Forest Stewardship Council®) ist eine nicht staatliche, gemeinnützige Organisation, die sich für die verantwortungsvolle und ökologische Nutzung der Wälder unserer Erde einsetzt.

Unsere Partnerdruckerei kann zudem für den gesamten Herstellungsprozess nachfolgende Zertifikate vorweisen:
- Zertifizierung für FOGRA PSO
- Zertifizierungssystem FSC®
- Leitlinien zur klimaneutralen Produktion (Carbon Footprint)
- Zertifizierung EcoVadis (die Methodik besteht aus 21 Kriterien in den Bereichen Umwelt, Einhaltung menschlicher Rechte und Ethik)
- Zertifikat zum Energieverbrauch aus 100 % erneuerbaren Quellen
- Teilnahme am Projekt „Grünes Unternehmen" zum Schutz von Naturressourcen und der menschlichen Gesundheit

1. Auflage 2023
ISBN 978-3-89251-540-1

www.battenberg-gietl.de